武汉数字创意与游戏产业协会联合出品

# 法槌下的游戏江湖

## ——网络游戏行业典型案例
## 裁判要旨汇编及解析

万方 余凯 编著    顾问 蔡学恩

E-GAMING LAW:
CASES AND STATUTES

WUHAN UNIVERSITY PRESS
武汉大学出版社

**图书在版编目（CIP）数据**

法槌下的游戏江湖：网络游戏行业典型案例裁判要旨汇编及解析/万方，余凯编著 . —武汉：武汉大学出版社，2020.7
得伟君尚 TMT 行业法律研究丛书/万方主编
ISBN 978-7-307-21380-7

Ⅰ.法…　Ⅱ.①万…　②余…　Ⅲ.网络游戏—知识产权保护—案例—汇编—中国　Ⅳ.D923.405

中国版本图书馆 CIP 数据核字（2019）第 290841 号

责任编辑:陈　帆　　　责任校对:汪欣怡　　　整体设计:马　佳

出版发行:**武汉大学出版社**　　（430072　武昌　珞珈山）
（电子邮箱：cbs22@whu.edu.cn　网址：www.wdp.whu.edu.cn）
印刷:湖北省荆州市今印印务有限公司
开本:720×1000　1/16　印张:19.75　字数:284 千字　插页:2
版次:2020 年 7 月第 1 版　　2020 年 7 月第 1 次印刷
ISBN 978-7-307-21380-7　　定价:72.00 元

# 作者简介

**万方**

  湖北得伟君尚（武汉自贸区）律师事务所创始合伙人、执行主任、中世律所联盟TMT行业法律研究中心主任、中国地质大学（武汉）法律硕士指导导师。

  万方律师曾担任两家美国上市互联网公司法务部负责人，全程参与公司引入红杉资本、腾讯等风险投资和战略投资，对私募股权投融资、商业模式合规、网络安全与数据合规、商事争议解决等领域有着丰富的经验。

  邮箱：wanfang@tmt-lawyer.com

**余凯**

  湖北得伟君尚（武汉自贸区）律师事务所合伙人律师、专利代理师。全国法学会会员、武汉知识产权研究会常务理事、湖北自贸区知识产权和商事调解中心调解员。

  余凯律师在华中科技大学取得工学学士和法学学士学位，后于中国社会科学院法学研究所获法律硕士学位。

  余凯律师专注知识产权和商事诉讼，为众多国际国内知名企业提供过法律服务。在专利、著作权、商标、商业秘密、不正当竞争、反垄断等各类争议解决领域有着丰富的实践经验。执业重点聚焦于网络游戏、电子商务、芯片与科技制造、数字文创、软件开发等在内的TMT行业。

  邮箱：yukai@tmt-lawyer.com

## 顾问简介

**蔡学恩**，男，法学博士，湖北得伟君尚律师事务所主任。

◎主要社会职务

第十二届、十三届全国人大代表

最高人民法院　特约监督员

最高人民检察院　特约监督员

湖北省律师协会　监事长

中国国际贸易仲裁委员会　仲裁员

湖北省知识分子联谊会律师分会　会长

湖北省政府专家咨询委员会　专家

湖北省法官检察官遴选委员会　专家委员

阿拉善生态保护协会SEE　章程委员会委员

　　蔡学恩律师执业将近三十年，具有深厚的法学理论功底、精湛的执业技巧和丰富的从业经验，其先后担任湖北省人民政府、武汉市人民政府、黄陂区人民政府、蔡甸区人民政府、湖北省联合发展投资集团有限公司等重要党政机关和企事业单位法律顾问，获得了客户的高度认可。近几年来，蔡学恩律师成功办理或参与了美国ICC公司诉湖北省政府案、武汉某上市公司与香港某管理有限公司损害公司利益纠纷诉讼案、某国有企业关于新西兰Peterbourough Quarter土地开发项目等大案要案，赢得了客户的一致赞誉。此外，蔡学恩律师作为全国人大代表先后提出了五十多份议案和建议案，他提出的在我国法院系统设立"环保法庭"等多项建议被国家相关部门采纳。

# 前　　言

　　网络游戏行业的快速发展和不断创新丰富了人们的精神世界和物质世界，给我们的生活增添了欢乐。但俗语言，有人的地方就有江湖，就有纷争，网络游戏的虚拟空间也绝非完全架空，它依然与现实世界存在直接连接与映射，因此，网络游戏的江湖也自然充满了纷争。

　　作为长期服务游戏行业的法律实务工作者，面对纷繁复杂的游戏行业纷争，我们和游戏从业者一样时常苦恼于法律的规范滞后于行业的发展，在成文法律规范界定模糊时，司法实践的案例就成为重要的规范指引，这是我们撰写本书的动因。我们希望通过对现有案例的搜集、整理、提炼、分析，以一种对游戏从业者而言简明易接受的方式把游戏行业常见纠纷的解决意见呈现出来，于是就有了这样一次不同于常见法律书籍撰写方式的尝试。

　　在全书体例上，本书分为上下两篇，即网络游戏行业知识产权争议篇与网络游戏行业公司治理运营争议篇，或许从形式逻辑上看这种安排很难说是周延、完备的，但在实践中我们认为会比较实用。

　　在章节设置上，我们并没有按照商标权、著作权、不正当竞争、合同纠纷等案由去展开，而更多的是结合游戏行业的业务和运营，按照游戏画面、游戏名称、游戏音乐、游戏角色、游戏装备、游戏字体、游戏规则、宣传推广、外挂私服、玩家封号、装备点卡等方式展开，这样对于游戏从业者来说应该是更为直观和易被理解的。

　　在具体内容上，我们通过对现有大量公开案例的检索通读，选择出有规范指引作用的代表案例，加以具体地解读与分析，并将裁判意见提炼为"游戏码"这样一种指引，同时，在每个案例的解读上，我们也是遵循案例的实际情况，秉持有话则长、无话则短的原则，力图以最简明扼要的语言精练"游戏码规则"。

综上，我们希望这本书能够为游戏行业的从业者和服务于游戏行业的法律实务工作者提供一些帮助。但由于精力和能力有限，我们的尝试和探索难免有讹误和遗漏，例如本书付梓过程中的一些重要案例和关于视听作品的新规都未能有所反映，只能留待日后有机会予以修订了。对于书中的错误与失当之处，也恳请各位读者不吝指正！

最后，说下本书的名字，游戏江湖，纵然是利益搏杀、刀光剑影，但绝非没有规则，依然需要在法槌之下断定是非曲直。江湖里，有则、有法、有道，方可为英雄。

# 目　录

## 下　篇　网络游戏行业公司治理运营争议篇

上　篇

网络游戏行业知识产权争议篇

# 第一章　游戏画面类案例裁判要旨及解析

## ～ 游戏码 01 ～
## 游戏界面主张美术作品予以保护的，
## 其独创性仅要求最低限度的审美意义

📝 **示例案件**

A.《炉石传说》与《卧龙传说》案，（2014）沪一中民五（知）初字第23号①

B.《剑雨江湖》与《万剑江湖》案，（2017）粤0106民初10491号②

💬 **裁判要旨**

A. 游戏界面并非仅由布局构成，而是由色彩、线条、图案构成的平面造型艺术，而美术作品的独创性判断仅要求最低限度的审美意义。在没有证据表明原告作品来源于公有领域的惯常表达下，可以确认案涉游戏界面属于《中华人民共和国著作权法》（以下简称《著作权法》）所称的作品，应受法律保护。

---

① 上海市第一中级人民法院民事判决书（2014）沪一中民五（知）初字第23号。另说明，本书案例来源于中国裁判文书网。

② 广州市天河区人民法院民事判决书（2017）粤0106民初10491号。

B. 游戏美术场景是以线条和色彩构成具有审美意义的图案，虽然图案相对简单，但作为网络游戏的组成要素而言，仍具有一定的独创性，应认定为受我国《著作权法》保护的美术作品。

### 案例解码

在网络游戏著作权纠纷案件中，基于我国现行《著作权法》的规定，长期以来较主流的保护方式是要素拆分保护的方式。在要素拆分中，对于静态的游戏画面或者界面而言，最为直接的保护方式就是按照美术作品予以主张权利。

当原告按照美术作品对游戏画面主张权利时，被告通常会抗辩称原告的游戏画面构图简单不具有独创性、属于游戏行业常用的图案等。此时就会涉及游戏画面是否满足美术作品独创性要求的问题。在这个问题上，司法实践基本采取美术作品独创性仅要求最低限度的审美意义的观点，在没有直接证据可以证明原告的作品属于公有领域的惯常表达的情况下，即可以认定原告的游戏画面属于《著作权法》中的美术作品，而不论游戏画面本身内容是否简单。

### 判决书摘要

#### A.（2014）沪一中民五（知）初字第 23 号

游戏界面，包括"牌店界面"、"打开扩展包界面"、"我的收藏之浏览界面"、"我的收藏之组牌界面"、"我的收藏之卡牌制作界面"、"练习模式之选择英雄界面"、"战斗场地界面"、"练习模式之英雄出场界面"、"练习模式之起始手牌界面"、"竞技模式之付费界面"、"竞技模式之选择英雄界面"、"竞技模式之组建套牌界面"、"竞技模式之成绩界面"、"任务记录界面"等 14 个界面。

本院认为，根据《中华人民共和国著作权法实施条例》（以下简称《著作权法实施条例》）的规定，美术作品是指绘画、书法、雕塑等以线条、色彩或者其他方式构成的有审美意义的平面或者立体的造型艺术作品。而对于美术作品独创性的判断，法律并没有设定一个明确的高度，因此，只要是作者独立创作，具有最低限度的审美意义，且不属于公有领域的造型艺术，均应视为满足了作品的独创性要求。

本院认为，《著作权法》保护思想的表达，而不及于思想本身，因此，游戏界面的布局作为美术作品的思想的确不属于《著作权法》保护的范畴。但是，14个界面并非仅由布局构成，而是由色彩、线条、图案构成的平面造型艺术。如前所述，美术作品的独创性判断仅要求最低限度的审美意义，而且并没有证据表明原告作品来源于公有领域的惯常表达，故而本院确认该14个游戏界面属于《著作权法》所称的作品，应受法律保护。

### B. （2017）粤 0106 民初 10491 号

美术作品，是指绘画、书法、雕塑等以线条、色彩或者其他方式构成的有审美意义的平面或者立体的造型艺术作品。文字作品，是指小说、诗词、散文、论文等以文字形式表现的作品。

本案中，创娱公司主张权利的美术作品，排除构成重复的元素及蓝色服装少女形象，其余 39 个游戏元素、5 个美术场景等游戏美术资源均是以线条和色彩构成具有审美意义的图案，虽然部分技能图标中的图案相对简单，但作为网络游戏的组成要素而言，仍具有一定的独创性，应认定为受我国《著作权法》保护的美术作品。

## 游戏码 02
## 手机游戏因屏幕空间、玩家操作习惯所限，
## 其设置的按钮布局属于有限表达

**示例案件**

《花千骨》与《太极熊猫》案，（2015）苏中知民初字第 201 号①

**裁判要旨**

手机游戏因其屏幕空间、玩家操作习惯所限，在主界面常用设计中

---

① 苏州市中级人民法院民事判决书(2015)苏中知民初字第 201 号。

会出现下排多为功能区按钮、左右两侧为竖排按钮这样的布局，在战斗界面常用设计中会出现左右下方分别为操纵摇杆、技能键的布局，该部分内容属于有限表达和公有领域的表达，原告并不能就此设计本身享有独占的著作权。

💬 **案例解码**

虽然目前游戏市场上的各类游戏产品总量十分庞大，但基本上都可以归入大致有限的类别中，主要包括 FPS（第一人称射击）、RPG（角色扮演）、AVG（冒险游戏）、ACT（动作游戏）、CAG（卡片游戏）、FTG（格斗游戏）、TCG（养成类游戏）、MSC（音乐游戏）、SPG（体育游戏）、LVG（恋爱游戏）、RTS（即时战略游戏）、STG（射击游戏）、RCG（赛车游戏）、SIM（模拟经营类游戏）等。实际上，由于特定游戏类别的一些通用的玩法设置以及玩家用户的习惯玩法操作，每款游戏在游戏界面上的功能按钮、操作键、数值显示、道具装备展示的布局上往往受到很大的限制。

由于游戏开发设计中存在上述实际的客观情形，因此在游戏界面产生的争议中，除界面过于简单的独创性问题外，还经常会存在有限表达、公有领域素材的问题。

按照《著作权法》的理论和司法实践，有限表达和公有领域的表达内容都应被排除在《著作权法》的保护范围之外。因此，在手机游戏中因为屏幕空间、玩家操作习惯所限，在主界面常用设计中出现的功能按钮布局认定为属于有限表达和公有领域的表达，排除在《著作权法》的保护外。这样可以避免过度地将公有领域表达归入部分游戏开发者的专有权利，限制整个游戏行业的多元化开发。在选取的示例案件中，法院对此问题作了充分的说理，作了清晰的界定与指引。更进一步的是，法院又明确了对于在功能按钮布局之外存在设计空间的元素不应当被认定为属于有限表达，也即这些存在设计空间的元素仍可以受到《著作权法》的保护。

🔲 **判决书摘要**

在确定著作权保护范围时，应当将不具有独创性的表达部分、有限表达和公有领域的表达内容过滤出保护范围。

本案中，经本院比对，《太极熊猫》游戏中"首充"玩法、"投资计划"玩法的界面基本布局与相应玩法在《放三》游戏中出现过，不具有独创性，应予排除。

至于天象公司主张的《太极熊猫》布局设计均为通用界面布局和组合界面布局，包括竖排列表、横排方块、九宫格、TAB、弹出框以及竖排列表组合、横排方块组合、横向 TAB 组合，且为功能性界面布局，不应受到保护问题，本院认为，前述布局设计确实为手机游戏，特别是横屏手机游戏的常用布局设计，但如本院前面所分析的，本案中蜗牛公司主张保护的并非该常用布局设计本身，而系包含基本布局、内容和被详尽描述的具体玩法为一体的具体表达，故天象公司的该点抗辩主张本院不予采纳。

另外，关于天象公司认为的《太极熊猫》主张的主界面和战斗界面均是手游特殊场景的通用界面问题，本院认为，手机游戏因其屏幕空间、玩家操作习惯所限，在主界面常用设计中会出现下排多为功能区按钮、左右两侧为竖排按钮这样的布局，在战斗界面常用设计中会出现左右下方分别为操纵摇杆、技能键的布局，故该部分内容属于有限表达和公有领域的表达，蜗牛公司并不能就前述设计本身享有独占的著作权，但功能区中玩法按钮和图示所对应的具体玩法和内涵，战斗界面中是否有其他上阵角色及其排布，技能键的设置数量和位置存在设计空间，不属于有限表达。

## 游戏码 03
### 游戏登录画面的独特装饰风格能区分服务来源时，属于特有装潢

**示例案件**

《魔兽世界：德拉诺之王》与《全民魔兽：决战德拉诺》案，（2016）

粤民终 1775 号①

### 💬 裁判要旨

游戏开机登录界面，是玩家正式享受游戏服务前的必经界面，其中标题界面类似于现实服务经营场所的招牌，登录界面和人物创建界面类似于现实服务经营场所的门面装饰。如果相关界面具有独特的装饰风格，能够产生区分服务来源的作用，不应拒绝虚拟服务提供者享有知名服务特有装潢权利，应认定其构成服务的特有装潢。

### 💬 案例解码

在网络游戏行业没有产生大规模涉知识产权诉讼的时候，游戏界面的保护一直都是按照美术作品予以保护。随着游戏领域侵权诉讼案件的不断发生，侵权案件的具体类型不断变化，游戏界面的保护出现了一些新的趋势，其中一种就是部分权利人在案件中主张游戏画面属于知名商品或服务的特有装潢，通过《中华人民共和国反不正当竞争法》(以下简称《反不正当竞争法》)来寻求权利救济。

对于这种变化，司法实践也给予了回应。在示例案件中，《魔兽世界》系列游戏是由暴雪公司制作的一款在线角色扮演的网络游戏。2014年 6 月，暴雪公司推出《魔兽世界：德拉诺之王》游戏上线并由网之易公司独家运营。2014 年 8 月，一款由七游公司开发，并由分播公司独家运行的游戏《全民魔兽：决战德拉诺》上线。暴雪公司、网之易公司认为《魔兽世界》系列游戏是知名商品和服务，《魔兽世界》系列游戏标题、登录界面、人物创建界面构成知名商品和服务的特有装潢，分播公司、七游公司的行为侵犯其知名商品特有名称、装潢，属于不正当竞争行为，要求其承担赔偿经济损失 500 万元并停止不正当竞争行为。最终两审法院均认定了权利人的游戏登录、标题、角色创建三个画面属于知名商品的包装装潢，可以根据《反不正当竞争法》给予保护。法院通过示例案件明确包装装潢不应当受到服务环境的限制，无论是现实服务还

---

① 广东省高级人民法院民事判决书(2016)粤民终 1775 号。

是虚拟服务，当玩家在接受游戏服务时所看到的相关游戏界面的独特装饰风格可以产生区分服务来源的作用，就不应拒绝虚拟服务提供者享有《反不正当竞争法》中知名服务特有装潢的权利。

**◙ 判决书摘要**

法院认定知名商品，应当考虑该商品的销售时间、销售区域、销售额和销售对象，进行任何宣传的持续时间、程度和地域范围，作为知名商品受保护的情况等因素，予以综合判断。暴雪公司、网之易公司应当对其商品的市场知名度负举证责任。

本案中，暴雪公司、网之易公司为证明《魔兽世界》系列游戏是知名服务，提供了该系列游戏在国内外的发行运营情况、国内知名网络媒体和期刊对该系列游戏用户数量和销售收入的报道、第三方游戏网站对该系列游戏最新资料片《魔兽世界：德拉诺之王》上线前后的大量宣传、该系列游戏在国内荣获的权威奖项等证据。这些证据相互印证，足以证明《魔兽世界》游戏在中国境内具有很高的知名度，为游戏玩家和游戏经营者所熟知。而被诉游戏官网链接文章称《魔兽世界》是国内神话般的游戏，与它相关的作品都几乎红得发紫，也在一定程度上反映了分播公司对《魔兽世界》游戏知名度的认可。所以，一审法院认为，《魔兽世界》系列游戏是知名服务。这里需要说明的是，《魔兽世界：德拉诺之王》正式上线至本案发生不到两个月的时间，但如果仅以上线时间短为由认为其不构成知名，则无疑是孤立、机械地看待问题。《魔兽世界：德拉诺之王》是《魔兽世界》系列游戏的最新资料片，其天然承继了该系列游戏长达十年运营所累积的知名度，且自该资料片上线前几个月起，暴雪公司、网之易公司就通过官网和第三方游戏网站持续性地大量宣传，故《魔兽世界：德拉诺之王》游戏也应当是知名服务。

关于涉案名称、装潢是否特有。根据《最高人民法院关于审理不正当竞争民事案件应用法律若干问题的解释》(以下简称《解释》)第二条，具有区别商品来源的显著特征的商品的名称、包装、装潢，应当认定为《反不正当竞争法》第五条第(二)项规定的"特有的名称、包装、装潢"。根据《解释》第三条，由经营者营业场所的装饰、营业用具的式样、营业人员的服饰等构成的具有独特风格的整体营业形象，可以认定为《反不正当竞争法》第五条第(二)项规定的"装潢"。

暴雪公司、网之易公司主张涉案游戏标题界面、登录界面和人物构建界面是《魔兽世界》系列游戏的特有装潢。《魔兽世界》系列游戏是暴雪公司、网之易公司向玩家提供的游戏服务。与现实世界的服务不同，暴雪公司、网之易公司提供的是虚拟环境下的服务。但现实服务与虚拟服务都是服务，两者在服务环境上的区别，不应该成为拒绝虚拟服务提供者享有《反不正当竞争法》中知名服务特有装潢权利的理由。由于玩家接受游戏服务时只看到一幕幕游戏界面，故如果相关界面具有独特的装饰风格，能够产生区分服务来源的作用，根据《解释》第三条应当构成服务的特有装潢。《魔兽世界》属于大型多人在线角色扮演游戏，玩家必须选定扮演的角色(即登录后在人物创建界面选择角色)，才能以该角色身份进入游戏世界。故暴雪公司、网之易公司主张的三个游戏界面，是玩家正式享受游戏服务前的必经界面，其中标题界面类似于现实服务经营场所的招牌，登录界面和人物创建界面类似于现实服务经营场所的门面装饰。根据对比，标题界面的主副标题分为上下两层并被造型独特的边框围绕，边框上有飞檐、龙形生物或尖锐的戒指。登录界面有一个巨大的传送门，门前立柱站着两个手持重剑、不怒而威的巨人，眼睛是血红色的，门后是陡峭的山峦和紫红色的天空。人物创建界面是一个带窗的穹顶，正中有巨大的吊灯，窗外可见绿色的森林、灰色的建筑和山峦。这些设计充分体现了《魔兽世界》系列游戏神秘、奇幻、绚丽、大气的风格，能够建立起与暴雪公司、网之易公司游戏的特定联系，产生区分服务来源的作用，故构成知名服务特有的装潢。

## 游戏码 04

## 游戏运行画面属于向玩家展示的游戏内容，
## 不属于商品装潢

### 📝 示例案件

A.《剑雨江湖》与《万剑江湖》案，（2017）粤 0106 民初 10491 号①

B.《梦幻西游》与《仙语》案，（2016）粤 0106 民初 5333 号②

### 💬 裁判要旨

商品装潢是指为识别与美化商品而在商品或者其包装上附加的文字、图案、色彩及其排列组合，但游戏运行中的游戏画面属于向玩家展示的网络游戏内容组成部分，不属于《反不正当竞争法》所规定的装潢范畴。

### 💬 案例解码

虽然游戏画面可以按照特有装潢的路径予以保护，但需要强调的是可以归入装潢的游戏画面是有特定要求的。如同对于实体的商品和店面一样，其包装装潢都是最先通过外在形式可以被消费者直接观察到的对象，一个商品包装内的产品实质以及服务的内容本身都不应认定为属于装潢。

基于装潢本身的概念，可以将游戏画面予以分类，对于游戏玩家而言，进入游戏实体内容前的登录画面、标题画面乃至角色创建画面可以认为不属于实际提供的游戏内容，而是游戏的特有装潢。但是对于进入游戏后的游戏运行画面而言，这些画面就是游戏内容本身，即便该游戏属于知名游戏，即便这些画面也具备一定特殊性乃至可以引导消费者区

---

① 广州市天河区人民法院民事判决书(2017)粤 0106 民初 10491 号。

② 广州市天河区人民法院民事判决书(2016)粤 0106 民初 5333 号。

分其服务来源，该部分内容不应认定为属于装潢，否则将无限扩大装潢的范畴。极端推演下去，游戏整体都可以被视为一个装潢，显然，这并不符合我国《反不正当竞争法》关于特有装潢的具体规定。

基于以上认知，在目前的司法实践中，对于游戏内的游戏 UI 界面主张构成知名商品包装装潢的，现有案例均以游戏运行界面属于向玩家展示的网络游戏内容组成部分为由，不支持原告的主张。

### 📑 判决书摘要

## （2017）粤 0106 民初 10491 号

根据《反不正当竞争法》第五条第(二)项的规定，经营者不得擅自使用知名商品特有的名称、包装、装潢，或者使用知名商品近似的名称、包装、装潢，造成和他人的知名商品相混淆，使购买者误认为是该知名商品。那么，如何认定知名商品特有的装潢？首先，该商品应在中国境内具有一定的市场知名度，为相关公众所知悉。其次，该商品装潢作为商业标识，应具有区别商品来源的显著特征。对知名商品的认定，应当考虑该商品在相关市场领域中的知名度、质量、销售时间、销售地域、市场份额、广告宣传、在相关消费者中的信誉度等综合因素。

网络游戏运营是基于计算机软件的运行服务，系与商品相关的服务。创娱公司主张《剑雨江湖》游戏 UI 界面为知名商品特有装潢，已提供《剑雨江湖》游戏的新闻报道及获奖情况，可以证明《剑雨江湖》游戏为相关公众所熟知，系一款具有较高知名度的武侠类网络游戏，但商品装潢是指为识别与美化商品而在商品或者其包装上附加的文字、图案、色彩及其排列组合，创娱公司主张的《剑雨江湖》游戏 UI 界面属于向玩家展示的网络游戏内容组成部分，不属于我国《反不正当竞争法》所规定的装潢，创娱公司主张为知名商品的特有装潢，缺乏事实依据，对此本院不予采纳。

## ～ 游戏码 05 ～
# 游戏界面的内容选择编排因受功能和屏幕限制缺乏独创性，不属汇编作品

### 📝 示例案件

《炉石传说》与《卧龙传说》案，（2014）沪一中民五（知）初字第23号①

### 💬 裁判要旨

只有对内容的选择和编排体现出独创性的汇编行为，才能够获得《著作权法》的保护。由于电脑游戏界面的内容选择和编排受游戏功能和电脑屏幕资源的限制，可以选择的空间较小，当游戏界面编排并没有体现出足够的独创性，不应认定其构成汇编作品。

### 💬 案例解码

根据《著作权法》第十四条的规定，"汇编作品"指的是若干作品、作品的片段或者不构成作品的资料或其他材料，对其内容的选择或者编排体现独创性的作品。

《著作权法》保护的是具有独创性的表达，而不是有创造性的方法或与之混同的表达。无论被汇编的材料是否构成作品，只要在选择或编排方面不能体现出独创性，则不能构成汇编作品。如果汇编者对信息的选择或编排不是基于个性化的主观判断，而是应用某种操作方法或者计算方法的必然结果，则此时发生思想与表达的混同。无论该操作方法或计算方法是否为汇编者智力创造的产物，该汇编的结果都不能作为汇编作品受到保护。

---

① 上海市第一中级人民法院民事判决书(2014)沪一中民五(知)初字第23号。

　　具体到游戏界面上，对于游戏的开发者而言，在界面编排上会受到游戏功能和电脑屏幕资源的限制，一般来说可以自由选择的设计、编排空间十分有限，即便由不同的开发人员对这两个同类别游戏的主要游戏界面进行独立设计或者编排，所产生的结果差异本身也不会很大。换言之，这种受制于游戏功能和电脑屏幕资源的所谓游戏界面编排方式，并不能体现足够的独创性，因此随之产生的游戏界面也就不应认定为属于汇编作品。当然，对于某些可能确实十分特别的界面编排方式，在有充分证据的情况下，也不能完全排除其被认定为构成汇编作品的可能。

　　另外，需要补充说明的是，汇编作品的保护路径带来的实际效用可能并不会比按照美术作品保护有很大的提升，因此游戏界面主张汇编作品予以保护可能更多的是法理和学理上的价值。

### 🔳 判决书摘要

　　《著作权法》保护思想的表达，而不及于思想本身，因此，游戏界面的布局作为美术作品的思想的确不属于著作权保护的范畴。但是，14个界面并非仅由布局构成，而是由色彩、线条、图案构成的平面造型艺术。如前所述，美术作品的独创性判断仅要求最低限度的审美意义，而且并没有证据表明原告作品来源于公有领域的惯常表达，故而本院确认该14个游戏界面属于《著作权法》所称的作品，应受法律保护。至于两原告关于其中两个界面还应属于汇编作品的主张，本院认为，只有对内容的选择和编排体现出独创性的汇编行为，才能够获得《著作权法》的保护。由于电脑游戏界面的内容选择和编排受游戏功能和电脑屏幕资源的限制，所以可以选择的空间较小，两原告的界面编排并没有体现出足够的独创性，故而本院对其主张不予采纳。

# ～ 游戏码 06 ～
## 动作角色扮演类游戏运行的动态画面整体
## 可构成类电影作品

### 📝 示例案件

A.《奇迹 MU》与《奇迹神话》案，(2016)沪 73 民终 190 号①

B.《花千骨》与《太极熊猫》案，(2015)苏中知民初字第 201 号②

### 💬 裁判要旨

A. 类电影作品特征性表现形式在于连续活动画面，网络游戏中因操作不同产生的不同的连续活动画面，其实质是因操作而产生的不同选择，并未超出游戏设置的画面，不是脱离游戏之外的创作。因此，该连续活动画面是唯一固定，还是随着不同操作而发生不同变化，并不能成为认定类电影作品的区别因素。

B. 游戏整体画面从其表现效果来看，是随着玩家的不断操作，呈现在屏幕上的"连续动态的图像"，符合类电影作品的定义，且只要作品在表现效果上符合类电影作品的独创性要求，其制作方式并不应成为给作品定性的阻碍。

### 💬 案例解码

随着案例的不断丰富，网络游戏的保护路径在司法实践中也不断有新的突破。如何给网络游戏整体性的保护，是网络游戏行业、司法界、学界和律师界都最为关注的网络游戏领域的法律问题之一。由于游戏连续的整体画面实际也是游戏整体的一个直接的载体，故而游戏画面的整体保护也就关系到游戏的整体保护。在最近的司法实践中有两个十分典

① 上海知识产权法院民事判决书(2016)沪 73 民终 190 号。

② 苏州市中级人民法院民事判决书(2015)苏中知民初字第 201 号。

型的代表案例，即示例案件中的"《奇迹 MU》与《奇迹神话》案"和"《花千骨》与《太极熊猫》案"，两起案件中，上海知识产权法院和苏州市中级人民法院都支持了游戏画面整体可以认定为类电影作品的观点。

在游戏连续画面能否构成类电影作品的问题上，主要有两个争议，其一是网络游戏的连续画面不是通过摄制的方式予以固定的，其二是网络游戏的连续画面实际存在玩家与游戏系统的交互而导致画面并不一定是固定唯一的呈现方式。

对于第一个争议，我国《著作权法实施条例》第四条将电影和类电影作品定义为"摄制在一定介质上，由一系列有伴音或者无伴音的画面组成，并且借助适当装置放映或者以其他方式传播的作品"。对于该定义，随着技术的进步，近来"摄制"是否属于电影和类电影作品的构成要件成为一个关注的要点，由于视频制作、动漫绘制技术的发展，包括游戏动画、网络动漫在内的许多视听作品都不再必须要求摄像装置予以摄制，如果仍然机械地认为只有通过传统的摄像装置进行摄制完成的视听作品才属于电影或者类电影，显然已经不符合当下影视动漫数字化制作的发展规律。因此，无论是在理论界还是在实务界，都已经逐渐形成一种共识，不应当将摄制作为电影和类电影作品的构成要件。这一点，上海法院在《奇迹 MU》与《奇迹神话》案中也有着很好的说明，"至于固定在有形载体上的方式，随着科学技术的不断发展，特别是网络技术的快速发展，著作权客体也会随之产生新生物，对此应当依据作品分类的实质因素进行判断分析。本院认为，我国《著作权法》规定了电影作品和类似摄制电影的方法创作的作品，其中类似摄制电影的方法创作应是对创作方法的规定，不应仅是制作技术的规定，更应包括对各文学艺术元素整合的创作方法"。

对于第二个争议，实际更为复杂，而且坦言之，目前也尚无定论，虽然上海知识产权法院给出了一个裁判案例，同时苏州市中级人民法院的一审也没有据此否认游戏连续画面不能构成类电影作品。但毕竟对于会存在不同变化形态，即并非唯一固定、需要有玩家参与的游戏运行画面，是否可以将其作为一个类电影作品仍是存有很大的探讨空间。当然，上海知识产权法院"类电影作品特征性表现形式在于连续活动画面，网络游戏中连续活动画面因操作不同产生的不同的连续活动画面其实质是因操作而产生的不同选择，并未超出游戏设置的画面，不是脱离游戏之外的创作"的观点，还是可以作为后续同类案件的裁判参考借鉴的。

**▣ 判决书摘要**

### A. （2016）沪 73 民终 190 号

一审法院认为，《奇迹 MU》游戏的整体画面可以作为类电影作品获得《著作权法》的保护，该游戏的各部分在本案中已无必要予以单独保护。上诉人提出《奇迹 MU》游戏不具有独创性，亦不属于类电影作品，网络游戏应当依照组成元素分别作为音乐作品、美术作品、文字作品予以单独保护，不存在整体保护的必要。本院经查，被上诉人在本案起诉时就《奇迹 MU》游戏著作权存在多方位的权利主张，其主张的作品是《奇迹 MU》网络游戏及其相关游戏素材，权利游戏如不能认定为《著作权法》规定的"其他作品"，则主张游戏整体画面构成类电影作品，同时被上诉人还主张各组成元素构成文字作品、美术作品。

本院认为，根据我国《著作权法》规定，作品是指文学、艺术和科学领域内具有独创性并能以某种有形形式复制的智力成果。本案《奇迹 MU》游戏整体画面，在其等级设置，地图名称以及地图、场景图的图案造型设计，职业角色设置及技能设计、武器、装备的造型设计等方面均具有独创性，且游戏画面可以有形形式复制，符合上述法律规定的作品的构成要件，属于《著作权法》意义上的作品。上诉人提出一审进行比对的游戏元素均是魔幻类游戏的通用元素，不具有独创性。本院经查，上诉人所提出的地图名称、个别角色名称等之前曾被使用的元素占《奇迹 MU》游戏的小部分，而且如该游戏的等级设置、角色技能设计以及地图场景等的整合使用具有独创性，即使个别角色、地图名称之前曾被使用，亦不影响游戏整体画面的独创性，上诉人的该项上诉理由，本院不予采信。至于《奇迹 MU》游戏整体画面的作品类型，上诉人提出在制作方法上，网络游戏不存在类似摄制电影的制作过程；在表现形式上，网络游戏不存在如类电影般的故事情节、丰富场景，而且画面不固定，是玩家按照游戏规则通过操作形成的动态画面，过程具有随机性和不可复制性。故网络游戏不应归属于类电影作品。本院认为，网络游戏是近年来快速发展的数字文化娱乐类智力成果，对于具有独创性的网络游戏构成《著作权法》意义上的作品，但是是否可以得到《著作权法》保护以及如何给予《著作权法》保护还应当依据现行《著作权法》的规定。《著作权法》对于作品按照表现形式进行了文字作品、音乐作品、美术作品等分类，其中亦规定了电影作品和以类似摄制电影的方法创作的作品。《著作权法实施条例》第四条规定，电影作品和以类似摄制电影的方法创作的作品，是指摄制在一定介质上，由一系列有伴音或者无伴音的画面组成，并且借助适当装置放映或者以其他方式传播的作品。可见我国《著作权法》关于作品的分类以其表现形式为基础，而作品固定在有形载体上的方式并非是作品分类的依据。对于类电影这一类作品的表现形式在于连续活动画面组成，这亦是区别于静态画面作品的特征性构成要件，网络游戏在运行过程中呈现的亦是连续活动画面。本院注意到网络游戏与传统类电影在表现形式上存在区别，即网络游戏的连续活动画面是随着游戏玩家的操作进行的，具有双向互动性，而且不同操作会呈现不同的画面。而传统类电影作品的连续活动画面是固定单向的，不因观众的不同而发生变化。对此，本院认为类电影作品特征性表现形式在于连续活动画面，网络游戏中连续活动画面因操作不同产生的不同的连续活动画面其实质是因操作而产生的不同选择，并未超出游戏设置的画面，不是脱离游戏之外的创作。因此，该连续活动画面是唯一固定，还是随着不同操作而发生不同变化，并不能成为认定类电影作品的区别因素。至于固定在有形载体上的方式，随着科学技术的不断发展，特别是网络技术的快速发展，著作权客体也会随之产生新生物，对此应当依据作品分类的实质因素进行判断分析。本院认为，我国《著作权法》规定了电影作品和类似摄制电影的方法创作的作品，其中类似摄制电影的方法创作应是对创作方法的规定，不应仅是制作技术的规定，更应包括对各文学艺术元素整合的创作方法。从此意义上讲，网络游戏也是采用对各文学艺术元素整合的创作方法。因此，一审认定《奇迹 MU》游戏整体画面构成类电影作品，本院予以肯定。上诉人的该项上诉理由，本院不予采信。

## B.（2015）苏中知民初字第 201 号

本案中，蜗牛公司主张将涉案游戏整体作为《著作权法》第三条第（九）项规定的其他作品予以保护。两被告认为，《著作权法》并未对游戏作品作出专门类型化的规定，其本质为计算机软件作品，即便在其运行画面中存在可获得著作权保护的元素，通过文字作品、美术作品、音乐作品等即可保护，游戏画面不能整体保护，不属于以类似摄制电影的方法创作的作品，更不属于《著作权法》规定的其他作品。本院认为：

（一）网络游戏的整体运行画面是其整体作品的表现形态

首先，网络游戏的本质是计算机软件程序（包括服务器端程序和客户端程序）和游戏信息数据（图片、音乐、文字等）的集合。该本质决定了网络游戏一个复合作品呈现两种表现形态：一种为静态的计算机代码和信息数据形式的集合；一种是动态的在智能终端中由玩家操控运行游戏软件程序呈现的视听输出，且皆可以有形形式复制。从游戏运行过程来看，当玩家开启操作时，玩家在用户界面上的操作形成指令，游戏引擎通过逻辑代码决定何时从何处阅读资料、播放声音、在终端屏幕上显示图像和结果、如何下载或存储信息等；为呈现每个不同的副本，游戏引擎还会调取与该副本相应的特定地图档，再到游戏资源库读取与其相对应的特定对象或图标，并在指定位置上予以呈现。在此过程中，需要大量配置文件和数据库文件支持。可以看到，网络游戏最终显示在屏幕中的整体画面是以其计算机程序为驱动，将其文字、音乐、图片、音频、视频等多种可版权元素，以体现和服务游戏玩法和游戏规则为目的形成的有机、连续、动态组合的呈现，其整体运行画面才是网络游戏作品完整的呈现方式，也是玩家所认知和感知的整体作品形态。

其次，本案中蜗牛公司主张保护的作品要素和内容为游戏结构、玩法规则等，前述内容绝大多数来自游戏作为一个整体作品所体现的部分，而诉讼中双方当事人亦认为仅针对计算机软件整体程序代码的比对，无法判断和解决前述内容的实质性相似问题，且确认两款游戏使用了不同的游戏开发引擎，故在此情况下，本院依照蜗牛公司的主张与举证，以游戏运行后形成的连续动态图像画面作为《太极熊猫》网络游戏作品的表现形态。

(二)《太极熊猫》游戏运行动态画面整体构成《著作权法》第三条第(六)项规定的类电影作品

首先，《著作权法实施条例》第二条规定："著作权法所称作品，是指文学、艺术和科学领域内具有独创性并能以某种有形形式复制的智力成果。"涉案《太极熊猫》为大型 ARPG(动作角色扮演类游戏)，从其运行整体画面表现效果来看，设计美观，玩法层次丰富，蕴含了游戏设计团队的大量智力成果。从蜗牛公司提交的证据 SVN 记录中可以清楚地看到，该游戏自 2013 年年底立项至公证保全的权利版本开发完成历经了一年多时间，形成了 9 万多条开发记录。经过前述开发过程形成的作品，是主创人员付出大量劳动以及团队合作的智慧结晶，属于《著作权法》规定的艺术和科学领域具有独创性的作品。

其次，《著作权法实施条例》第四条第(十一)项规定，电影作品和以类似摄制电影的方法创作的作品，是指摄制在一定介质上，由一系列有伴音或者无伴音的画面组成，并且借助适当装置放映或者以其他方式传播的作品。相较于录像制品，电影作品对于其连续画面呈现内容的独创性要求较高，要求其具有一定的故事情节。如前所述，《太极熊猫》整体画面从其表现效果来看，是随着玩家的不断操作，呈现在屏幕上的"连续动态的图像"，符合类电影作品的定义。进一步地，ARPG 类游戏的玩法设置本身具有剧情性，即其主要构筑了一个具有丰富内涵的虚拟世界，在该世界里玩家可以体验角色选择、养成宠物、历经成长、开展对战等一系列游戏事件和剧情，获得沉浸式的视听体验，与电影作品的欣赏体验类似。此外，作为手机游戏《太极熊猫》还设置了强制玩家操作的新手引导部分，战斗过程中的自动战斗、自动寻路等游戏强制设定或自动设定，玩家在这些设定中对于游戏的操作度很低，使游戏呈现的画面性质上更具有类似电影作品的特质。

再次，就法律规定的另一要件"摄制在一定介质上"而言，《保护文学艺术作品伯尔尼公约》第二条规定，"文学艺术作品"一词包括科学和文学艺术领域内的一切作品，不论其表现方式或形式如何。前述公约中第二条第(一)项对于类电影作品的描述本质亦在于作品表现形式而非创作方法。故本院认为只要作品在表现效果上符合类电影作品的独创性要求，其制作方式并不应成为给作品定性的阻碍。

综上，《太极熊猫》游戏运行动态画面整体具有独创性，可将其游戏整体运行画面认定为类电影作品，并无必要再认定为《著作权法》规定的其他作品。

# 第二章 游戏名称类案例裁判要旨及解析

## ～ 游戏码 07 ～
### 仅游戏名称的大部分文字相同，不足以
### 导致混淆的不构成商标侵权

**示例案件**

A.《古剑奇谭》与《古剑奇侠》案，（2013）穗天法知民初字第1949号①

B. 腾讯公司《穿越火线》、《逆战》与泰金联公司《全民逆战——穿越生死线》案，（2016）京73民终937号②

**裁判要旨**

A. 游戏用户选择或安装游戏或游戏客户端时，主要通过游戏名称、游戏图标、游戏参数及游戏介绍来区分不同游戏。在两款游戏的游戏方式、游戏内容存在本质区别，且游戏图标、游戏参数、游戏介绍均不相同时，游戏用户通过这些因素足以将二者加以区分，仅仅是游戏名称的大部分文字相同，并不足以导致用户的混淆。

---

① 广州市天河区人民法院民事判决书(2013)穗天法知民初字第1949号。
② 北京市知识产权法院民事判决书(2016)京73民终937号。

B. 判断是否容易造成混淆，应以相关公众的注意力为标准。若涉案游戏在游戏运行平台、游戏类型、游戏风格、消费者群体等方面存在较大差异，相关的游戏服务消费者比较容易将涉案游戏区分开，不会仅因游戏名称当中使用了部分相同或类似的文字而将类型、风格完全不同的游戏混淆。

## 🗨 案例解码

涉及游戏名称的案件，主要是商标侵权案件。在商标侵权案件中，被控游戏名称与权利人注册商标完全相同的案件较少，更多的是游戏名称与注册商标近似的情况，即《中华人民共和国商标法》(以下简称《商标法》)第五十七条第(二)项的范畴。依照《商标法》第五十七条第(二)项的规定，同一种商品上使用与其注册商标近似的商标，或者在类似商品上使用与其注册商标相同或者近似的商标，容易导致混淆的，属于商标侵权。

对于游戏案件而言，涉案的商标最多的是第 09 类和第 41 类两类，在相同或者近似商品的问题上除手机端与网页端、在线网络游戏与单机游戏两个争议外，通常没有其他争议。因此争议主要还是围绕游戏名称与注册商标是否近似，以及是否最终容易导致混淆。自 2013 年《商标法》修改后，是否容易导致混淆成为判定是否构成商标侵权的根本要件。因此游戏名称与注册商标大部分文字相同也可能不构成侵权。示例案件中，法院即综合商标本身、两款游戏服务对象主观的辨别和区分能力来认定涉案游戏不构成商标侵权。该案的裁判观点可以对相关游戏开发运营者的游戏命名和诉讼应对提供有益的指引。

一方面，游戏开发运营者在进行游戏命名时除考虑游戏内容本身外，还要进行必要的检索工作，对于已有的在先注册商标，在命名时进行合理避让，降低后续的侵权风险，避免因为游戏名称的命名不当给游戏本身带来损害。另一方面，在并非恶意侵权、"搭便车"的情况下，应对商标侵权诉讼时，即便被控侵权，也不要轻易放弃，应在法律框架内积极组织证据、充分论证，在是否混淆的核心问题上下功夫、作文章，围绕在游戏运行平台、游戏类型、游戏风格、消费者群体等方面的差异详细阐释，争取自身的合法权益。

## @ 判决书摘要

### A.（2013）穗天法知民初字第 1949 号

本院认为：案外人烛龙公司系第 6909397 号、第 6909401 号"**古剑奇谭**"商标及第 6909399 号、第 6909400 号"**古剑**"商标的注册人，网元圣唐公司经烛龙公司授权许可取得上述商标的非独占许可使用权及进行维权诉讼的权利。在该注册商标有效期限内，网元圣唐公司就该商标的注册商标专用权受法律保护，但应以核准注册的商标和核定使用的商品或服务为限。

商标是商品的生产者、经营者在其生产、制造、加工、拣选或者经销的商品上或者服务的提供者在其提供的服务上采用的，用于区别商品或服务来源的，由文字、图形、字母、数字、三维标志、声音、颜色组合，或上述要素的组合，具有显著特征的标志，是用来区别一个经营者的品牌或服务和其他经营者的商品或服务的标记。《商标法》（2001 年修正）第四条第三款、第五十二条第（五）项以及《中华人民共和国商标法实施条例》第五十条第（一）项的规定，有关商品商标的规定，适用于服务商标；在同一种或者类似商品上，将与他人注册商标相同或者近似的标志作为商品名称或者商品装潢使用，误导公众的，属于《商标法》第五十二条第（五）项所称侵犯注册商标专用权的行为。本案中"**古剑奇谭**"、"**古剑**"是用于游戏的商标，""是在线游戏所使用的名称，判断是否存在商标侵权，应当从商标外观是否相同或近似，和公众是否被误导两方面加以衡量。

从商标的客观比对来看，涉案商标"**古剑奇谭**"、"**古剑**"由软笔书法效果的汉字横向排列组成，并指定颜色。被控侵权游戏显示的名称""亦以软笔书法效果的汉字上下错落横向排列组成，文字后搭配简单的背景图案。从字形、字义、文字排列、图形外观等方面比对""与"*古剑奇谭*"、"*古剑*"，可见，首先，""与"*古剑奇谭*"、"*古剑*"同为软笔书法效果的中文汉字，但属于不同的字体。除了"侠"与"谭"完全不同以外，""中的"剑"、"奇"的笔画均进行了艺术化处理，与"*古剑奇谭*"及"*古剑*"中的"剑"、"奇"存在明显区别。其次，""与"*古剑奇谭*"、"*古剑*"的组成文字大部分相同且每个字的独立含义较为接近。但从整体含义的角度来说，"古剑"意为武器，"谭"意为"故事传说"，"侠"意为"人物或特定对象"，三者的整体含义并不相同。虽然"*古剑奇谭*"与""均与"古剑"相关，但"古剑"作为常用传统个人武器之一，属于武侠类文学作品和游戏中的常用元素，其显著性并不明显。被控侵权游戏作为古装武侠类游戏，在名称和游戏内容中采用"古剑"这一元素是正常现象，虽然"*古剑*"系注册商标，但其注册行为并不能排斥其他武侠类作品对这"古剑"元素的正常使用，也不能因此起到使服务对象难以区分"*古剑奇谭*"和""游戏的作用。再次，"*古剑奇谭*"、"*古剑*"为汉字横向排列组成，""为四个汉字上下错落横向排列组成，整体色调也有明显差别，二者给人的视觉感受存在明显区别。综上，""与"*古剑奇谭*"、"*古剑*"商标本身并不相同或近似。

从"古剑奇谭"和"古剑奇侠"的游戏服务对象主观的辨别和区分能力来看，首先，"古剑奇谭"为单机版游戏（包括客户端网络游戏），需要先购买游戏软件或下载游戏客户端再输入预先购买的游戏序列号后可以进行游戏，在游戏过程中无需充值。整个"古剑奇谭"游戏有特定不变的故事背景和发展情节，游戏用户通过游戏过关完成整个游戏故事。"古剑奇侠"为网络在线游戏，通过多家网站提供的服务器免费下载客户端后即可注册账号并登录游戏，游戏过程中可以通过充值购买游戏虚拟道具加快提升游戏人物等级。整个游戏只有一定的故事背景，游戏用户自行建立账号和游戏角色后，通过互联网与其他在线游戏玩家互动或独自完成游戏任务进行角色升级。两者的游戏方式和内容除"古剑"这一常用元素外，存在本质的区别。其次，即使"古剑奇谭"、"古剑"商标均包括提供网络在线游戏的服务项目，但计算机游戏通过在游戏用户的计算机中安装相应软件向游戏用户提供游戏产品服务，在游戏用户选择或安装游戏或游戏客户端时，主要通过游戏名称、游戏图标、游戏参数及游戏介绍来区分不同游戏，"古剑奇谭"与""的游戏图标、游戏参数、游戏介绍均不相同，游戏用户通过这些因素足以将二者加以区分，仅仅游戏名称的大部分文字相同，并不足以导致用户的混淆。"古剑"并非独立用于某个具体游戏或产品服务，更不可能出现游戏用户将"古剑奇侠"与之混淆的情况。因此，游戏用户并不会将""与"古剑奇谭"、"古剑"混淆。

## B.（2016）京 73 民终 937 号

根据《最高人民法院关于审理商标民事纠纷案件适用法律若干问题的解释》第九条、第十条之规定，判定商标近似应从两者文字字形、读音、含义或者图形的构图、颜色组合是否近似，以及相关公众对商品的来源、商品的关联是否产生误认上进行考量。同时，在进行判断时还应当考虑请求保护注册商标的显著性和知名度。

本案中，腾讯科技公司、腾讯计算机公司所主张的"穿越火线"、"穿越火線"的文字商标与被告作为商标性使用的文字"全民逆战——穿越生死线"相比，从整体上看，二者有明显差异；从组成部分看，二者虽共有"穿越"二字，但"穿越"二字显著性不强，腾讯科技公司、腾讯计算机公司所主张商标中显著性较强部分"火线"、"火線"与泰金联公司使用的"生死线"有较大差异。腾讯科技公司、腾讯计算机公司所主张的""的组合商标与"全民逆战——穿越生死线"文字相比，前者系"逆战"文字与图形的组合，后者仅为文字，二者整体视觉差异明显；

从共有组成部分看，作为二者共同部分的"逆战"二字系固有词汇，显著性不强，同时"逆战"文字与"全民逆战——穿越生死线"整体文字有较大不同。在隔离对比的情况下，难以认定"　　"商标与"全民逆战——穿越生死线"构成近似。

同时，商标近似的判断要以相关公众的注意力为标准，看是否容易造成混淆，而与游戏服务相关的公众主要是游戏服务的消费者。本案中，《逆战》、《穿越火线》游戏与《全民逆战——穿越生死线》游戏相比，在游戏运行平台上，分别运行受众有一定区分的 PC 端与手机端；在游戏类型上，分别为第一人称射击类游戏与具有塔防特点的射击游戏；在游戏风格上，分别为写实风格与卡通风格。因存在上述不同，游戏消费者比较容易将《逆战》、《穿越火线》游戏与《全民逆战——穿越生死线》游戏区分开，不会仅因游戏名称当中使用了部分相同或类似的文字而将类型、风格完全不同的游戏混淆。

## 游戏码 08

## 商标是一类游戏通用名称的，不能禁止
## 他人对该名称文字含义的正当使用

### ✍ 示例案件

A. 大宇资讯"**大富翁**"商标与盛大网络《盛大富翁》案，（2007）沪一中民五(知)终字第 23 号①

B. 陕西盛唐"**三代**"商标与腾讯《三代》棋牌游戏案，（2013）西民四初字第 00247 号②

---

① 上海市第一中级人民法院民事判决书（2007）沪一中民五(知)终字第 23 号。

② 西安市中级人民法院民事判决书（2013）西民四初字第 00247 号。

💬 **裁判要旨**

A. 在商标权人申请注册商标前，该商标已经作为一种特定玩法游戏的称呼被广为人知，使得对于相关公众而言，该商标与该类游戏已建立起紧密的对应关系，具有指代该类游戏含义的作用，商标权人并不能禁止他人对这种含义的正当使用。

B. 对于在一定地域内的相关公众中约定俗成的游戏名称，如果当事人不是将其作为区分商品或者服务来源的商标使用，只是将其用作反映该类游戏内容、特点等的游戏名称，可以认定为正当使用。

💬 **案例解码**

游戏名称类商标侵权案件中，涉及通用名称问题的案例占不小比例。该问题的产生也主要与我国整体商标注册申请过程普遍存在的商标抢注问题相关。当然其中也涉及一些案例，游戏本身是某个游戏公司原创，也对其名称进行了商标注册，但由于种种原因长期未清理市场，导致游戏市场中大量存在相关名称的游戏，以及该商标面临被"通用名称"化的问题，比如"炫舞"、"消消乐"、"刀塔"一类，这类问题也会有专门的游戏码予以解读。

游戏通用名称争议案件中，更多的还是某些游戏公司将已有的某个特定游戏的名称进行了商标注册申请后，欲基于该商标主张他人侵权的案例。

商品的名称一般可以由生产该商品的企业用于商品的包装上，从而方便消费者辨认。通用名称一般是指为相关公众所公用，反映一类商品与另一类商品之间根本区别的规范化称谓，包括法律规定或者国家标准、行业标准认定的法定的通用名称以及相关公众约定俗成、普遍认为某一名称能够指代一类商品的约定的通用名称。通用名称属于公有领域，任何人都可以使用。判定通用名称时，不仅国家或者行业标准以及专业工具书已经收录或记载的名称可以认定为通用名称，而且已为公众约定俗成、普遍使用的表示某类商品的名称，也可以认定为通用名称。以商品的通用名称作为商品的商标，商标的识别功能往往难以发挥作用，即仅从通用名称自身无法反映商品提供主体的信息和识别商品来源,因此理论界和司法实务都认可商品通用名称不能由某一企业作为商标注册而专用,否则可能损害公众利益。

对于游戏而言,通用名称主要出现在一些传统的棋牌游戏和一些十分经典的益智类、射击类、经营类游戏里,在大型新兴的网络游戏中一般较少出现。示例案件中的两个案例就是较为典型的代表。两个案件的判决结果也在一定程度上给相关游戏的运营商施加了一定的压力,由于游戏本身的限制,许多游戏玩家早已对其名称有固定的认知,如果因为个别企业将其注册为商标就将其名称垄断,无疑会给行业竞争带来很大影响。最高人民法院在(2008)民三他字第 12 号函《关于远航科技有限公司与腾讯计算机系统有限公司等商标侵权及不正当竞争一案的复函》中也明确指出,对于在一定地域内的相关公众中约定俗成的扑克游戏名称,如果当事人不是将其作为区分商品或服务来源的商标使用,只是将其作为反映该游戏内容、特点的游戏名称,可以认定为正当使用。因此,通过通用名称的路径对这种行为予以一定的限制,允许第三人继续在相关游戏名称文字含义上进行正当使用是十分必要的。

📧 **判决书摘要**

## A. (2007)沪一中民五(知)终字第 23 号

商品的通用名称是指在某一范围内被普遍使用的某一种类商品的名称,包括规范的商品名称、约定俗成的商品名称以及商品的简称。其作用主要是用来区别不同种类的商品,通过对商品质量、功能、用途等特点进行简明扼要的概括,以使此一种类的商品与另一种类的商品区分,并方便社会公众对商品的称呼与识别。商品的通用名称由文字构成,如果按照文字的描述功能划分,大致可分为两类:一是直接描述商品的原料、功能、用途、使用方法等特点的,比如电脑、电风扇、自行车等,这是最常见的;二是文字本身没有明确含义的臆造词,或虽有字面含义但是约定俗成为一类特定商品的名称,如阿司匹林、沙发、手机等。商标与商品名称分别发挥着不同的作用,商标的作用在于区别商品或服务的不同来源，商品名称的作用则在于区别不同种类的商品。商标依附于商品存在，商标与商品名称通常以连用的形式发挥各自的作用，如某某牌电风扇、某某牌自行车。消费者通过认牌购货来满足其对商品的需求，而经营者则用商标来引导消费者的购买行为。

考察争议商标是否包含通用名称或仅由商品的通用名称构成，应综合考虑以下因素：其一，所争议的文字含义；其二，争议商标的注册人自身对该文字的认知和使用情况；其三，同行业经营者及消费者对该文字的认知和使用情况。

从"大富翁"的字面含义看，根据商务印书馆 2002 年增补本《现代汉语词典》，"大"指在体积、面积、数量、力量、强度等方面超过一般或超过所比较的对象，与"小"相对；"富翁"指拥有大量财产的人。因此"大富翁"意为"超过一般的拥有大量财产的人"。根据上海译文出版社世纪版《新英汉词典》，"monopoly"含有"垄断、垄断者、垄断权；专利、专利者、专利权"等意。"Monopoly"意为"强手棋（按骰子所掷点数下棋，以假钱进行模拟房地产交易的棋戏）"。应该说，"大富翁"和"Monopoly"的中英文字面含义，与一类游戏的名称没有直接的关系。只是由于游戏的发明人将其发明的一种"按骰子点数走棋的模拟现实经商之道的游戏"命名为"Monopoly"，而使这类"按骰子点数走棋的模拟现实经商之道的游戏"与"Monopoly"相对应。中文"大富翁"与这类游戏的联系无从查考，但某公司提供的证据足以证明英文"Monopoly"与中文"大富翁"相互对应和所指的同一性。

从某公司的使用方式看，某公司对于其创作的 PC 版游戏，不管是授权许可协议还是实际销售的 PC 版游戏商品，"大富翁"都被当作游戏的名称使用。而在其注册的本案争议商标的第 41 类项目上，某公司从未开展过运营活动，故无从判断其使用"大富翁"注册商标的方式。

从同行业经营者及消费者对该文字的认知和使用情况看，某公司提供的证据能够证实，"Monopoly"或"大富翁"的消费者把"Monopoly"或"大富翁"当作一类"按骰子点数走棋的模拟现实经商之道的游戏"应是一种普遍现象。因此，"大富翁"是一类"按骰子点数走棋的模拟现实经商之道的游戏"的通用名称的事实能够确认，这类游戏最初以棋牌类形式出现。进入 20 世纪 80 年代的电子计算机时代后，游戏的经营者们又将"大富翁"引入 PC 版游戏、网络版游戏、手机版游戏的领域。正像传统游戏象棋、扑克之类进入计算机和互联网后，它仍然在消费者中产生了约定俗成的名称——"电脑象棋"、"网络扑克"一样，"大富翁"在进入新的领域后，也仍未改变其"按骰子点数走棋的模拟现实经商之道"的本质元素，使得"大富翁"作为一类"按骰子点数走棋的模拟现实经商之道的游戏"的通用名称，在 PC 版游戏、手机版游戏、网络版游戏领域都得到了延伸。

因此，尽管某公司注册的是第 41 类服务商标，由于"大富翁"是一类游戏的通用名称的事实的确立，某公司不能禁止他人对"大富翁"在表示一类"按骰子点数走棋的模拟现实经商之道的游戏"的名称时的正当使用。

## B.（2013）西民四初字第 00247 号

商标的主要功能在于使相关公众通过商标识别不同商品或服务的来源，避免相关公众对不同来源的商品或服务产生混淆、误认。本案腾讯公司、腾讯西安公司是否构成对盛唐公司"三代"注册商标专用权的侵害应从以下几个方面进行分析：

首先，本案争讼之注册商标是否属于通用名称。商品的名称一般可以由生产该商品的企业用于商品的包装上，从而方便消费者辨认。通用名称一般是指为相关公众所公用，反映一类商品与另一类商品之间根本区别的规范化称谓，包括法律规定或者国家标准、行业标准认定的法定的通用名称以及相关公众约定俗成、普遍认为某一名称能够指代一类商品的约定的通用名称。通用名称属于公有领域，任何人都可以使用。判定通用名称时，不仅国家或者行业标准以及专业工具书已经收录或记载的名称可以认定为通用名称，而且已为公众约定俗成、普遍使用的表示某类商品的名称，也可以认定为通用名称。如果以商品的通用名称作为商品的商标，那么商标的识别功能就不可能发挥作用，即仅从通用名称自身无法反映商品提供主体的信息和识别商品来源，因此商品通用名称不能由某一企业作为商标注册而专用，否则可能损害公众的利益。根据本院查明的事实，三代游戏是陕西民间流行的一款扑克牌游戏，代表和结合了斗地主、挖坑、跑得快三款游戏的特点和优点，更富游戏性和娱乐性。在陕西，一代指的是红桃 4，第二代是挖坑，第三代是三代。三代游戏的另外一个含义是代表了斗地主、挖坑、跑得快。三代游戏源自渭南本土，不仅贴近当地的群众生活，也有广泛深厚的群众基础。由此事实可以证明，三代游戏作为特定扑克牌游戏名称存在并被公众使用，其与斗地主、挖坑均属于牌类游戏的通用名称，已为相关公众普遍知悉和接受。

其次，腾讯公司、腾讯西安公司使用"三代"是否构成商标性使用。商标性使用应具备的条件为：商标必须在商业活动中使用；使用是为了标示商品或服务的来源；通过使用能够使相关公众区分不同商品或服务的提供者。判断被控侵权人的使用方式和目的及使用行为是否会使相关公众对产品或服务的来源产生误认、混淆，一般包括两种情形：一种是相关公众误认为被控侵权商标所标示的商品或服务来源于商标专用权人；另一种是误认为被控侵权商标所标示的商品来源与商标专用权人之间存在特定的联系。最高人民法院《关于审理商标民事纠纷案件适用法律若干问题的解释》第八条规定：《商标法》所称相关公众，是指与商标所标识的某类商品或者服务有关的消费者和与前述商品或者服务的营销有密切关系的其他经营者。本案中，"三代"是 QQ 游戏大厅下的一款休闲游戏，腾讯公司是将"三代"作为扑克游戏名称在其网站与其他扑克牌游戏并列作为游戏种类的名称进行使用，被控侵权商标核定使用的商品时间较短，识别功能显著性较低，加之，盛唐公司也未能提供相关公众误认为被控侵权商标来源于盛唐公司及被控侵权商标所标示的商品来源与盛唐公司之间存在特定联系的证据。因此，可以认为，腾讯公司、腾讯西安公司使用争讼之游戏名称不易引起相关公众的误认、混淆，不构成商标性使用。

再次，腾讯公司使用"三代"文字是否属于正当使用。商标的实质在于它是一种来源标志，指示商品的来源。商标与商标所有人在经营过程中的一种联系，赋予商标所有人的专用权限于使用一个可能被作为来源标识的商标。不指示服务来源的使用方式并不必然构成侵害商标权。判断被控侵权人是否构成合理使用，不仅应根据被控侵权人的主观意图，而且还要判定在客观上其使用是否构成商标意义上的使用，不能因为权利人具有注册商标专用权，而无视其权利的实际和本质，否则就不符合《商标法》的立法精神并违背了公平正义原则。正当使用的构成要素包括：（1）非商标性使用。非商标性使用是指被控侵权人使用争讼之标识是为了描述其商品的特征而非指示其商品的来源。（2）公平、善意地使用。正当使用要保护的是竞争者正当地描述其产品的权利，这种权利不因某描述性标识被他人注册为商标而受到损害。公平善意是一种主观上的要求，一般只能从使用者的使用状态等情况来推断。（3）仅仅为了描述自己的商品或服务。即使用他人商标不是作为商标使用，而仅仅是用来描述自己商品的特点。如前所述，本案腾讯公司使用"三代"是作为QQ游戏大厅下的一款休闲游戏名称，且是与其他扑克牌游戏并列作为游戏种类的名称进行使用，即腾讯公司仅仅是将其作为一般的游戏名称进行使用，并非作为商标使用，该种使用行为属于善意、正常使用。简言之，对于在一定地域内的相关公众中约定俗成的扑克游戏名称，如果当事人不是将其作为区分商品或者服务来源的商标使用，只是将其用作反映该类游戏内容、特点等的游戏名称，可以认定为正当使用。

综上，取得注册商标专用权并不意味着权利人有权禁止他人对其商标的一切使用行为，商标能禁止的只是有可能导致混淆的使用。商标注册人选择其作为自己的商标并不能赋予其对该标识的垄断性权利，而只是在该商标成为其产品来源标志的范围内，才有权受到保护。

## ～ 游戏码 09 ～
# 约定俗成的游戏名称，能够识别特定商品来源的，不构成正当使用

### 📝 示例案件

边锋科技"三国杀"商标与"三国杀"纸牌案，（2014）长中民五初字第01518 号①

### 💬 裁判要旨

具有产品和品牌混合属性的名称，如商标标志是以独特方式进行表现，结合其商品的使用特点，相关公众仍能够以其识别商品来源，他人以与商标权人商标表现形式相同的方式在相同或类似商品上使用该标识，构成注册商标专用权侵权。

### 💬 案例解码

虽然在司法实践中已经明确了对于在一定地域内的相关公众中约定俗成的游戏名称，如果当事人不是将其作为区分商品或服务来源的商标使用，只是将其作为反映该游戏内容、特点的游戏名称，可以认定为正当使用。但是，这显然不代表着所有约定俗成的游戏名称即便注册了商标，也都无法获得商标权的保护。如果当该商标本身仍然能够起到识别商品来源的作用，而被控侵权人实际使用相同或近似的标识也可以对消费者起到识别商品来源的作用，并可能导致消费者混淆的，仍然应将这种行为认定为侵权行为。

示例案件是一个很好的典型代表。"三国杀"是边锋公司开发运营的广受欢迎的纸牌游戏，不仅有网上游戏平台，在线下也是十分火爆的桌游。

除了在游戏服务、计算机软件等游戏常见类别注册申请商标外，由

---

① 长沙市中级人民法院民事判决书（2014）长中民五初字第 01518 号。

于三国杀纸牌游戏的特点，实体纸牌的销售也是边锋的重要收入来源，故在第 28 类纸牌等类别上也注册了商标，并授权游卡公司使用，另外游卡公司在使用过程中还注册了"YOKAGAMES 及图"、"游卡桌游"商标，从而形成了完整的商标体系。本案是游卡公司与某个体工商户在其店铺内销售的三国杀纸牌产品引起的纠纷。游卡公司因此起诉至长沙市中级人民法院，要求被告停止侵权，赔偿损失并承担诉讼费用。法院最终认为，对于类似三国杀这一既有产品属性又有品牌属性的混合名称，其在指代"一款以三国时期为背景、以身份为线索、以卡牌为形式，通过谋略获取胜利的竞技游戏"时是其产品属性，而在具有损耗的纸牌拓展包上又具有 三圈 牌"三国杀"的品牌属性。如果被控侵权人在生产销售的纸牌包装上不是以描述用来进行三国杀游戏对战的方式，使用"三国杀"标识，那么就不应该将这种行为认定为正当使用。

### 判决书摘要

本院认为，根据《商标法》第三条的规定，经商标局核准注册的商标为注册商标。商标注册人享有商标专用权，受法律保护。案外人边锋公司作为第 6592067 号" 三圈 "商标的注册人，已将该商标授权给原告游卡桌游公司使用，并授权原告以自己的名义开展相关维权工作，故原告作为第 6592067 号商标的利害关系人，其相关权利受法律保护。

根据《商标法》第五十七条第（一）、（二）、（三）项的规定，有下列行为之一的，均属侵犯注册商标专用权：（一）未经商标注册人的许可，在同一种商品上使用与其注册商标相同的商标；（二）未经商标注册人的许可，在同一种商品上使用与其注册商标近似的商标，或者在类似商品上使用与其注册商标相同或近似的商标，容易导致混淆的；（三）销售侵犯注册商标专用权的商品的。

本案中，被控侵权产品共 3 款：

（1）使用" 三圈 "的王者版纸牌；

（2）使用" 三圈 "的至尊终极版纸牌；

（3）使用" 三圈 "的帝豪版纸牌。

　　上述产品均为纸牌，与第 6592067 号"三国杀"商标核定使用的商品类别相同。

　　关于第 6592067 号"三国杀"注册商标的保护。本案中，基于以下事实：（1）原告在诉状中称"三国杀"为其开发的桌面游戏，百度百科中亦将"三国杀"描述为一款以三国时期为背景、以身份为线索、以卡牌为形式，通过谋略获取胜利的竞技游戏。（2）根据原告的诉称及百度百科的介绍，"三国杀"游戏的开发者为本案原告，完成于 2008 年；第 6592067 号"三国杀"注册商标系由边锋公司于 2010 年注册，原告系商标被许可人。（3）边锋公司系原告的股东。据此，本院认为，根据本案证据，正确处理"三国杀"游戏名称与第 6592067 号"三国杀"注册商标的关系是本案审理的基础。最高人民法院在（2008）民三他字第 12 号函《关于远航科技有限公司与腾讯计算机系统有限公司等商标侵权及不正当竞争一案的复函》中指出，对于在一定地域内的相关公众中约定俗成的扑克游戏名称，如果当事人不是将其作为区分商品或服务来源的商标使用，只是将其作为反映该游戏内容、特点的游戏名称，可以认定为正当使用。针对本案具体情况，本院认为，要判断被控侵权标识的使用系商标性使用还是正当使用，关键在于确定第 6592067 号"三国杀"商标在指明游戏种类的同时是否还起到了区别来源的作用。本院认为，原告在开发该款游戏时即以"三国杀"命名，且涉案商标注册日期在游戏开发以后，故"三国杀"同时构成该款游戏的名称。在提及"三国杀"时，相关公众容易将"三国杀"与该款竞技游戏对应起来。正常情况下，"三国杀"会成为消费者区别不同种类游戏的依据。而就第 6592067 号"三国杀"商标的保护来说，根据本案现有证据，"三国杀"尽管采用的是艺术字体，但仍然能很容易地识别为"三国杀"文字，当这枚注册商标用于"三国杀"游戏时，会产生商标字义与游戏名称重合的情形。一般情况下，当与游戏名称相同的注册商标使用于该款游戏时，更容易成为区别不同游戏的指引，而不是区别来源，字体的变化一般不影响该名称功能的实现。然而，本案涉及的商品为游戏纸牌，就纸牌本身而言，它具有易耗损的性质，消费者会多次购买，同时由于原告不断推出三国杀游戏的拓展包，这也使得相关公众可能产生多次购买的行为；而不同的厂商生产的纸牌质量、牌面图案设计和印刷均会有差异，这样对于消费者来说，会根据其在使用过程中对不同"三国杀"纸牌产生不同的评价，进而在再次购买及推荐他人购买时作出不同的选择，消费者基于上述差异作出选择的过程实际上就是商标区别来源作用的体现。这时，由于原告在商品上使用自己的"三国杀"注册商标，其字体能产生区别不同"三国杀"产品的作用，成为消费者区分不同来源商品的依据，也就是原告的商品事实上成为"三国杀"牌三国杀。综上，虽然"三国杀"系产品和品牌混合属性的名称，但"三国杀"标志是以独特方式进行表现，结合其商品的使用特点，相关公众仍能够以其识别商品来源，故他人以与原告"三国杀"商标表现形式相同的方式在相同或类似商品上使用该标识，不构成正当使用。因此，本院认为，王者版纸牌上使用的"三国杀"、至尊终极版纸牌上使用的"三国杀"以及帝豪版纸牌上使用的"三国杀"与原告"三国杀"商标视觉上无差别，构成相同商标。

综上所述，上述三款产品均无防伪标识，无生产厂家信息，且被告没有证据证明上述使用行为经商标注册人许可，故使用"三国杀"的王者版纸牌、"三国杀"的至尊终极版纸牌和"三国杀"的帝豪版纸牌均属于《商标法》第五十七条第(一)项规定的侵犯原告第 6592067 号"三国杀"注册商标专用权的商品。

## ～ 游戏码 10 ～
### 被控侵权人应当就其通用名称抗辩予以举证，举证不能的不予支持

**示例案件**

A. 腾讯公司"**QQ 炫舞**"与掌娱公司《唱吧炫舞》案，（2018）京 73 民

终 991 号①

B. 久游公司" "与广游公司《劲乐团 U》案,(2014)沪一中民五(知)终字第 60 号②

### 💬 裁判要旨

A、B. 被控侵权人未能举证证明依据法律规定或者国家标准、行业标准,涉案注册商标已经属于商品或服务的通用名称,亦未能举证证明涉案注册商标已被相关公众普遍认为能够指代一类商品或服务的某一名称而成为约定俗成的通用名称的,应认定商标权人的权利商标相对于核定使用商品或服务具有显著特征。

### 💬 案例解码

由于通用名称几乎成了被控侵权人的"免责金牌",因此在游戏诉讼中越来越多地出现通用名称抗辩主张。但是这种几乎已经泛化的通用名称主张并非轻而易举地就可以得到支持。实践中,法院通过举证责任分配的方式防止通用名称被过度地认定,导致权利人的合法权益受损。从示例案件中可以看到,法院对于通用名称的举证要求还是较为严格的。

具体来说,在通用名称案件中,我们看到证据大致包括以下内容:

(1)法律、行政法规、部门规章等规范文件对某种商品或服务的定义;

(2)国家标准、行业标准的约定;

(3)字典、词典、教科书、论文等公开出版物作出的解释、表述;

(4)百度百科、网络报道中的表述;

(5)其他主体的商标注册、软件著作权登记的情况;

(6)游戏市场上存在的相关名称的游戏情况。

---

① 北京知识产权法院民事判决书(2018)京 73 民终 991 号。

② 上海市第一中级人民法院民事判决书(2014)沪一中民五(知)终字第 60 号。

在无法确认相关公众普遍认为能够指代一类商品或服务的某一名称而成为约定俗成的通用名称下，法院对于来自网络的资料以及其他主体的使用、注册等证据，通常认为是其证明力较低。同时，法院审查判断诉争商标是否属于通用名称，一般以商标申请日时的事实状态为准。核准注册时事实状态发生变化的，会以核准注册时的事实状态判断其是否属于通用名称。故而许多在注册后方才产生的对诉争商标的使用行为会被排除。

本条游戏码实际是对通用名称抗辩的一种反制，无论是对于商标权人，还是被控侵权人都有所指引。如同知名商品特有名称一样，不是想当然的"知名"和"特有"，通用名称也不是想当然的就"通用"，而是需要依靠充分的事实证据予以支撑。

◙ **判决书摘要**

## A．（2018）京 73 民终 991 号

《商标法》第十一条规定："下列标志不得作为商标注册：（一）仅有本商品的通用名称、图形、型号的……"《商标法》第五十九条第一款规定："注册商标中含有的本商品的通用名称、图形、型号，或者直接表示商品的质量、主要原料、功能、用途、重量、数量及其他特点，或者含有的地名，注册商标专用权人无权禁止他人正当使用。"《最高人民法院关于审理商标授权确权行政案件若干问题的规定》第十条规定："诉争商标属于法定的商品名称或者约定俗成的商品名称的，人民法院应当认定其属于商标法第十一条第一款第（一）项所指的通用名称。依据法律规定或者国家标准、行业标准属于商品通用名称的，应当认定为通用名称。相关公众普遍认为某一名称能够指代一类商品的，应当认定为约定俗成的通用名称。被专业工具书、辞典等列为商品名称的，可以作为认定约定俗成的通用名称的参考。约定俗成的通用名称一般以全国范围内相关公众的通常认识为判断标准。对于由于历史传统、风土人情、地理环境等原因形成的相关市场固定的商品，在该相关市场内通用的称

谓，人民法院可以认定为通用名称。诉争商标申请人明知或者应知其申请注册的商标为部分区域内约定俗成的商品名称的，人民法院可以视其申请注册的商标为通用名称。人民法院审查判断诉争商标是否属于通用名称，一般以商标申请日时的事实状态为准。核准注册时事实状态发生变化的，以核准注册时的事实状态判断其是否属于通用名称。"

本案中，被上诉人"炫舞"、"**QQ炫舞**"系列注册商标核定使用在"教育信息，培训，安排和组织会议，（在计算机网络上）提供在线游戏、娱乐，计算机游戏软件"上，上诉人主张被上诉人的注册商标中含有本商品的通用名称"炫舞"，但其仅提出"炫舞"多次在出版物中使用、在音乐舞蹈类游戏名称中使用及商标局核准注册了多枚含有"炫舞"文字的商标。首先，上诉人仅提交了百度百科中关于"炫舞"的查询结果等证据，尚不足以证明自己所主张的内容；其次，即便上述情况均属实，亦与"炫舞"是否构成"提供在线游戏"等服务和"计算机游戏软件"商品的通用名称无关。上诉人未能举证证明依据法律规定或者国家标准、行业标准，"炫舞"已经属于商品或服务的通用名称，亦未能举证证明"炫舞"已被相关公众普遍认为能够指代一类商品或服务的某一名称而成为约定俗成的通用名称。故被上诉人的权利商标相对于核定使用商品或服务具有显著特征，未构成《商标法》第五十九条第一款规定情形，一审法院对此问题认定结果正确，本院予以支持。

## B.（2014）沪一中民五（知）终字第 60 号

若被控侵权标识的使用系表明某类服务的共同特点或服务的通用名称，则该标识的使用不应被认定为商标侵权行为。然而，根据上诉人在二审中提交的证据，同为提供手机音乐打击节奏类游戏服务，不同的运营商采用了不同的游戏名称作为服务标识，如"节奏大师"、"乐动达人"。因此，对于手机音乐打击节奏类游戏而言，"劲乐团"并非该类游戏服务的通用名称。由于上诉人曾在国内以"劲乐团"为名作为其从韩国 O2MEDIA 公司引进的 PC 版"O2JAM"音乐打击节奏类游戏的中文名称，该中文名系上诉人自行命名。在上诉人经营该游戏期间，"劲乐团"游戏获得了一定的奖项。因此，相关公众对以"劲乐团"为名的音乐打击节奏类 PC 游戏服务系由上诉人提供，具有了相应的认知。被上诉人在类似服务上使用与本案注册商标近似的标识，且非该类服务的通用名称，会因相关公众对"劲乐团"与上诉人之间已建立的联系而造成混淆和误认。

## ～ 游戏码 11 ～
## 知名游戏名称可识别游戏来源且未注册商标的，属于知名服务特有名称

### 示例案件

A. 乐动卓越《我叫 MT》与昆仑万维《超级 MT》案，（2014）京知民初字第 1 号①

B.《魔兽世界：德拉诺之王》与《全民魔兽：决战德拉诺》案，（2016）粤民终 1775 号②

C. 腾讯公司《剑灵》与有米科技《一剑灭天（剑の灵）》案，（2016）粤 73 民终 468 号③

### 裁判要旨

A、B. 涉案游戏具有很高的知名度，其游戏名称又可以直接、明确指向权利人开发运营的游戏，具有区分商品来源的显著特征，且该名称未作为商标注册的，应认定其构成知名服务的特有名称。

C. 原告未就涉案游戏商品的销售时间、销售区域、销售额和销售对象，进行任何宣传的持续时间、程度和地域范围，作为知名商品受保

---

① 北京知识产权法院民事判决书（2014）京知民初字第 1 号。
② 广东省高级人民法院民事判决书（2016）粤民终 1775 号。
③ 广州知识产权法院民事判决书（2016）粤 73 民终 468 号。

护的情况等因素提交直接证据的情况下，无法证明涉案游戏具有较高市场知名度并为相关公众所知悉，由原告承担举证不能的法律后果。

💬 案例解码

对于游戏名称，最为直接的保护当然是通过注册商标的路径，但是并非所有游戏公司都会就其游戏名称注册商标，乃至有很多非常知名的游戏名称本身也不会进行商标注册。这种情况下，游戏名称的保护路径就转移到《反不正当竞争法》第五条知名商品服务的特有名称上来了。

对于知名商品服务的特有名称保护，《最高人民法院关于审理不正当竞争民事案件应用法律若干问题的解释》中的第一至七条有较详细的规定。

在涉及知名商品服务特有名称的游戏类案件中，主要围绕的问题有两个，即是否知名和是否特有，至于游戏是商品还是服务则不是焦点问题，法院通常将游戏运营商向玩家提供的游戏内容视为一种服务，而非商品。

对于是否知名，举证责任由原告承担，提交的证据和其他涉及知名商品认定的案件一样，主要是广告宣传合同及费用、行业协会的证明文件、获奖情况、市场业绩、传播下载量、媒体报道、用户调查报告等。比较特别的一点是，由于大型网络游戏和热门游戏的特点，其可能不像传统商品一样，需要经过长期的市场经营才能构成知名商品，而是可以通过系列作品的商誉积累、在先的影视动漫作品知名度的延伸以及短时间极其突出的市场业绩，在并没有上线运行很长时间的情况下就被认定为构成知名商品。

对于是否特定，这一标准主要是指相关名称是不是可以直接明确指向权利人开发运营的游戏，具有区分商品来源的显著特征。只要该名称对于消费者而言可以指向具体的游戏，能够起到识别商品来源的作用，就可以认定属于特定的名称。

如果在知名和特定两个焦点上都可以得到肯定的结论，那么权利人的主张就可以得到支持。但如果二者有一点无法得到支持，则权利人的主张就不能得到支持。实践中，往往知名的论证对于权利人而言更困难一些，也是游戏名称主张通过《反不正当竞争法》保护的难点所在。

**⊡ 判决书摘要**

## A. (2014)京知民初字第 1 号

《最高人民法院关于审理不正当竞争民事案件应用法律若干问题的解释》第二条规定："具有区别商品来源的显著特征的名称、包装、装潢，应当认定为反不正当竞争法第五条第(二)项规定的'特有名称、包装、装潢'。"

由上述规定可以看出，知名商品或服务的特有名称、包装或装潢的实质为未注册商标，通常情况下，能够起到区分商品或服务来源作用的标志均可受到上述规定的保护。可见，虽然本案所涉游戏名称及人物名称并不属于严格意义上的服务名称，但如果其足以起到区分来源的作用，亦可以依据上述规定获得保护。

本案中，判断各被告的行为是否违反上述规定，应考虑如下因素：原告《我叫 MT》游戏名称及涉案五个人物名称在手机游戏服务上是否构成知名服务的特有名称；各被告向公众提供被诉游戏《超级 MT》并进行相应宣传的行为是否容易导致相关公众混淆和误认；各被告是否存在"搭便车"的恶意。

原告《我叫 MT》游戏至少已经上线一年多时间，这一持续时间已足以吸纳相当多的游戏玩家。因为对于手机游戏而言，游戏玩家的数量在相当程度上可以证明该游戏在相关公众中的知名度，故在结合考虑该游戏已获得数十奖项，且颁奖方包括协会及众多的游戏网站等因素的情况下，本院认定相关公众足以依据原告《我叫 MT》游戏名称及涉案五个人物名称识别该游戏的来源，上述名称已构成原告在手机游戏类服务上的知名服务的特有名称。

各被告虽然主张"MT"系游戏的通用名称，但其提交的证据仅能证明有五个游戏使用了"MT"的名称，这一情形显然无法证明"MT"系游戏的通用名称，据此，各被告这一主张不能成立，本院不予支持。

本案中，各被告将被诉游戏命名为《超级 MT》并向用户提供，同时进行了相应的宣传。在原告游戏具有较高知名度，而现有证据不能证明"MT"在手机游戏名称中属于不具显著性部分的情况下，相关公众看到名为《超级 MT》的手机游戏以及相应的宣传时，容易误认为被诉游戏是原告游戏的衍生游戏或者与原告游戏存在某种特定联系，从而导致相关公众的混淆与误认。

当然，在《反不正当竞争法》第五条第（二）项的适用中，并非只要相关公众具有混淆和误认可能性，即可认定其构成不正当竞争行为，而仍要考虑被告是否有"搭便车"的恶意。

各被告与原告同为手机游戏经营者，原告游戏系在先上线且具有一定知名度，各被告对此显然知晓。在此情况下，除非"MT"属于手机游戏名称中的通常表述，否则各被告应对原告游戏名称或相关人物名称等予以合理避让，但各被告不仅没有避让，反而在对被诉游戏五个人物命名时，采用了与原告游戏相关人物"哀木涕、傻馒、劣人、呆贼、神棍德"相关联的表述方式"小 T、小馒、小劣、小呆、小德"，且亦有"《我叫 MT》原班人马二次开发《小小兽人》更名《超级 MT》"等宣传用语。上述事实足以说明，各被告不仅不希望对原告游戏名称进行避让，反而希望用户产生相应误解，可见，各被告具有明显的"搭便车"恶意。

综上，原告《我叫 MT》游戏名称及相关五个人物名称在手机游戏上已构成知名服务的特有名称，各被告在明知这一事实的情况下，仍将其游戏命名为《超级 MT》，将游戏中五个人物形象命名为"小 T、小馒、小劣、小呆、小德"，并向用户提供，同时进行相关宣传，上述行为已违反《反不正当竞争法》第五条第（二）项的规定，构成不正当竞争行为。

## B.（2016）粤民终 1775 号

关于是否知名。根据《最高人民法院关于审理不正当竞争民事案件应用法律若干问题的解释》（以下简称解释）第一条，在中国境内具有一定的市场知名度，为相关公众所知悉的商品，应当认定为《反不正当竞争法》第五条第(二)项规定的"知名商品"。人民法院认定知名商品,应当考虑该商品的销售时间、销售区域、销售额和销售对象,进行任何宣传的持续时间、程度和地域范围,作为知名商品受保护的情况等因素,进行综合判断。暴雪公司、网之易公司应当对其商品的市场知名度负举证责任。

本案中,暴雪公司、网之易公司为证明《魔兽世界》系列游戏是知名服务,提供了该系列游戏在国外和国内的发行运营情况、国内知名网络媒体和期刊对该系列游戏用户数量和销售收入的报道、第三方游戏网站对该系列游戏最新资料片《魔兽世界:德拉诺之王》上线前后的大量宣传、该系列游戏在国内荣获的权威奖项等证据。这些证据相互印证,足以证明《魔兽世界》游戏在中国境内具有很高的知名度,为游戏玩家和游戏经营者所熟知。而被诉游戏官网链接文章称《魔兽世界》是国内神话般的游戏,与它靠边的作品都几乎红得发紫。也在一定程度上反映了分播公司对《魔兽世界》游戏知名度的认可。所以,一审法院认为《魔兽世界》系列游戏是知名服务。这里需要说明的是,《魔兽世界:德拉诺之王》正式上线至本案发生不到两个月的时间。但如果仅以上线时间短为由认为其不构成知名,则无疑是孤立、机械地看待问题。《魔兽世界:德拉诺之王》是《魔兽世界》系列游戏的最新资料片,其天然承继了该系列游戏长达十年运营所累积的知名度,且自该资料片上线前几个月起,暴雪公司、网之易公司就通过官网和第三方游戏网站进行持续性地大量宣传。故《魔兽世界:德拉诺之王》游戏也应当是知名服务。

关于涉案名称、装潢是否特有。根据解释第二条,具有区别商品来源的显著特征的商品的名称、包装、装潢,应当认定为《反不正当竞争法》第五条第(二)项规定的"特有的名称、包装、装潢"。国家工商行政管理总局《关于禁止仿冒知名商品特有的名称、包装、装潢的不正当竞争行为的若干规定》第三条规定,知名商品特有的名称,是指知名商品独有的与通用名称有显著区别的商品名称。但该名称已经作为商标注册的除外。

本案中，暴雪公司、网之易公司主张"魔兽"、"魔兽世界"、"魔兽世界德拉诺之王"、"德拉诺"是《魔兽世界》系列游戏的特有名称。首先，"德拉诺"是《魔兽世界》系列游戏中一个星球的名称，其既不能指代《魔兽世界》系列游戏，也不能指代《魔兽世界：德拉诺之王》游戏，故不构成游戏的名称。其次，虽然"魔兽世界"是《魔兽世界》系列游戏的名称，"魔兽"可以解释为《魔兽世界》系列游戏的简称，但暴雪公司已经在第 41 类提供在线计算机游戏服务上进行了商标注册，根据上述规定，其不构成知名商品的特有名称。关于暴雪公司、网之易公司称这两个名称作为商标注册的事实不影响其主张的知名商品特有名称权的问题，一审法院认为，由于知识产权专门法与《反不正当竞争法》的保护角度和保护条件不同，后者对前者起到一定的补充作用。知名商品的特有名称与注册商标一样，具有区分商品来源的作用。擅自使用知名商品的特有名称的行为，不仅损害了权利人努力构建的商品名称与商品来源的指向关系，也容易导致市场混淆，从而损害了广大消费者的利益，故有必要进行法律规制。但《商标法》只保护注册商标和未注册的驰名商标，在此情况下，《反不正当竞争法》应当发挥补充作用，对擅自使用知名商品特有名称的行为予以制止。一旦商品名称作为商标注册，《商标法》足以维护权利人合法权益，制止市场混淆行为，已无寻求《反不正当竞争法》补充保护之必要，故不应将该商品名称认定为知名商品的特有名称。据此，暴雪公司、网之易公司的主张不能成立。最后，"魔兽世界德拉诺之王"是《魔兽世界：德拉诺之王》游戏的名称，由于《魔兽世界：德拉诺之王》游戏具有很高的知名度，"魔兽世界德拉诺之王"能明确指向暴雪公司、网之易公司开发运营的游戏，具有区分商品来源的显著特征，分播公司也未能举证证明该名称已作为商标注册，故应认定其构成知名服务的特有名称。

## C. （2016）粤 73 民终 468 号

根据《最高人民法院关于审理不正当竞争民事案件应用法律若干问

题的解释》第一条规定："在中国境内具有一定的市场知名度，为相关公众所知悉的商品，应当认定为反不正当竞争法第五条第(二)项规定的'知名商品'。人民法院认定知名商品，应当考虑该商品的销售时间、销售区域、销售额和销售对象，进行任何宣传的持续时间、程度和地域范围，作为知名商品受保护的情况等因素，进行综合判断。腾讯公司、腾讯计算机公司应当对其商品的市场知名度负举证责任。"在本案中，腾讯公司、腾讯计算机公司证明《剑灵》游戏商品知名度的证据主要是各类网站上的相关报道，包括对该游戏获得奖项的报道。由于该类报道只是一种第三方陈述，且《剑灵》游戏属于道具收费游戏，下载并不需要付费，故上述网站报道中所述的该游戏的网络关注人数及在线人数以及所获奖项并不能直接证明该游戏的知名度。腾讯公司、腾讯计算机公司并未就《剑灵》游戏商品的销售时间、销售区域、销售额和销售对象，进行任何宣传的持续时间、程度和地域范围，作为知名商品受保护的情况等因素进一步提交直接证据，无法证明《剑灵》游戏具有较高的市场知名度，并为相关公众所知悉的事实，应由腾讯公司、腾讯计算机公司承担举证不能的法律后果。根据现有证据，原审法院对腾讯公司、腾讯计算机公司主张《剑灵》游戏为知名商品的意见不予支持。由于《剑灵》游戏不能认定为知名商品，故腾讯公司、腾讯计算机公司主张有米公司、淮安有米公司构成对其知名商品特有名称、特有服务侵犯的请求亦不能成立，原审法院依法不予支持。

## ∽ 游戏码 12 ∾
### 设备终端差异，不影响提供手游与网游属于类似服务的判断

### ✍ 示例案件

A. 腾讯公司《逆战》与广州君海《逆战三国志》案，（2016）粤 73 民

终 584 号①

B. 久游公司"![游戏图标]"与广游公司《劲乐团 U》案，（2014）沪一中民五（知）终字第 60 号②

💬 **裁判要旨**

A. 对手机游戏和网络游戏进行商品和服务近似判断时，客户端大小、下载时长、游戏情节、运行设备终端等因素的差异，不影响两者属于同一类产品或服务的判断。

B. 被控侵权手机游戏需要借助的网络是无线网络，而权利人的核定使用服务类别为在计算机网络上提供在线游戏，通常被认为是有线网络，但从二者服务的目的、内容、方式、对象来看，均是通过提供网络服务使游戏用户使用游戏相应的功能，应当认定为二者是类似服务。

🗨 **案例解码**

游戏运营商在将游戏名称做商标申请时，核心会在第 09 类"计算机游戏软件"和第 41 类"在计算机网络上提供在线游戏服务"进行注册，然而随着手机端游戏市场的不断扩大，手机游戏实际成为各大游戏厂商的必争之地。但是在现行的商品和服务分类表中，暂时没有明确的手机游戏相关的服务类别。

由于存在以上情况，在游戏名称引发的商标侵权纠纷案件中，通常对于权利人商标的注册类别与被控侵权人被控侵权商标所使用的商品和服务是否近似上，往往都会产生争议。争议最多的主要是两个问题，一个是手机端的游戏是否也属于在计算机网络上提供在线游戏服务，或者与之近似。另一个则是单机游戏是否也属于在计算机网络上提供在线游戏服务，或者也与之近似。本条游戏码是针对第一个问题。

---

① 广州知识产权法院民事判决书（2016）粤 73 民终 584 号。
② 上海市第一中级人民法院民事判决书（2014）沪一中民五（知）终字第 60 号。

我们发现，在现有的司法裁判案例中，对于提供手机游戏服务是否与提供在线游戏服务构成相同或类似服务，只要该手机游戏需要借助网络，那么还是会将其认定为与提供在线网游服务构成类似服务，简而言之，可以将手游理解为属于网游的一个具体的下位概念。

🀆 **判决书摘要**

A.《逆战三国志》游戏软件属于手机游戏计算机软件，与腾讯公司主张权利的第 10177879 号注册商标核定使用在第 09 类商品上的"计算机软件（已录制）"属于同一类商品，同时提供在线游戏服务，与腾讯公司主张权利的第 10324730 号注册商标核定在第 41 类服务项目上的"（在计算机网络上）提供在线游戏"属于同一类服务。掌域公司、君海公司上诉所称的客户端大小、下载时长、游戏情节、运行设备终端等因素的差异并不影响两者属于同一类产品或服务的判断。

B. 本院认为：上诉人久游公司申请注册的"[图形]"商标的核定使用服务类别为第 41 类，即（在计算机网络上）提供在线游戏等，任何人未经久游公司许可，在与注册商标"[图形]"核定使用的同一种服务或者类似服务上使用与该商标相同或者近似的标识的行为，即构成对上诉人注册商标专用权的侵害。但是，如果他人合理使用相关标识，用以表明某类其所提供的游戏服务的共同特点，则不应被认定为商标侵权行为。

本案查明的事实表明：上诉人注册商标"[图形]"由多种元素组成，以绿色圆圈为背景；"劲乐团"三个字为蓝色美术艺术体；"O2Jam"中"O2"为橙色、"Jam"为红色，"J"字母取乐器萨克斯管形态；黑色音符位于"O2Jam"左右两侧。在该商标中，中文"劲乐团"三个艺术体文字使用大号字体突出显示，加之相关公众对中文文字的识别力更强，故该注册商标中"劲乐团"三字更具有显著性。

上诉人的注册商标"[图形]"的核定使用服务类别包括（在计算机网

络上）提供在线游戏等，而被上诉人系在其提供的手机游戏服务上使用被控侵权标识。根据被上诉人在原审 2013 年 11 月 7 日庭审中的陈述，以及上诉人二审中提交的证据均可证实，被上诉人的手机游戏系一款音乐打击类游戏，其通过向用户提供在网络服务器上下载歌曲的服务后，使用户可以在手机上进行相关歌曲的打击节奏游戏，且用户下载歌曲需要借助网络。尽管被上诉人的游戏需要借助的网络是无线网络，而上诉人的核定使用服务类别为在计算机网络上，通常被认为是有线网络，但从二者服务的目的、内容、方式、对象来看，均是通过提供网络服务使游戏用户使用游戏相应的功能。因此，被上诉人系在与上诉人注册商标核定使用的类似服务上使用了被控侵权标识。

## ～ 游戏码 13 ～
## 单机游戏并非网络游戏，与提供在线游戏
## 服务不属于类似服务

### 示例案件

A. 腾讯《地下城勇士》与掌娱《地下城勇士：战神降临》案，（2016）粤 0305 民初 7438 号①

B. 腾讯《英雄联盟》与南京潮涯《塔防英雄联盟》案，（2016）粤 0305 民初 3649 号②

### 裁判要旨

A、B. 单机游戏并非网络游戏，不能认定被告运营涉案单机游戏提供的服务系与原告运营涉案网络游戏提供的是相同或类似的服务。

---

① 深圳市南山区人民法院民事判决书(2016)粤 0305 民初 7438 号。
② 深圳市南山区人民法院民事判决书(2016)粤 0305 民初 3649 号。

🗨 **案例解码**

在游戏码 12 中，提及对于游戏涉及的商品或服务类似判断的问题上，涉及两个争议，一个是手机端的游戏是否也属于在计算机网络上提供在线游戏服务，或者与之近似。另一个则是单机游戏是否也属于在计算机网络上提供在线游戏服务，或者也与之近似。在游戏码 12 解决第一个问题后，本条游戏码则主要对第二个问题给出指引。

在现有的司法裁判案例中，对于被控侵权游戏属于单机游戏的情况，法院多认定由于单机游戏不需要连接网络，因此一般不会将其认定为与提供在线网游服务构成类似服务，简而言之，可以认为提供单机游戏服务与提供网络游戏服务不属于类似服务。然而也有个别案例，单机版游戏客户端系依附于网络版而存在，属于在线游戏服务。

但是这并不意味着权利人的利益就完全无法保护，只是说权利人以第 41 类服务上的注册商标维权存在障碍，但是如果权利人在第 09 类商品上有注册商标，那么仍然可以得到保护，法院一般认定"手机端的单机游戏与电脑端的网络游戏均属计算机游戏软件"。

本条游戏码结合游戏码 12，可以对游戏运营开发者商标注册提供一个基础的指引，即最佳的注册方案为第 09 类和第 41 类都注册，如果因为种种原因的限制，无法实现最佳方案，次优的方案是在第 09 类单独注册，再次是在第 41 类单独注册。

📓 **判决书摘要**

A. 原告享有独占性商标专用权第 6640964 号文字图形组合商标"地下城与勇士 DNF"核定使用的服务类别为第 41 类，包括（在计算机网络上）提供在线游戏等，但根据原告提交的证据，仅能认定被告开发运营的《地下城勇士：战神降临》是一款手机端单机游戏，原告提交的证据，不足以认定被告开发运营的《地下城勇士：战神降临》是一款网络游戏，故不能认定被告运营《地下城勇士：战神降临》游戏提供的服务系与原告运营《地下城与勇士》游戏提供的是相同或类似的服务，对原告关于被告侵犯其对第 6640964 号文字图形组合商标"地下城与勇士 DNF"享有的独占性商标专用权相关的诉求，本院不予支持。

　　B. 原告享有独占性商标专用权的第 7987338 号文字商标"英雄联盟"核定使用的商品类别为第 41 类，包括通过环球网提供互动的在线计算机游戏、提供在线游戏服务、（在计算机网络上）提供在线游戏等，但根据二原告提交的证据，仅能认定被告潮涯公司开发运营的《塔防英雄联盟》是一款手机端游戏，二原告提交的证据不足以认定被告潮涯公司开发运营的《塔防英雄联盟》是一款网络游戏，故不能认定被告潮涯公司运营的《塔防英雄联盟》游戏提供的服务系与二原告运营的《英雄联盟》游戏提供的是相同或类似的服务，对二原告关于被告潮涯公司侵犯其对第 7987338 号文字商标"英雄联盟"享有的独占性商标专用权相关的诉求，本院不予支持。

# 第三章　游戏角色类案例裁判要旨及解析

## ～ 游戏码 14 ～
## 将他人美术作品作为网络游戏角色，属于侵害美术
## 作品著作权之行为

### ✏ 示例案件

A. 动画《喜羊羊与灰太狼》与游戏《喜羊羊与灰太狼消消看》，(2015)厦民终字第 3074 号①

B. 动画《熊出没》与游戏《熊出没找茬》，(2015)穗天法知民初字第 930 号②

C. 动画《喜羊羊与灰太狼》与游戏《灰太狼保卫战》，(2014)长中民五初字第 01262 号③

### 💬 裁判要旨

A、B. 未经著作权人许可，在游戏中使用权利人享有著作权的美术作品形象，并通过其经营管理的网站向公众提供该游戏的，应认定为

---

① 厦门市中级人民法院民事判决书(2015)厦民终字第 3074 号。
② 广州市天河区人民法院民事判决书(2015)穗天法知民初字第 930 号。
③ 长沙市中级人民法院民事判决书(2014)长中民五初字第 01262 号。

属于侵害涉案美术作品的信息网络传播权的行为。

C. 动画片角色表现形态具有多变性，而作品登记无法穷尽所有形态，因此在进行作品比对时不能完全静止地、孤立地比较，而应从角色整体的形象、设计的主旨和传达的信息等方面全面把握。

### 案例解码

由于游戏与小说、影视、动漫都属于文创产业范畴，相互之间往往会有整体改编或者直接使用部分元素的情况，如果未经权利人许可直接使用，就会涉及著作权侵权的问题。其中角色形象的未经许可直接使用就是最为常见的侵权类型。

对于一些热门的动画、漫画，例如《喜羊羊与灰太狼》、《熊出没》、《航海王》等，由于这些角色形象本身是一个巨大的 IP，无需宣传即可带来很大的流量，因此游戏市场上经常出现许多使用相关角色形象的小游戏，这些游戏对于权利人的美术形象往往都不加变化，直接使用。由于权利作品的角色形象本身可以主张构成美术作品，因此在游戏中的直接使用无需通过改编权来予以规制，可直接以复制权规制，或者在侵权游戏涉及信息网络传播行为时按照侵害信息网络传播权规制即可。在示例的案件中，我们可以比较清晰地看到这些相关的裁判观点。当然也有部分案件，被控侵权游戏会对权利人的角色形象进行 Q 版化的处理，被法院认定为构成改编权侵权的，比较典型的是 2018 年一审判决的南梦宫与北京有爱互娱《梦想海贼王》一案。

总而言之，此类侵权案件本身并不属于疑难复杂的问题，但因为其案件高发，就成为游戏领域比较常见的一类典型案例。由于游戏市场的鱼龙混杂，在侵权行为利润高、惩罚低的大环境下，有许多从业者在商业利益的驱使下故意实施这类侵权行为。随着国内知识产权司法保护力度的不断加大、判赔额的不断提高，这种乱象可能会逐步得到改观。

### 判决书摘要

A. （2015）厦民终字第 3074 号

原审法院认为，原创动力公司为《喜羊羊与灰太狼》系列美术作品的著作权人，其对该作品享有的著作权应受我国《著作权法》的保护。诗泽公司未经过原创动力公司同意，也未支付报酬，擅自在其经营的某网站上提供《喜羊羊与灰太狼消消看》Flash 游戏，游戏中使用了原创动力公司享有著作权的喜羊羊、懒羊羊、沸羊羊、美羊羊、灰太狼五个美术作品形象。诗泽公司的行为侵害了原创动力公司享有的美术作品信息网络传播权、改编权，依法应当承担停止侵权、赔偿损失的侵权责任。诗泽公司关于涉案游戏中的美术作品形象跟原创动力公司享有著作权的美术作品形象色彩、神态不一致不构成侵权的答辩意见没有事实和法律依据，原审法院不予采纳……

　　本院认为，诗泽公司经营管理的某网站上有 Flash 游戏《喜羊羊与灰太狼消消看》，诗泽公司主张涉案游戏应用由 4×××游戏网站提供，直接从 4×××游戏网站下载并存储在服务器中，但对此并无证据予以证明，该主张本院不予采纳，本案诗泽公司存在网络内容提供行为，而非网络技术提供行为。根据《最高人民法院关于审理侵害信息网络传播权民事纠纷案件适用法律若干问题的规定》第三条第一款的规定，网络服务提供者未经许可，通过信息网络提供权利人享有信息网络传播权的作品、表演、录音录像制品，除法律、行政法规另有规定外，人民法院应当认定其构成侵害信息网络传播权行为。本案诗泽公司未经原创动力公司许可，通过其经营管理的网站提供 Flash 游戏《喜羊羊与灰太狼消消看》，该游戏使用了原创动力公司享有著作权的美术作品形象，诗泽公司的行为侵害了原创动力公司的信息网络传播权，应承担停止侵权、赔偿损失的侵权责任。诗泽公司的上诉请求缺乏事实和法律依据，本院予以驳回。原审判决事实清楚，适用法律正确，应予维持。

## B.（2015）穗天法知民初字第 930 号

　　本院认为，根据我国《著作权法》的规定，当事人提供的涉及著作权的底稿、原件、合法出版物、著作权登记证书、认证机构出具的证明、取得权利的合同等，可以作为证据；如无相反证明，在作品或制品上署名的自然人、法人或者其他组织视为著作权、与著作权有关权益的权利人。根据华强数字动漫公司提供的涉案作品的著作权登记证书，在无相反证明的情况下，本院认定华强数字动漫公司对涉案作品享有著作权。

天趣公司在其主办的涉案网站向网络用户提供的《熊出没找茬》游戏中使用的游戏角色形象与华强数字动漫公司享有著作权的美术作品熊大、熊二、光头强在整体造型等细节方面基本相同，考虑到二者在形象上的相似性，以及涉案游戏的名称与华强数字动漫公司主张权利的美术作品在名称上存在相同之处，本院认定涉案游戏角色形象使用了华强数字动漫公司享有权利的美术作品。天趣公司未提交证据证明上述使用已经合法授权，故本院认定涉案游戏侵害了华强数字动漫公司的著作权。天趣公司称涉案游戏系网络用户上传，但未提供证据予以证明，应承担举证不能的法律后果，本院对其主张不予采信。天趣公司又称，根据《侵权责任法》第三十六条的规定，华强数字动漫公司并未发出权利通知，其在收到本案诉讼材料后即已删除涉案游戏，无需承担侵权责任，然其并未提交证据证明其系网络服务提供者，故其抗辩缺乏依据，本院不予采纳。天趣公司作为专业经营游戏业务的 IT 公司，应当知道涉案游戏可能会侵害他人著作权等合法权益，其未尽审查注意义务在网站上提供涉案游戏的运行，主观上存在过错，其行为已构成对华强数字动漫公司著作权的侵害，依法应承担停止侵权、赔偿损失的民事责任。鉴于天趣公司已实际删除涉案游戏，华强数字动漫公司要求天趣公司停止侵权的目的已达到，故本院对华强数字动漫公司关于停止侵权的诉讼请求不再予以支持。

## C.（2014）长中民五初字第 01262 号

本院认为，被告有接触该作品的可能性，同时，在进行侵权比对时，应考虑到因动画片故事主题和情节的需要，动画片角色表现形态具有多变性，而作品登记无法穷尽所有形态，因此在进行作品比对时不能完全静止地、孤立地比较，而应从角色整体的形象、设计的主旨和传达的信息等方面全面把握，比对的对象不仅仅是单一的动作、姿态、表情的角色形象，而是《喜羊羊与灰太狼》动画片中灰太狼角色的整体形象。

权利作品被控侵权作品经当庭比对，涉案权利作品与被控侵权作品均为狼的动画形象，二者虽表情、衣饰存在差异，但发型、相貌等主要特征相似、整体形象相似，且被控侵权作品上亦标注有"灰太狼"文字，二者构成实质性相似，原告辩称被控侵权作品与涉案权利作品不一样的理由不成立。被告华声在线公司所有的某在线网站上"灰太狼保卫战"游戏中使用了灰太狼形象，而被告没有证据证明该作品系他人提供、在网站上的使用行为系经原告授权或许可等不应认定构成侵权的情形，构成对原告涉案权利作品信息网络传播权的侵害。

## ❧ 游戏码 15 ❧
## 角色形象与饰演者有一一对应关系的，该形象属于
## 肖像权保护范畴

### 📝 示例案件
章金莱饰演之"孙悟空"与蓝港在线《西游记》游戏之"孙悟空"，（2013）一中民终字第 05303 号①

### 🗨 裁判要旨
当某一形象能够充分反映出个人的体貌特征，公众通过该形象直接能够与该个人建立起一一对应的关系时，该形象所体现的尊严以及价值就是该自然人肖像权所蕴含的人格利益。

### 🗨 案例解码
一般来说，由于游戏作品本身基本很少有真人形象，故对于与真实

---

① 北京市第一中级人民法院民事判决书（2013）一中民终字第 05303 号。

自然人相关的肖像权问题，游戏的开发中很少涉及此类侵权风险，往往只是在选出推广宣传中涉及未经许可使用明星肖像的问题。但随着游戏中游戏角色形象来源的日益多元化，加之在著作权保护之外主张肖像权、商品化权保护的呼声日多，也开始出现一些围绕肖像权展开的游戏角色类纠纷。

对于肖像权，《民法总则》第一百一十条的规定，"自然人享有肖像权"。《民法通则》第一百条规定，"公民享有肖像权，未经本人同意，不得以营利为目的使用公民的肖像"。但法律上暂没有对肖像权的概念作出明确的定义。通常认为，肖像必须是权利人本人自然外貌特征的真实反映。然而对于游戏领域的角色形象而言，基本不会涉及真人外貌，可能存在的争议角色形象主要有三种：（1）与真实公众人物形象重合度高的影视形象；（2）与真实公众人物形象存在明显差异的影视形象；（3）漫画拟制的人物形象。

首先，对于与真实公众人物形象重合度高的影视形象，实际上类似于真人形象，例如葛优与"葛优躺"的主角"季春生"，对于直接使用此类人物形象可按照肖像权加以规制，并无太大争议。因为影视形象虽然剧中有其自有的身份，但是呈现在公众面前的必然是饰演该角色的演员，当演员的真实形象与影视形象本身高度重合的情况下，也就能够反映影视演员本人的外观特征，在此种情形下，应当认定为表情包中的影视形象属于演员自身肖像权的保护范畴。但是由于游戏的虚拟化特点，此类"真人"形象植入游戏的可能性不大。

其次，就是与真实公众人物形象存在明显差异的影视形象，例如章金莱(六小龄童)与"孙悟空"，此类形象与饰演者自然相貌有着较大区别，是否应该纳入肖像权的保护范围就成为存在争议的问题。本条游戏码，即来源于此类案件。具体来说，示例案件中，章金莱在2009年发现蓝港在线科技有限公司在其推出的网络游戏《西游记》中使用了其"孙悟空"的形象，故以侵犯其肖像权为由，要求被告停止使用"孙悟空"的形象并进行公开赔礼道歉和赔偿损失。虽然法院最终以《西游记》游戏中的"孙悟空"与章金莱饰演的"孙悟空"形象有差异为由,认定侵权不成立,但是法院认可了"当某一角色形象与自然人之间具有一一对应的关系时,对该形象的保护应该属于肖像权保护的射程",即章金莱饰演的"孙悟空"形象属于章金莱的肖像权保护范畴。

最后,就是漫画拟制的人物形象,由于人物肖像的呈现形式显然并非必须是摄影,通过绘画或者其他造型艺术手段再现自然人的形象都理应属于人物肖像的呈现。在赵本山诉海南天涯公司等侵犯肖像权纠纷案中,两审法院就均认为,赵本山作为公众人物,其个人肖像具有明显的可识别性,加上经典台词作为补充,可以将涉案卡通形象明确指向公众印象中的赵本山个人肖像,卡通漫画作为绘画艺术的一种形式,只要能反映出具有可识别性的自然人形象,就可以成为肖像权法律保护的对象。

综合上述分析,笔者认为,结合游戏自身开发的特点,游戏开发者在引入与真人相关的影视形象作为游戏角色时,要格外注意"漫画拟制的人物形象"和"与真实公众人物形象存在明显差异的影视形象"的使用,降低肖像权侵权的风险。

**◉ 判决书摘要**

**一、肖像权保护范围的界定**

我国《民法通则》第一百条和《侵权责任法》第二条都明确规定了肖像权是应当受保护的法定权利。肖像权被定义为是公民对在自己的肖像上体现的精神利益和物质利益所享有的人格权,当事人双方对此定义并无异议。但是,章金莱饰演的"孙悟空"形象是否应当受章金莱肖像权的保护,当事人双方出现了截然不同的理解。由于法律的适用离不开法律的解释,没有正确的法律解释,就没有正确的法律适用,所以,对肖像权作出法律上的解释,是本案审理中不能回避的问题。

在我国,《民法通则》第一百二十条第一款规定:"公民的姓名权、肖像权、名誉权受到侵害的,有权要求停止侵害,恢复名誉,消除影响,赔礼道歉,并可以要求赔偿损失。"该条作为肖像权保护的请求权基础开始施行于 1987 年 1 月 1 日。纵观二十几年的司法实践，涉及侵犯肖像权的纠纷多是与人的自然相貌紧密相关，例如自然人的照片被擅自使用等情形，虽偶有以漫画的方式侵犯肖像权的纠纷，但是无论哪种情形，由于涉及的侵权行为往往能够直接反映人的自然相貌特征，所以，肖像与自然人的相貌特征之间的可识别性成为无可争议的结论。久而久之，由于实务中涉及的侵犯肖像权的纠纷多是直接反映自然人的体貌特征，在适用法律时，肖像权中所蕴含的可识别性也被逐渐淡化了。但是，法律之所以保护肖像权，是因为肖像中所体现的精神和财产利益与人格密不可分。而当某一形象能够充分反映个人的体貌特征，公众通过该形象直接能够与该个人建立一一对应的关系时，该形象所体现的尊严以及价值，就是该自然人肖像权所蕴含的人格利益。章金莱所饰演的"孙悟空"形象，虽然是基于古典文学作品所创作，并进行了艺术化处理，但是该形象与章金莱个人的五官特征、轮廓、面部表情密不可分。章金莱饰演的"孙悟空"完全与其个人具有一一对应的关系，即该形象与章金莱之间具有可识别性。在相对稳定的时期内、在一定的观众范围里，一看到图像"孙悟空"，就能认出其饰演者章金莱，并且答案是唯一的。所以，当某一角色形象与自然人之间具有一一对应的关系时，对该形象的保护应该属于肖像权保护的射程。一审判决已经认定"社会公众会将电视剧版《西游记》中的'孙悟空'形象与章金莱建立对应关系"，说明对于可识别性并不否认，却得出章金莱饰演的"孙悟空"形象与章金莱本人形象具有本质区别和差异，进而否定对章金莱饰演的"孙悟空"形象以肖像权保护的结论。

退一步讲，如果因为长期的司法实践，业已形成了具有相对固定内涵的肖像权概念，那么成文法相对于不断发展变化的社会生活所具有的滞后性并不是本案的特殊问题。现实生活中产生的矛盾，会使立法当初没有充分讨论的问题凸显出来。这时，司法者必须通过解释法律、适用法律来解决纠纷。我国《侵权责任法》第二十条是关于侵害人身权益造成财产损失赔偿方面的规定，根据该条的立法说明能够明确推导出立法的意图，就是承认人格权中所蕴含的财产利益，并应该对人格权中的财产利益给予充分的保护。也就是说，法律认可来自个人投资和努力演绎出的形象所具有的商业上的价值，当被他人擅自使用时，不仅侵犯肖像权上承载的人格尊严，也侵犯了权利人自己使用或者许可他人使用的财产上之利益。这样不仅会降低回报，挫伤权利人积极投入和努力创造的动力，最终还会影响广大公众从中受益。所以，当某一角色形象能够反映出饰演者的体貌特征并与饰演者具有可识别性的条件下，将该形象作为自然人的肖像予以保护，是防止对人格权实施商品化侵权的前提。将与肖像有密切联系的形象解释为涵盖在肖像权之中，避免法律文本与社会现实脱节，可以克服不断发生变化的实践与成文法固有的滞后性之间的割裂。另外，面临以商品化的方式侵害人格标识的纠纷日益增多之现状，在比较法中，对具有标识性的人格利益可以采用公开权、形象权之内容予以保护。这种对具有人格标识性的形象予以保护的世界发展趋势，说明与人格利益密切相关的形象具有可保护利益已成为共识。所以，对肖像权的解释，恰恰应当进行适当的扩张解释，积极面对现实并顺应时代的发展，而不是一审判决所认为的"无法随意突破作扩大解释"。

二、侵犯肖像权行为的认定

《民法通则》第一百条规定，未经许可使用肖像是认定侵权行为成立的根据。也就是说，使用的肖像一定是权利人的肖像。被上诉人蓝港公司在其开发的游戏中使用的"孙悟空"形象，与上诉人章金莱饰演的"孙悟空"形象相比，两者存在一定的差异：蓝港公司所使用的"孙悟空"的眼睛比章金莱饰演的"孙悟空"的眼睛细长，章金莱饰演的"孙悟空"的眼睛明亮而圆润，充满了聪明机智；蓝港公司所使用的"孙悟空"的鼻子比上诉人饰演的"孙悟空"挺拔、高耸，蓝港公司所使用的"孙悟空"的整个脸型比章金莱饰演的"孙悟空"狭长。确实如被上诉人蓝港公司在答辩中所述，其使用的"孙悟空"的面目更有棱角，神态更冷峻、凶悍；而章金莱饰演的"孙悟空"更圆润，更具亲和力。本案之所以强调蓝港公司使用的"孙悟空"与章金莱饰演的"孙悟空"之间的区别，是因为章金莱饰演的"孙悟空"形象深入人心，通过章金莱饰演的"孙悟空"能够识别出章金莱。恰恰这些差异，导致了在同样的观众范围内，立即能够分辨出蓝港公司所使用的"孙悟空"不是章金莱饰演的"孙悟空"，更不能通过该形象与章金莱建立直接的联系。判断蓝港公司所使用的形象是否侵犯章金莱的肖像权，应以确认该形象能否反映章金莱的相貌特征并与章金莱建立联系为前提，这一点与确认章金莱所饰演的"孙悟空"形象因可以直接反映出章金莱的相貌特征并与其建立联系而应当受肖像权保护的判断标准是一致的。

## ～ 游戏码 16 ～
## 商品化权并非法定权，现行法律限于在商标法在先权利的范畴内讨论

### 📝 示例案件

暴雪公司《魔兽世界》与分播时代《萨尔酋长》案，（2016）粤民终1775 号①

### 💬 裁判要旨

商品化权并非法定权利，是否产生商品化权益以及如何保护，现行法律体系和司法实践主要集中于《商标法》关于保护在先权利和禁止恶意抢注相关条文中"在先权利"的范畴讨论。

### 🗨 案例解码

我国现行法律规定中，并没有正式规定"商品化权"这一概念，国内关于商品化权的讨论，首先是在知识产权学界的理论探讨范围之中。但随着 2011 年 8 月北京高院在 007 商标行政案件中，确认角色商品化

---

① 广东省高级人民法院民事判决书（2016）粤民终 1775 号。

权后，后续又有功夫熊猫、驯龙高手等一系列的商标行政案件中认可了商品化权。2016 年 5 月，北京市高级人民法院民三庭发布的《当前知识产权审判中需要注意的若干法律问题》提出：对形象的商业化利益的保护不是对法定权利的保护，只有对形象的商业化利益进行分析确定其属于可受法律保护的利益时，才能纳入《商标法》第三十二条在先权利的保护范围。对形象的商业化利益的保护范围应当慎重研究、严格划定，除非必要，对该利益的保护不应超出未注册驰名商标的保护。下级法院对形象的商业化利益进行保护的，必须事先层报北京市高级人民法院民三庭审查。此后，2017 年 1 月最高人民法院发布了《关于审理商标授权确权行政案件若干问题的规定》。该规定于 2017 年 3 月 1 日开始实施，其中第二十二条第二款规定，对于著作权保护期限内的作品，如果作品名称、作品中的角色名称等具有较高知名度，将其作为商标使用在相关商品上容易导致相关公众误认为其经过权利人的许可或者与权利人存在特定联系，当事人以此主张构成在先权益的，人民法院予以支持。该解释虽没有规定商品化权的概念，但事实上成为商标行政案件中，主张在先商品化权益的法律依据。

但是需要强调的是，无论是北京市高级人民法院的司法政策还是最高人民法院的司法解释，以及在先的案例，都是针对商标行政案件中的商品化权问题，而在民事侵权纠纷中，无论是在《著作权法》还是《商标法》中均没有商品化权的权利基础，因此如果在民事纠纷中主张商品化权受到侵害，其请求权基础在现有法律中只能是《反不正当竞争法》第二条的原则性条款。但事实上截至目前，暂没有以《反不正当竞争法》第二条为依据支持商品化权的生效判决。本条游戏码是基于广东省高院在《魔兽世界》一案的二审判决，在该案的一审判决中，一审法院详细论证了可以根据《反不正当竞争法》第二条来主张游戏角色保护的思路和必要条件。但最终二审法院没有继续支持该观点，核心理由是原告暴雪公司已"主张美术作品并获得保护，一般情况下无再依照《反不正当竞争法》予以补充保护的必要"。

故而，从现有的案例来看，民事侵权领域游戏角色名称主张商品化权的保护路径是明确的，即通过《反不正当竞争法》第二条。但是，当前的司法实践仍然对这种保护路径持十分审慎的态度，结合当下理论界和司法实务界对商品化权存在的广泛争议，笔者认为，商品化权在民事侵权诉讼中能否被最终认可仍然有待进一步观察。面对这种不确定性相关的游戏企业还是不应该放弃在商品化权的视角下保护合法权益的尝试。

### @ 判决书摘要

一审法院认为：

商品化权并非我国法定权利。对此，暴雪公司、网之易公司并无异议。暴雪公司、网之易公司因此以《反不正当竞争法》第二条为依据，主张七游公司、分播公司、动景公司擅自使用其《魔兽世界》系列游戏知名角色的特有名称，构成不正当竞争。

根据《反不正当竞争法》第二条，经营者在市场交易中，应当遵循自愿、平等、公平、诚实信用的原则，遵守公认的商业道德。不正当竞争是指经营者违反该法规定，损害其他经营者的合法权益，扰乱社会经济秩序的行为。一审法院认为，从字面含义理解，该条制止的不正当竞争行为是以违反诚实信用原则和公认商业道德的方式实施，并损害其他经营者合法权益的行为。由于《反不正当竞争法》第五条至第十五条规定了特定的不正当竞争行为，所以第二条制止的不正当竞争行为不是某种特定的不正当竞争行为，否则没有适用该条之必要。另外，《反不正当竞争法》在有限范围内对知识产权专门法起补充保护作用。所以，该条提供的保护不能与知识产权专门法的立法政策相悖，知识产权专门法已作穷尽保护的，不能以该条为依据提供额外保护。因此，该条的适用条件可归纳为：（1）暴雪公司、网之易公司寻求保护的是合法权益，对其进行保护不会与知识产权专门法立法政策相悖；（2）被诉行为不是《反不正当竞争法》规定的特定不正当竞争行为；（3）被诉行为以违反诚实信用原则和公认商业道德的方式实施，侵害了暴雪公司、网之易公司的合法权益，确有制止之必要。

关于第一个条件。根据暴雪公司、网之易公司提交的相关出版物如《魔兽世界：终极视觉宝典》及第三方网站如新浪网的介绍，暴雪公司、网之易公司主张的 6 个人物是《魔兽世界》系列游戏的主要角色。由于《魔兽世界》系列游戏具有很高的知名度，涉案 6 个角色必然为玩家所熟知，相应具有很高的知名度。暴雪公司、网之易公司能够利用涉案角色的知名度。根据查明事实，网之易公司经暴雪公司许可在某周边商城推销印有涉案角色名称的马克杯、玩偶、手机壳和 T 恤衫。这些产品能够对《魔兽世界》游戏的玩家产生吸引力。游戏玩家看到这些产品上涉案角色名称，就会与《魔兽世界》系列游戏联系起来，想起游戏时的美好体验，产生情感上的共鸣，从而激发消费需求。这表明，涉案角色的知名度为暴雪公司、网之易公司带来了更多的商业利益和竞争优势。这种商业利益和竞争优势，归根到底来源于暴雪公司、网之易公司创造性的智力劳动、经年的诚实经营、精心的商誉维护以及持续的广告投入等。涉案角色名称，虽然因欠缺作品相关要件不能得到《著作权法》的保护，因未注册不能得到《商标法》的保护，但保护涉案角色名称承载的商业利益和竞争优势，并不会与知识产权专门法鼓励创新和促使经营者保证商品(服务)质量的立法政策相悖。所以，涉案角色名称应当得到《反不正当竞争法》的保护，是合法权益。

关于第二个条件。《反不正当竞争法》第五条至第十五条对特定的不正当竞争行为作出了规定。根据《反不正当竞争法》第五条，擅自使用他人的企业名称或者姓名，引人误认为是他人的商品，构成不正当竞争。一审法院认为，这里的姓名应指自然人的姓名，并不包括游戏角色的姓名，所以，本案无法依据该条对擅自使用涉案角色名称的行为作出法律评价。另外，被诉行为也明显不属于《反不正当竞争法》第六条至第十五条调整的对象。

关于第三个条件。七游公司和分播公司未经许可，在与《魔兽世界》系列游戏具有较强竞争关系的被诉游戏中，使用与涉案知名角色名称相同或近似的角色名称，主观上具有"搭便车"的故意，客观上容易导致玩家的混淆与误认，割裂了涉案角色与暴雪公司、网之易公司游戏的特定联系，损害了暴雪公司、网之易公司的合法权益，显然是违反诚实信用原则和公认商业道德的行为，不制止将不足以维护公平竞争的市场秩序。

二审法院认为：

此外，需要指出的是，本案暴雪公司、网之易公司还主张享有6个游戏角色特有名称的商品化权，并就此请求判令七游公司、分播公司、动景公司停止使用上述游戏角色的不正当竞争行为，一审判决认定暴雪公司、网之易公司对游戏角色享有合法权益并依据《反不正当竞争法》第二条的规定予以保护。分播公司、动景公司未对一审判决商品化权益的认定内容提出具体上诉理由，但其上诉请求涵盖该部分。对此本院认为，首先，商品化权并非法定权利，而是否产生商品化权益以及如何保护，现行法律体系和司法实践主要集中于《商标法》关于保护在先权利和禁止恶意抢注相关条文中"在先权利"的范畴讨论。其次，本案暴雪公司、网之易公司就6个游戏角色在马克杯、手机壳、T恤衫等商品上进行商业使用的事实进行了举证，但并无证据证明七游公司、分播公司、动景公司在周边商品进行了游戏角色的商业使用，二审庭审中暴雪公司、网之易公司亦确认未发现存在该类事实。因此暴雪公司、网之易公司虽提出商品化权主张，但客观上并无直接对应的侵害行为。再次，暴雪公司、网之易公司主张商品化权的6个游戏角色，已在相关著作权纠纷案件(一审(2015)粤知法著民初字第2号、二审(2016)粤民终1719号)中主张美术作品并获得保护，一般情况下无再依照《反不正当竞争法》予以补充保护的必要。最后，从民事责任承担后果上考虑，整个被诉游戏已在相关著作权纠纷案件中被判令停止代理、运营、传播以及向公众提供，暴雪公司、网之易公司的该项诉求已然实现。综上，一审判决关于存在游戏角色名称不正当竞争行为的认定欠妥，本院予以纠正，但不影响最终民事责任承担的认定。

## 〜 游戏码 17 〜
## 虚拟游戏角色属于虚拟财产，不具备法律人格，
## 不享有名誉权

**示例案件**

《奇迹》（MUonline）游戏角色名誉权案，（2016）沪 0115 民初 88312 号①

**裁判要旨**

网络游戏中的虚拟角色具有虚拟性、拟人性、价值性和流通性，应属于具有财产性价值的虚拟财产，而不属于法律意义上的人，故其不具备法律人格，无法享有名誉权。以网络游戏中虚拟角色的名誉权受侵害为由请求赔礼道歉、损害赔偿的，法院不予支持。

**案例解码**

名誉权是一种由民事法律规定的民事主体所享有的获得和维持对其名誉进行客观公正评价的人格权。《民法总则》第一百一十条规定自然人享有生命权、身体权、健康权、姓名权、肖像权、名誉权、荣誉权、隐私权、婚姻自主权等权利，法人、非法人组织享有名称权、名誉权、荣誉权等权利。《最高人民法院关于审理名誉权案件若干问题的解答》规定以书面或者口头形式侮辱或者诽谤他人、擅自公布他人的隐私材料或者以书面、口头形式宣扬他人隐私、因新闻报道严重失实，致他人名誉受到损害的，应按照侵害他人名誉权处理。依据《侵权责任法》第十五条，被侵权人可要求侵权人停止损害、排除妨碍、消除危险、返还财产、恢复原状、赔偿损失、赔礼道歉、消除影响、恢复名誉。

如上，只有自然人和法人享有名誉权。所以在名誉权纠纷案件中，

---

① 上海市浦东新区人民法院民事判决书(2016)沪 0115 民初 88312 号。

首先要判定纠纷中所谓名誉权受侵害的主体是否存在名誉权。

网络游戏的虚拟角色由自然人或法人通过以网络 TCP/IP 协议为基础的网络游戏程序编制而成，用于参与网络游戏各项活动，其本质为存放在计算机存储设备中的数据。网络游戏的虚拟角色具有虚拟性、拟人性、价值性和流通性四大特征。具体来说，首先，网络游戏虚拟角色在电脑屏幕或 3D 投影设备中以特定形象予以展现，本身是虚构的而没有实体形态；其次，网络游戏虚拟角色虽可以模拟人类的行为，但并不自发具有独立意识；再次，该角色的形成离不开游戏工程师的脑力和体力投入，具有一定价值，而玩家向运营商支付对价以进行游戏，创造虚拟游戏角色，利用该角色进行游戏活动，具有使用价值，玩家通过完成任务提升角色经验值又提高了角色的使用价值；最后，网络游戏账号的所有人可以通过修改登录密码的方式转让游戏账号，受让方支付对价并获得该游戏账号及相对应的虚拟游戏角色和虚拟物品，因此虚拟游戏角色具有流通性。

因此，网络游戏的虚拟角色应属于有明确所有者、可合法取得及处分、具有一定价值的财产，当然不属于法律意义上的人，不具备法律人格，无法享有名誉权。

本条游戏码示例案件中，张某为奇迹 MU 的游戏玩家，游戏运营商壮游公司以张某使用外挂为由封停其名下游戏账号，并在奇迹 MU 游戏官网公告该处理结果。原告认为被告公告封停原告游戏账号的行为使原告的游戏角色在游戏内的评价下降，游戏角色在游戏内名誉受到严重损害，因此诉至法院要求被告向原告名下的游戏角色赔礼道歉，并赔偿其损失。

最终，法院认为原告游戏账号所对应的虚拟游戏角色是一种财产而无法享有名誉权，驳回原告请求。

综上所述，网络游戏中的虚拟角色具有虚拟性、拟人性、价值性和流通性，属于具有财产性价值的虚拟财产，而不属于法律意义上的人，故不具备法律人格，无法享有名誉权。

**@ 判决书摘要**

本院认为，公民、法人享有名誉权，公民的人格尊严受法律保护，以书面、口头等形式宣扬他人的隐私，或者捏造事实公然丑化他人人格，以及用侮辱、诽谤等方式损害他人名誉，造成一定影响的，应当认定为侵害公民名誉权的行为，受到侵害的公民基于相关侵害事实，有权要求停止侵害，恢复名誉，消除影响，赔礼道歉，并可以要求赔偿损失。对于本案争议焦点，本院论述如下：

第一，原告主张被告向其名下 18 个游戏角色赔礼道歉是否成立。游戏角色可获名誉权保护应以其存在名誉权为前提。名誉权系法律人格对应的权利之一。法律人格是指一种享有权利和承担义务的法律层面上的资格，故具有法律人格的主体才具备享有名誉权等各项人格权的条件。公民、法人当然地具备法律人格，网络游戏的虚拟角色是否具备法律人格则应从其定义与特性予以充分考虑。所谓网络游戏的虚拟角色系自然人或法人通过以网络 TCP/IP 协议为基础的网络游戏程序编制而成，用于参与网络游戏各项活动，其本质为存放在计算机存储设备中的数据。根据虚拟角色的定义与本质，本院认为其具有四种特性。首先是虚拟特性。其本身没有实体形态，系通过计算机程序在电脑屏幕或 3D 投影设备中以特定形象予以展现，故其本身是虚构的，与法律意义上的公民和法人等真实存在于现实社会中的主体存在本质区别。其次是拟人特性。目前的网络游戏程序创造的虚拟角色可完全参照或模仿人类的形象，可作出几乎所有与人类相关的行为，即拥有模拟人类的绝大部分行为。但虚拟角色的行为系依照原告即网络游戏玩家的意志与指示作出，其本身不具备独立意识，行为亦存在于游戏世界内部且仅限于模仿，尚不足以达到可与具有法律人格的主体相当的程度。再次是价值特性。网络游戏的主要运营模式为游戏玩家向运营商支付对价，以正常参与游戏活动。该行为实质应为消费活动，故本院认为虚拟角色经原告等网络游戏玩家支付对价而创造，以及在网络游戏的虚拟世界中参与游戏活动，致其本身具有财产性价值。另外，游戏玩家在游戏中通过完成游戏任务、击杀游戏敌人等游戏行为而获得虚拟物品，均可在游戏中使用，故存在使用价值。最后是流通特性。根据网络游戏账号的设置，账号所有人可对账号的登录密码予以修改，故网络游戏玩家之间可通过修改登录密码的方式对游戏账号进行转让，即购买人支付对价后可取得该账号对应的虚拟角色及其虚拟物品的相应权利。原告在庭审中亦表示曾向其他玩家出售虚拟物品的事实，可与该情况相印证。相反，具备法律人格的公民的合法人身权利应受法律保护，人身自由不属于可买卖交易的范畴，显然不具有虚拟角色的流通特性。

从网络游戏虚拟角色的上述定义及特性来看，虚拟角色显然不属于法律意义上的人，其本质应是物，且系具有财产性价值的虚拟财产，故不属于公民或法人的范畴。原告名下的 18 个虚拟角色实际应为由其创建，受其控制，且具有价值的财产。因此，综合考虑上述情况，本院认为网络游戏虚拟角色不具备法律人格，不应享有名誉权。另结合原告在庭审中陈述其本人的名誉未遭到侵害，其他游戏玩家并不知晓其本人的身份等事实，原告主张被告向其名下 18 个游戏角色赔礼道歉的诉讼请求，于法无据，本院不予支持。

# 第四章　游戏音乐类案例裁判要旨及解析

## ～ 游戏码 18 ～
### 在游戏中使用他人音乐作品未署名的，
### 侵犯了作者的署名权

**示例案件**

许某某《西游记序曲》与蓝港在线《新西游记》游戏案，（2016）京 0107 民初 1812 号①

**裁判要旨**

在运营的网络游戏中使用他人音乐作品，且未在使用中给作者署名的，侵犯了作者对音乐作品享有的署名权，侵权人以游戏软件相对于电视作品具有特殊性导致背景音乐作品的署名显示在游戏中很难实现为由的抗辩主张，没有事实和法律依据，人民法院不予采纳。

**案例解码**

署名权在著作权中属于作者的人身性权利，是要求他人对创作者与特定作品之间身份关系予以尊重和承认的权利，即表明作者身份的权利。基于署名权，作者有权决定是否以及通过什么方式披露其作者身

---

① 北京市石景山区人民法院民事判决书(2016)京 0107 民初 1812 号。

份，即可以通过在作品上署名、署真名、署笔名等方式来披露其身份，或者以不署名来隐匿其身份。

因署名权产生的著作权纠纷虽然有少量仅涉及署名权本身一项权利，但更多的往往是在案件纠纷中还会涉及复制权、信息网络传播权等财产性权利。不同于仅涉及财产性权利的著作权纠纷，由于牵涉人身权利，署名权纠纷的法律责任还包括赔礼道歉和消除影响。

本条游戏码示例的案例是一起十分典型的音乐作品署名权和信息网络传播权复合的纠纷，系《新西游记》游戏的开发者未经许可在游戏中使用了《西游记序曲》、《猪八戒背媳妇》音乐而产生。前述音乐的作者许某某先生在案件中主张了署名权侵权，而被告蓝港在线抗辩称网络游戏不同于电视作品，背景音乐在游戏中难以实现署名。虽然我们从判决书的记载中看不到被告提出抗辩事由的法律依据，但大致可以判断，其主张的法律依据应该是《著作权法实施条例》第十九条的规定，即"使用他人作品的，应当指明作者姓名、作品名称；但是，当事人另有约定或者由于作品使用方式的特性无法指明的除外"。

《著作权法实施条例》第十九条是对于署名权的一种权利边界限定，即在某些特殊情形下无法署名或有违社会惯例时，即使按照侵权行为法原理符合全部四个构成要件，也不宜认定构成对署名权的侵害。适用该条典型的代表案例是白某某诉国家邮政局、邮票印制局侵犯著作权纠纷案（2002 高民终字第 00252 号），北京市高级人民法院在判决书中指出：由于邮票的特殊性，邮票印制单位通常无法在邮票图案上表明作者身份。在本案中，国家邮政局在辛巳蛇年生肖邮票的发行介绍、《新邮预报》上已经指明了白某某为邮票一图剪纸作者，客观上也已经使公众知悉一图剪纸为白某某创作，这种署名方式适当、合理，故国家邮政局、邮票印制局并未侵犯白某某的署名权。

但是显然，上述的限定不应当被无限扩大使用，而是应当十分审慎地结合案件的具体情况判断，邮票、钱币、门票等由于其特点导致确实无法署名，具有合理性。然而示例案件中，被告主张网络游戏具有特殊性，很难实现署名，显然是难以成立的，网络游戏对使用的音乐进行署名虽然没有电视作品那么方便，但是这种不方便不代表无法署名，仍然可以通过游戏进入画面、游戏结束画面、游戏设置、游戏说明、游戏下载提示、游戏光盘外包装等方式予以署名，故而可见，游戏开发者欲通过《著作权法实施条例》第十九条来主张不构成署名权侵权的抗辩是不能成立的。

### 🖾 判决书摘要

本院认为，根据各方当事人的诉讼主张，被告蓝港在线公司对于原告许某某系涉案音乐作品的作者、被告超出授权期限使用上述作品以及未署名的事实并无争议，故本案的争议焦点在于：第一，原告许某某是否具有诉讼主体资格的问题；第二，被告蓝港在线公司涉案行为是否侵犯了原告许某某享有的作品署名权、改编权、信息网络传播权；第三，若被告蓝港在线公司涉案行为构成侵权，赔偿数额应如何确定。

关于争议焦点一，原告许某某系涉案音乐作品《西游记序曲》和《猪八戒背媳妇》的作者，其虽曾与中国音乐著作权协会签订授权合同，约定中国音乐著作权协会有权以自己的名义向侵权者提起诉讼，但协议中并未排除作者本人维权及诉讼的权利，因此原告并不因该约定而丧失其作为作者在著作权受到侵害时所享有的诉讼权利，故原告许某某具有本案适格诉讼主体资格。

关于争议焦点二，因被告蓝港在线公司超出授权许可使用期限，在其运营的网络游戏《新西游记》中使用了原告许某某作曲的两首音乐作品《西游记序曲》与《猪八戒背媳妇》，且未在使用中给原告署名，侵犯了原告对于上述音乐作品享有的署名权、信息网络传播权。被告蓝港在线公司关于游戏软件相对于电视作品的特殊性，将相关背景音乐作品的署名显示在游戏中很难实现的抗辩主张，无事实和法律依据，本院不予采纳。关于被告蓝港在线公司是否侵犯原告许某某改编权的问题，依照《著作权法》的规定，改编权是改变作品，创作出具有独创性的新作品的权利。虽然经当庭对比，可以确认涉案游戏背景音乐中使用了涉案音乐作品，且与原曲存在一定差异，但在双方对是否改编的问题各执一词且原告许某某未就该项争议提交证据的情况下，无法确认被告蓝港在线公司的使用行为已经达到了改变原曲形成新作品的程度，故本院对被告侵犯原告改编权不予认定。

综上，被告蓝港在线公司侵犯了原告许某某包括作品署名权、信息网络传播在内的著作权，依法应当承担消除影响、赔偿损失的民事责任，但消除影响的范围应以被告涉案行为造成的影响为限。

## 游戏码 19
## 超期使用、许可谈判过程中使用他人音乐，都系未经许可使用的侵权行为

### 示例案件

A. 麦爱文化《又见茉莉花》与北京神雕《幻想封神》游戏案，（2012）海民初字第 1442 号①

B. 许某某《西游记序曲》与蓝港在线《新西游记》游戏案，（2016）京0107 民初 1812 号②

### 裁判要旨

A. 被告虽曾与音乐作品的著作权人协商歌曲使用权问题，但其在未与著作权人就涉案音乐作品许可问题达成合意，并支付相应的许可费的情况下，就使用涉案音乐作品，其行为已经构成侵权。

B. 被告超出授权许可使用期限，在其运营的网络游戏中使用了原告作曲的音乐作品，侵犯了原告对于上述音乐作品享有的信息网络传播权。

---

① 北海市海城区人民法院民事判决书（2012）海民初字第 1442 号。
② 北京市石景山区人民法院民事判决书（2016）京 0107 民初 1812 号。

## 🗨 案例解码

　　大型网络游戏中的元素日趋多样化，和电影类似，不仅有情节、角色形象、玩法规则、文字说明、视频画面，游戏音乐也是其中一个十分重要的元素。一直以来，一款好的游戏主要是通过其玩法规则和美术效果来获得玩家的青睐，相对而言，游戏音乐处于相对较为边缘的地位。但是随着游戏市场的竞争不断加剧，玩家对于游戏整体和细节的要求日益提高，好的游戏音乐也成为一款优秀网络游戏的一个评价维度。

　　游戏中对于音乐的使用大致分成两类，一类是游戏本身内容就和音乐相关的，即音乐类游戏，此类游戏会大量使用各种乐曲。另一类是音乐是游戏的一个主要元素，主要是游戏的主题曲和背景乐，相较于背景乐，主题曲需要和游戏的关联度更紧密，更可能需要原创音乐。无论是哪一类，只要涉及使用他人音乐作品的，取得权利人的授权都是必需的。随着游戏音乐日趋重要，国内越来越多的游戏开发商开始建立音频团队乃至建立专门的音频部门进行游戏音乐的原创开发，但是毕竟游戏公司长期以来对于游戏音乐较为边缘化的定位，在游戏领域仍然还是大量使用他人音乐作品的居多。而在使用他人作品的问题上，目前还是存在较多的侵权行为。

　　不同于拿来就用、完全不付费的情况，本条游戏码关联的案例中，是游戏开发商曾经以一定形式取得过许可或者就许可付费在进行谈判，因此在诉讼中，当事人便以此为由作不侵权的抗辩。而显然，在法律上，这类抗辩是不能成立的，无论是许可授权到期后的超期使用还是许可谈判过程中的使用，实际都是未经许可的使用行为，仍然是侵权行为。当然客观地说，相较于拿来就用、完全不付费，上述的情形在主观上可以理解为恶意较小，可以在赔偿额上适度考虑。

## 🔲 判决书摘要

### A.（2012）海民初字第 1442 号

　　依据现有证据，原告麦爱公司依法享有歌曲《又见茉莉花》的著作权，除法定许可外，他人未经许可不得擅自使用。

麦爱公司曾许可神雕公司在《大话轩辕》中使用女生翻唱版《又见茉莉花》，对此原被告双方均表示认可。此后双方协商在游戏《幻想封神》中使用原唱版本，双方未能达成一致意见。依照相关法律规定，著作权许可应当明确，且应支付相应的费用。神雕公司未经麦爱公司许可，擅自将《又见茉莉花》原唱版作为游戏《幻想封神》主题曲向公众提供播放服务，并在网站页面和宣传广告中，广泛使用麦爱公司的音乐及歌词，神雕公司此举势必损害权利人的利益。神雕公司辩称其曾与麦爱公司法定代表人协商过原唱版本的歌曲使用权问题，主观上并无恶意。本院认为，神雕公司在未与麦爱公司就原唱版许可问题达成合意，并支付相应许可费的情况下，就使用原唱版《又见茉莉花》，其行为已经构成侵权。神雕公司辩称《大话轩辕》与《幻想封神》系同一游戏，经比对二者在画面上并不一致。并不因为神雕公司在《幻想封神》中借鉴《大话轩辕》某些因素，或因两款游戏用户账号可以转移，《幻想封神》即与《大话轩辕》构成同一游戏，神雕公司此项辩称缺乏依据。本院现依据神雕公司的主观过错程度、《又见茉莉花》授权情况、价值及知名度高低等因素酌定赔偿数额。麦爱公司要求的公证费中的合理部分，本院亦予以支持。

## B.（2016）京 0107 民初 1812 号

本院认为，根据各方当事人的诉讼主张，被告蓝港在线公司对于原告许某某系涉案音乐作品的作者、被告超出授权期限使用上述作品以及未署名的事实并无争议，故本案的争议焦点在于：第一，原告许某某是否具有诉讼主体资格的问题；第二，被告蓝港在线公司涉案行为是否侵犯了原告许某某享有的作品署名权、改编权、信息网络传播权；第三，若被告蓝港在线公司涉案行为构成侵权，赔偿数额应如何确定。

……

关于争议焦点二，因被告蓝港在线公司超出授权许可使用期限，在其运营的网络游戏《新西游记》中使用了原告许某某作曲的两首音乐作品《西游记序曲》与《猪八戒背媳妇》，且未在使用中给原告署名，侵犯了原告对于上述音乐作品享有的署名权、信息网络传播权……

关于争议焦点三，赔偿数额的问题。原告许某某主张经济损失按照其实际损失即合理许可使用费计算，并提供了授权他人使用涉案音乐作品的授权书作为计算依据，要求被告赔偿 160 万元。被告蓝港在线公司则以其曾获得过中国音乐著作权协会的授权且授权数额远低于原告主张的数额、被告系因疏忽导致侵权、涉案游戏近年处于亏损状态等为由进行抗辩，认为原告主张的数额过高，并提供了相关证据。本院认为，原告许某某提交的两份授权协议涉及的音乐作品均为《西游记序曲》，该作品的授权费用并不能证明另一涉案音乐作品《猪八戒背媳妇》当然地具有同等商业价值，且原告许某某授权案外人的权利范围与本案被告具体使用情况存在差异，因此根据原告提交的现有证据无法充分证明其因被告涉案的侵权行为遭受的实际损失。在权利人的实际损失和被告因侵权行为的违法所得均难以确定的情况下，本案应依法适用法定赔偿方式在 50 万元以下确定赔偿数额。根据本案的具体情况，现综合以下因素酌定赔偿额：(1)两首涉案音乐作品具有较高的知名度，其中《西游记序曲》具有较高的商业价值；(2)被告蓝港在线公司的主观过错程度，被告系在取得涉案音乐作品合法授权后超期使用导致侵权，与从未取得授权的侵权行为应有所区分，主观过错较轻，而且原告许某某起诉后，被告蓝港在线公司及时将涉案音乐作品从涉案游戏中删除，避免侵权后果持续扩大；(3)网络游戏由游戏名称、程序源代码、游戏规则、游戏情节、场景画面、人物形象、背景音乐等多种元素组合而成，背景音乐是网络游戏其中一个元素，故应当考虑涉案音乐作品在涉案游戏中发挥的作用；(4)涉案游戏的影响力、被告使用涉案音乐作品的具体方式、侵权持续时间。此外，原告许某某为诉讼支出的律师费、购买 DVD 作为证据的费用均属于维权合理支出，且有相关票据在案佐证，本院予以全额支持。

# 第五章　游戏装备类案例裁判要旨及解析

～ 游戏码 20 ～

## 将游戏装备直接制作成模型玩具属于
## 从平面到立体的复制

### ✍ 示例案件

腾讯公司《穿越火线》"AK-47 火麒麟"玩具枪案，（2016）粤 0304 民初 11274 号①

### 💬 裁判要旨

未经许可，将他人网络游戏中具有独创性的游戏装备图形制作成立体玩具模型，实现了对美术作品从平面到立体的复制，属于侵犯权利人对前述作品享有的复制权。

### 🗨 案例解码

本条游戏码主要与游戏衍生品相关。相比游戏本身直接产生的利润，衍生品销售所产生的利润目前比例仍然很低，因为游戏衍生品的开发首先必须要培育用户，衍生品环节属于产业链下游，只有上游内容足够丰满，中游玩家社群足够庞大和活跃才能进行有效的开发。即便游戏

---

① 深圳市福田区人民法院民事判决书(2016)粤 0304 民初 11274 号。

衍生品开发对于游戏公司而言只是收入的一种补充，但其对于游戏公司仍然十分重要，因为衍生品的开发一方面可以用于提高用户黏性，另一方面有助于整个游戏的品牌宣传。

在提高用户黏性方面，游戏衍生品就是在培养用户的忠诚度，游戏厂商可以通过衍生品让自己的 IP 融入玩家们的日常生活，更重要的是让用户在潜移默化中产生对游戏的情感与依赖，最终还是转化到游戏消费，如《王者荣耀》周边商城上线时官方的宣传语："游戏周边是希望能够在你每天工作、生活以及学习的同时，都能够使用到王者荣耀的周边商品，和你喜欢的英雄在一起，时刻感受到王者荣耀的存在！"

在提升品牌影响方面，例如采用附赠衍生品的方式推广游戏，优质的衍生品往往能够带来不错的第一印象，起到直接的品牌宣传作用。或者类似《开心消消乐》、《贪吃蛇大作战》一类的休闲游戏，其衍生品可以日用品为主，面向更多的大众人群，在公开场合展示、销售。无论是游戏玩家在日常生活中用到这些衍生品，还是非游戏玩家因为造型设计可爱而购买衍生品，都是对游戏品牌的一种宣传。

随着游戏衍生品市场的不断开发，游戏衍生品侵权案件也屡有发生。由于衍生品涉及种类众多，具体到侵权个案中也仍会面临一些具体的法律疑难点。本条游戏码的示例案件是将游戏中的一把枪做成实物模型玩具销售，这种行为属不属于法律上的复制呢？我们知道平面到立体的复制也是复制，具体一点就是对于只是改变美术作品的载体及空间表现形式的行为都可认定为复制，本条游戏码对于游戏公司针对侵权衍生品开发行为的维权有着较为积极的意义。

### 📑 判决书摘要

法院认为，根据本院查明的事实，原告主张权利的作品最具独创性的部分系麒麟头的形象，就该部分被控侵权商品与原告主张权利的作品构成实质性相似。虽然涉案美术作品是平面图形，被控侵权商品属于立体物，但是被控侵权商品并未改变涉案美术作品的主要特征，仅改变了涉案美术作品的载体及空间表现形式，实现了对涉案美术作品从平面到立体的复制。

被控侵权商品系由被告贝乐高公司在京东商城上所经营的店铺所销售，在被告未提供相反证据的情况下，本院认定被告贝乐高公司销售了被控侵权商品。被告贝乐高公司未经权利人许可开设网店销售被控侵权商品，侵犯了原告对美术作品"AK-47 火麒麟"享有的发行权，应承担停止侵权的民事责任。

## ～ 游戏码 21 ～
# 被诉玩具与权利人外观设计专利近似的，落入外观设计专利的保护范围

📝 **示例案件**

A. 奥飞动漫《铠甲勇士》与凤鹰玩具剑案，（2011）烟民三初字第193 号①

B. 曾某某与美国扑克牌公司游戏扑克牌案，（2011）高行终字第1262 号②

💬 **裁判要旨**

A. 外观设计专利权被授予后，任何单位或者个人未经专利权人许可，都不得实施其专利，即不得为生产经营目的制造、许诺销售、销售、进口其外观设计专利产品。

B. 本专利为蓝色网格状图案，对比设计则为红色网格状图案。二者的所有组件的形状和图案均完全相同，已形成整体相近似的视觉效果，而后视图的单一色彩的改变对该整体视觉效果未产生显著影响，本专利与对比设计已构成相近似的外观设计。

---

① 烟台市中级人民法院民事判决书（2011）烟民三初字第 193 号。
② 北京市高级人民法院行政判决书（2011）高行终字第 1262 号。

🗨 **案例解码**

对于游戏公司而言，其建立的知识产权保护体系往往集中在著作权、商标权和反不正当竞争领域，而对于知识产权体系的另一个重要组成部分，专利权鲜有涉及。当然游戏领域普遍存在专利注册申请和保护都较弱的问题，主要还是由于游戏自身的特点，游戏中核心的智力成果并不适合用《专利法》的维度加以保护，通俗地说，这些智力成果元素和专利不兼容。

虽然基于游戏的特点，专利保护不是其主要武器，但并不意味着游戏开发运营者只能完全放弃专利保护，这也是笔者将本条游戏码予以提炼的初衷。实际上本条游戏码的相关案件如果放置在《专利法》的视角下，没有多大的典型代表性，案件涉及的都是外观设计专利，案情也很简单。但需要单独提出的意义就在于提示游戏开发运营商适度关注专利保护。

对于游戏公司而言，关注并实际落实一定的专利保护，笔者认为至少有以下益处。第一，相比较而言，在专利保护政策日益利好的情况下，《专利法》新修后，侵权赔偿额的最低额应该会有较大提高，保护力度会比一般的著作权侵权大。第二，虽然游戏专利可能主要是外观设计，但部分软硬件结合的游戏控制方法、游戏装置或者游戏系统仍然有申请发明或者实用新型专利的可能，而这些专利储备会给公司的知识产权成果带来很大的价值补充。考虑到专利保护具有的上述优势，笔者建议游戏开发和运营企业不应当轻易地完全放弃通过专利保护智力成果的尝试。

🈺 **判决书摘要**

## A.（2011）烟民三初字第 193 号

涉案专利公告的产品外观如下：玩具剑（风鹰）200830054250.9。本专利的设计要点是：本专利由本体和剑锋两个组件组合而成，本体两侧有对称的可折叠展翼，下方有把手，前端有可供剑锋的剑柄插入的卡口；剑锋具有如专利组件 2 主视图所示的形状，且具有可插入本体卡口的剑柄。

2010 年 6 月 1 日，山东省栖霞市公证处出具的公证书载明：2010 年 5 月 23 日，原告委托代理人向该公证处提出办理保全证据公证申请。2010 年 5 月 26 日，该公证处公证人员与原告的委托代理人来到烟台市某小商品批发市场，原告的委托代理人以普通消费者的身份购买了标有"铠甲勇士"、"凤鹰侠"、"凤鹰剑"等字样的玩具一件，价值人民币 15 元整。该玩具店出具了编号为 No.00315×× 的商品信誉卡一张。金额共计 15 元，信誉卡上签有售货员"×"的签字。该公证处将所购玩具进行封存。

庭审中，被告对公证处封存的玩具与原告的专利进行比对，认为结果一致无异议。

本院认为，原告奥飞公司系专利号为 ZL200830054250.9、名称为玩具剑(凤鹰)的外观设计专利的专利权人。根据《专利法》第十一条第二款规定，外观设计专利权被授予后，任何单位或者个人未经专利权人许可，都不得实施其专利，即不得为生产经营目的制造、许诺销售、销售、进口其外观设计专利产品。

根据原告奥飞公司与涉案专利另一权利人广东奥迪动漫玩具有限公司签订的协议，原告奥飞公司有权以自己的名义提起诉讼。

庭审中被告认可其所销售的被控侵权产品与涉案专利相同，并辩称其是在不知情的情况下购进，也不清楚谁是供货商。被告作为销售商，理应对其购进的商品是否合法进行审查，其疏于履行自己应尽的审查义务，销售了与原告涉案专利相同的产品，构成侵权，理应承担相应的民事责任。原告诉请被告立即停止侵权行为，于法有据，本院予以支持。

## B.（2011）高行终字第 1262 号

《专利法实施细则》第十三条第一款规定，同样的发明创造只能被授予一项专利。《专利审查指南》进一步规定，对于外观设计来说，同样的发明创造应当包括相同和相近似的外观设计。

本案中，本专利与对比设计的区别仅在于组件1和组件54的后视图颜色不同，本专利为蓝色网格状图案，对比设计则为红色网格状图案。二者所有组件的形状和图案均完全相同，已形成整体相近似的视觉效果，而后视图单一色彩的改变对该整体视觉效果未产生显著影响，本专利与对比设计已构成相近似的外观设计，故本专利不符合《专利法实施细则》第十三条第一款的规定。原审法院及专利复审委员会对此认定正确，应予支持。曾某某关于本专利与对比设计不相近似的上诉主张没有事实和法律依据，本院不予支持。曾某某关于《专利法实施细则》中的"同样的外观设计"仅应解释为外观设计相同，不应包括相近似的情况的上诉主张缺乏法律依据，本院不予支持。

## ～ 游戏码 22 ～

# 无相反证据，游戏的授权运营商有权就游戏
# 装备图片主张权利

📝 **示例案件**

盛大《热血传奇》与盛浪《传奇国度》案，（2012）沪一中民五（知）终字第84号①

📒 **裁判要旨**

根据游戏软件相关授权协议，原告经著作权人授权，享有的独占性使用权内容既包括游戏软件程序的使用权，也包括与游戏软件相关的印刷文档、图片及影像文件等的使用权。而且被告亦未提交相反证据证明涉案游戏道具装备图片等美术作品的著作权归属于他人。因此，原告对

---

① 上海市第一中级人民法院民事判决书（2012）沪一中民五（知）终字第84号。

游戏软件中所包含的道具装备图片等美术作品亦享有独占性的使用权。

### 案例解码

对于网络游戏的保护，应当整体保护还是维持要素分离保护，仍然是网络游戏知识产权纠纷中的热点与难点。也许在法律论证逻辑上，将网络游戏与电影对比不一定完全准确，但是网络游戏将其知识产权元素拆分和拆分一部电影确实比较类似。电影中的剧本、导演、摄影、作词、作曲等作者虽然不是整部电影作品的著作权人，但其仍然对其作品享有署名权，相关的财产性权利可以通过合同约定。那么，与之对应，当一个游戏运营商被一款游戏的著作权人赋予独占许可权利后，是不是可以认定被授权的游戏运营商可以就整款游戏的任何一个构成作品元素主张权利，例如本条游戏码示例案件中的游戏道具装备图片呢？在示例案件中，存在一个更加有利于被授权方的直接证据，即在授权协议中有明确规定，原告经著作权人授权，享有的独占性使用权内容既包括游戏软件程序的使用权，也包括与游戏软件相关的印刷文档、图片及影像文件等的使用权。那么显然对于这种情况，是应当认定原告对涉案游戏装备图片享有权利的。

但是需要更进一步思考的是，如果在游戏的授权运营协议中，只是笼统地约定领权方对整款游戏享有独占许可的权利，而没有明确指出包括游戏中的道具图片、音乐等呢？这种情况就不能认定领权方有权起诉吗？笔者认为，即便有这种情况出现仍应该认定领权方有权起诉。从整体上来说，在侵权诉讼中，原告在权利基础方面的举证义务是很重的，使得诉讼中往往被告只需口头说明权利基础有瑕疵，就可能影响案件走向。但是从大的原则上来说，民事证据证明力的标准是高度盖然性的，刑事证据证明力的标准才是排除一切合理怀疑。对于在整体游戏给予授权的情况下，即便没有明确指出包括游戏中的道具图片单独使用的许可，但被告如果只是提出一种想当然的"合理"怀疑，却没有证据予以支持，这时法院也应按照高度盖然性的标准推定游戏的授权运营商有权就游戏装备图片主张权利。

当然，鉴于在现实案例中已经有就游戏整体授权下的部分元素是否也单独授权产生争议，为避免不必要的法律风险，游戏代理运营商可以按照示例案件的做法细化相应条款。

## 📷 判决书摘要

一审法院认为：虽然盛大公司提交的《热血传奇》（十周年纪念版本）游戏客户端光盘中"最终用户使用许可协议"的"著作权声明"和"版权声明"条款中均注明该款游戏的所有相关著作权等权利均属"盛大游戏"即上海数龙科技有限公司或其原始授权人所有，但依据韩国奥克托公司、唯美德公司就该款游戏所作的计算机软件著作权登记证书以及与盛大公司、盛某公司签订的《软件授权协议》、《补充协议》、《转让协议》、《延期协议》、《授权书》等一系列证据，足以表明韩国奥克托公司、唯美德公司作为《热血传奇》游戏软件的著作权人已将该款游戏在中国独占性地使用、推广、发行、销售、更新及转换为中文版本等权利先后授予盛大公司和盛某公司，之后盛某公司又将上述权利以独占许可的方式转授予盛大公司，而且上海数龙科技有限公司在《情况说明》中明确表示其不享有该款游戏的任何著作权，并认可盛大公司系该款游戏软件的独占性被授权使用人。因此，原审法院认定盛大公司对《热血传奇》游戏软件享有独占性的使用权，受到法律保护，其是本案适格的权利主体。

根据《热血传奇》游戏软件相关授权协议，盛大公司经著作权人授权，享有的独占性使用权内容既包括游戏软件程序的使用权，也包括与游戏软件相关的印刷文档、图片及影像文件等使用权。而且被告亦未提交相反证据证明涉案游戏道具装备图片美术作品的著作权归属他人。因此，盛大公司对《热血传奇》游戏软件中所包含的道具装备图片等美术作品亦享有独占性的使用权。任何人未经盛大公司许可或不具有合理使用等免责情形下通过信息网络向公众传播该游戏软件图片的行为，均构成对盛大公司享有的信息网络传播权的侵犯。原审法院还认为，《热血传奇》游戏作为一款知名度较高的网络游戏，游戏开发者或经营者对游戏自身具有标志性的道具装备等图片通常不会轻易作出实质性的更改。在庭审比对过程中，各当事人亦确认在盛大公司公证时下载的不同版本《热血传奇》游戏客户端图片库中的相应道具装备图片均一致，且盛大公司依据该款游戏的《软件授权协议》已经取得该游戏软件独占性的使用、更新、修改以及与游戏软件相关的印刷文档、图片及影像文件的后续更新等权利，即盛大公司对游戏软件及其道具装备图片的不同版本均享有权利。

上诉人盛浪公司认为，被上诉人的诉讼主体不适格。被上诉人主张的《热血传奇2》游戏经营权于2008年7月1日经签订协议转让给盛某公司，且《热血传奇》(十周年版本)光盘安装过程中最终用户许可协议的版权声明记载权利人是上海数龙科技有限公司；况且被上诉人未证明其享有《热血传奇》游戏图片的著作权。

二审法院认为：《热血传奇》游戏系被上诉人从著作权人韩国奥克托公司、唯美德公司处获得在中国独占性地使用、推广、发行、销售、更新等权利授权，虽然2008年这些权利转让给了盛某公司，但是盛某公司又以独占许可的方式转授权给被上诉人。2011年7月，著作权人韩国奥克托公司、唯美德公司出具了关于授权被上诉人维权的《授权书》。至于上海数龙科技有限公司，其已出具《情况说明》证明被上诉人享有《热血传奇》游戏软件的独占性使用权。因此，被上诉人是有权利就《热血传奇》游戏相关侵权行为提起诉讼主张权利。此外，关于被上诉人是否享有游戏图片的著作权问题，在案的《软件授权协议》中明确约定授权的内容包括与游戏软件相关的印刷文档、图片及影像文件等，被上诉人据此享有游戏图片的独占性使用权。上诉人盛浪公司的前述上诉理由不能成立，本院不予采信。

# 第六章　游戏文字说明类案例裁判要旨及解析

## 游戏码 23
### 只是简单现有内容组合或客观描述的文字，缺乏独创性不受著作权法保护

**示例案件**

A.《夺宝捕鱼》与《捕鱼大乐透》案，（2017）粤 73 民终 1843 号①

B.《炉石传说》与《卧龙传说》案，（2014）沪一中民五（知）初字第 23 号②

C.《梦幻西游》与《口袋梦幻》案，（2013）海民初字第 27744 号③

D.《剑雨江湖》与《万剑江湖》案，（2017）粤 0106 民初 10491 号④

**裁判要旨**

A. 对游戏运行步骤、游戏规则、功能等方面简单直接的客观描述，

---

① 广州知识产权法院民事判决书（2017）粤 73 民终 1843 号。

② 上海市第一中级人民法院民事判决书（2014）沪一中民五（知）初字第 23 号。

③ 北京市海淀区人民法院民事判决书（2013）海民初字第 27744 号。

④ 广州市天河区人民法院民事判决书（2017）粤 0106 民初 10491 号。

缺乏表现作者主观情感或意义的独创性表述，不符合著作权法中作品的法定条件，不构成受著作权法保护的作品。

B. 对于卡牌上的文字说明，就单个卡牌或者每一句或者每一段而言，由于表达过于简单，难以达到著作权法所要求的独创性的高度，从而获得著作权法的保护。

C. 游戏中相关表述中的内容是汉语中的日常用语、地名，或是《西游记》等其他作品中使用过的内容，或是上述内容的简单组合，游戏开发者对上述内容并不享有著作权。

D. 角色属性中的战斗力、攻击、防御、命中、闪避、魅力值等文字均属于一般游戏角色属性的简单归纳，相关排名、奖励及数值系依照数值逻辑次序所作的展示，总体上难以表现作者主观情感或有意义的独创性表述。

### 📎 案例解码

虽然游戏更多的是以视觉画面呈现给玩家，但其中仍然有许多文字内容的呈现，尤其是在对战类卡牌游戏、涉及历史题材的策略经营游戏、涉及故事情节的 RPG 游戏等需要对玩法功能、人物属性、技能武功、文字对话、历史背景等进行文字描述的游戏中，文字内容会有比较大的篇幅，这些文字内容或多或少地都需要游戏开发者进行创作或者借鉴现有素材进行移植。

对于游戏中的此类元素，作为权利人的一方，最为直接的主张就是将其纳入著作权法中的文字作品予以保护。游戏规则的说明显然是文字的组合，但是能否构成著作权法中的文字作品则需要加以审视。

按照《著作权法实施条例》第四条的规定，文字作品，是指小说、诗词、散文、论文等以文字形式表现的作品。根据《著作权法实施条例》第二条的规定，"独创性"又是构成作品最为核心的要件。对于什么是独创性，历来是著作权领域最为疑难复杂的概念之一。各国的立法中都将独创性的要求纳入构成作品的要件之中，两大法系对此问题也形成了不同的观点。大陆法系的作者权体系强调作者的人格精神，认为作品是作者人格的表现，是作者人格的一部分，独创性首先被规定为创造性，只有具有创造性才是创作的作品，也才具有独创性。英美法系的版权体系则奉行著作权"个人财产论"，认为著作权主要在于其商业价值，是一种个人财产，作者创作的文学、艺术和科学作品与有形的财产在实质上的区别在于著作权保护旨在激励人们对文化产品的生产进行投资，达到促进新作品产生的传播的目的。因此这种体系对作品独创性的规定实际上是对作品创作过程的规定，即作品只要是自己独立完成的，就是创作，就具有独创性。简而言之，大陆法系强调"创"，而英美法系更重视"独"。

关于我国应采取什么样的独创性界定标准，一直以来也充满争议，围绕"独"与"创"的问题、独创性高低与独创性有无的问题以及独创性高低与相应保护程度关联的问题都有着广泛的探讨。作为一本实务指南类的书籍，独创性这一复杂的理论问题不是本书应当和能够探讨的问题，之所以提及独创性问题，确是在游戏文字说明一类的案件中，独创性是必须涉及的一个核心问题。对于本条游戏码以及本节涉及的后续两条游戏码而言，笔者只是限于目前在游戏领域所公开的裁判案例进行了总结，将当前司法实践中的裁判观点整理后提供给大家参考。

从4个示例案件中，我们可以看出过于简短单一的文字说明、对功能简单的客观描述以及公有领域内容的简单组合，都可能被法院认为不具有独创性，从而不受到著作权法的保护。对于游戏开发者而言，这些在先案例的观点可以用于借鉴，对于一些过于简单的功能描述和在先内容（尤其是一些历史和已不在著作权保护期限内的作品）的引用，无需因缺乏独创性的内容而担心面临侵权风险。

但必须强调的是，独创性的有无需要结合案件的具体情况确定，例如同样在示例案件中，权利人的部分文字说明也同时被认定为构成文字作品，这也是相比其他游戏码，在本条游戏码中笔者举例较多的原因。

**判决书摘要**

### A.（2017）粤 73 民终 1843 号

游戏引导页面：界面上方均显示有"3 步玩转夺宝渔场"，《夺宝捕鱼》游戏包含"获得珍珠"、"获得夺宝卡"、"兑换奖品"的标题及相应内容，《捕鱼大乐透》游戏包含"获得金币"、"获得夺宝卡"、"兑换奖品"的标题及相应内容，《捕鱼大乐透》游戏中除了将"珍珠"换成"金币"外，其余文字内容基本一致，文字的字体、字型均一致。

根据《著作权法实施条例》第二条规定，著作权法所称作品，是指文学、艺术和科学领域内具有独创性并能以某种有形形式复制的智力成果。广州动享公司游戏中的运行步骤、游戏规则、功能说明、文字介绍等文字说明系对游戏运行步骤、游戏规则、功能等方面简单直接的客观描述，缺乏表现作者主观情感或意义的独创性表述，不符合著作权法中作品的法定条件，不构成受著作权法保护的作品，广州动享公司就其游戏中的运行步骤、游戏规则、功能说明、文字介绍等文字说明以文字作品主张权利缺乏依据，法院不予支持。

### B.（2014）沪一中民五（知）初字第 23 号

本院认为，原告主张游戏中卡牌和套牌的组合，包括其中的文字说明应当受著作权法的保护，被告则认为整套卡牌的玩法、功能不具有独创性，不属于著作权保护的客体。本院认为，原告所主张的卡牌和套牌的组合，其实质是游戏的规则和玩法。鉴于著作权法仅保护思想的表达，而不延及思想本身，因此本院对被告的抗辩予以采纳。对于卡牌上的文字说明，就单个卡牌或者每一句或者每一段而言，由于其表达过于简单，难以达到著作权法所要求的独创性的高度而获得著作权法的保护。

### C.（2013）海民初字第 27744 号

网易公司主张被告抄袭该公司创作的文字作品包括三个部分：《梦幻西游》门派技能法术装备特技介绍、《梦幻西游》剧情介绍及《梦幻西游》武器和防具介绍。世纪公司辩称网易公司对相关文字不享有著作权；网易公司描述使用的是白话文，世纪公司使用的是文言文，差距明显；双方游戏背景均来源于《西游记》，必然出现类似的剧情对白，但经过世纪公司的修改，双方游戏的故事情节、旁白等没有可比性，故其游戏未侵犯网易公司的著作权。

　　法院认为：经对比，三部作品中在门派技能法术装备特技介绍、剧情介绍及武器和防具介绍等表述中存在相同或类似的内容，但部分内容是汉语中的日常用语、地名，或是《西游记》等其他作品中使用过的内容，或是上述内容的简单组合。网易公司对上述内容并不享有著作权，故对其相关主张本院不予支持。

D.（2017）粤 0106 民初 10491 号

　　关于游戏角色、武器和装备介绍、游戏玩法及游戏活动等的客观描述，内容过于简单，如角色属性中的战斗力、攻击、防御、命中、闪避、魅力值等文字均属一般游戏角色属性的简单归纳，相关排名、奖励及数值系依照数值逻辑次序所作的展示，总体上难以表现作者主观情感或有意义的独创性表述，不符合著作权法中文字作品的法定条件，不构成受著作权法保护的作品。

✎ 游戏码 24 ✎
## 游戏文字说明的具体表达或组合之整体可能具有一定独创性而构成作品

📝 **示例案件**

　　A.《炉石传说》与《卧龙传说》案，（2014）沪一中民五（知）初字第23 号①

---

　　①　上海市第一中级人民法院民事判决书(2014)沪一中民五(知)初字第23 号。

B.《剑雨江湖》与《万剑江湖》案，（2017）粤 0106 民初 10491 号①

💬 **裁判要旨**

A. 卡牌上的文字说明是用以说明卡牌在游戏中所具备的技能或功能，将其组合成一个整体，可以视为游戏说明书而作为著作权法所规定的文字作品予以保护。

B. 游戏技能的文字描述虽基于常规游戏的设计思路，但如何描述技能效果属于具体的表达，具有一定的独创性，属于我国著作权法保护的文字作品。并非简单的计算规则或逻辑规则的表述，其选择性表达具有一定独创性，亦应认定为文字作品。

🗨 **案例解码**

不难看出，本条游戏码实际是与前一条游戏码相对应的。承前所述，独创性的判断是一个非常复杂的问题，一方面是理论上本身存在许多不同的观点，更关键的实际是，独创性必然需要结合具体的案件事实来认定，而在具体的案件中，什么样的表达满足最低独创性的要求，这个最低又是多低，无疑是难以用一个固定的量化标准来确定的。由于存在上述问题，在案件中实际很难排除法官个人在法律范围内的自由裁量空间里作出判断。

对于什么是"独"，王迁教授指出，"独"就是"独立创作，源于本人"，具体来说"独"有两种情况，即从无到有进行独立的创作和以他人已有作品为基础进行的再创作，一般来说相比于"创"，由于"独"是有和无的判断，实际相对容易一些。而什么是"创"实际涉及智力创造性的问题，这种智力创造性是要求作者的表达除了是个人独立的创作外，还必须具有一定程度的智力创造，体现作者独特的智力判断与选择，展示作者的个性。曾经最低的智力创造标准是广为人知的"额头流汗"标准，这种标准接近"独创性只是意味着作者并没有原封不动地抄袭"（英国《现代版权与外观设计法》），但我们从国内的司法实践来看，显然这

---

① 广州市天河区人民法院民事判决书（2017）粤 0106 民初 10491 号。

种标准并没有被完全采纳，前条游戏码中的 4 个示例案件就是很好的说明。

回到本条游戏码，结合具体的示例案件，可以发现在《剑雨江湖》与《万剑江湖》一案中，游戏技能和效果的客观描述也被认定为具有一定的独创性；《炉石传说》与《卧龙传说》一案，328 张卡牌游戏说明的整体被认为有独创性。这与此前游戏码的示例似乎存在一定的矛盾之处，但实际回到案件本身，可以看到这种看似的矛盾有其具体原因。因为这两个案例，都存在否定一部分内容的独创性，认可另一部分内容独创性的问题。即《炉石传说》与《卧龙传说》案是否定了单张卡牌的独创性的同时认定整体 328 张卡牌说明有独创性(还很低)，《剑雨江湖》与《万剑江湖》案是否定了更不具独创性的战斗力、攻击、奖励数值等的同时认定了技能效果的说明等具有独立性(还只是一定的独创性)。从 2 个示例案件都具有的这一特点可以看出，独创性的有无判断其实也是可以转换为独创性高低的判断，当把独创性高才等同于有独创性时，更多的内容都会被归入没有独创性的范畴，而把独创性低区别于没有独创性时，更多的内容就反过来会被认为具有独创性。

**◎ 判决书摘要**

## A.（2014）沪一中民五（知）初字第 23 号

原告主张游戏中的卡牌和套牌的组合，包括其中的文字说明应当受著作权法的保护，被告则认为整套卡牌的玩法、功能不具有独创性，不属于著作权保护的客体。本院认为，原告所主张的卡牌和套牌的组合，其实质是游戏的规则和玩法。鉴于著作权法仅保护思想的表达，而不延及思想本身，因此本院对被告的抗辩予以采纳。对于卡牌上的文字说明，就单个卡牌或者每一句或者每一段而言，由于其表达过于简单，难以达到著作权法所要求的独创性的高度，从而获得著作权法的保护。但是卡牌上的文字说明是用以说明卡牌在游戏中所具备的技能或功能，将其组合成一个整体，可以视为游戏说明书而作为著作权法所规定的文字作品予以保护。

## B.（2017）粤 0106 民初 10491 号

原告主张 3 个角色相关（角色形象、人物展示台、排行榜人物展示）、18 个武器和装备技能及其界面（坐骑界面、仙翼功能预告、仙翼界面、法宝、灵童、神武、强化界面、宝石界面、合成、熔炼、精炼、天命修罗空冥界面、穿云神箭、天命苍龙魂炎界面、幽冥幻咒、天命黯焱谴天界面、技能界面、背包界面）、28 个游戏玩法（元宝、绑定元宝、声望、荣誉、荣誉商城、功勋商城、功勋、历练、单人副本-进阶副本、单人副本-经验副本、单人副本-剧情副本、单人副本-VIP 副本、单人副本-问鼎江湖、单人副本-天命副本、组队副本、跨服竞技、杀戮战场界面、战场活动界面、帮派争霸界面、领地战界面、领地战延伸玩法、竞技奖励、2v4 竞技、决战华山界面、决战华山奖励、每日必做界面、每日必做升级界面、图鉴界面）、4 个游戏场景（新手村竹林、水中月场景、神仙宫设计、神仙宫地图设计）、25 个运营活动（七天登录、七天登录-送 3 阶坐骑橙装、七天登录-送战袍、七天登录-送至尊称号、七天登录-送护腕、七天登录-送戒指、七天登录-送时装、投资计划、百倍返利、首充豪礼、首充活动、开服活动-冲级大礼、开服活动-战骑进阶、开服活动-首充团购、开服活动-累充活动、开服活动-全民总动员、开服活动-全民冲榜、开服活动-帮派争霸榜、聚宝盆、福利大厅-签到、福利大厅-在线奖励、福利大厅-资源找回、福利大厅-离线经验、福利大厅-激活码、8888 礼包活动）中的文字描述构成受著作权法保护的文字作品，并提供了相应的比对列表。其中，角色形象中角色页面相关文字描述为"战斗力 26450 等级：50 门派：无级殿帮会：浮生诺梦"，"基础属性攻击 2060 防御 951 生命 16769"，"幸运属性命中 52 闪避 41 暴击 41 韧性 30"，"特殊属性暴击伤害 125% 暴伤减免 0% 伤害加成 0% 伤害减免 1% 绝学层数 0PK 值 0 魅力值 0"等；武器和装备技能中天命黯焱谴天界面包含技能相关文字描述为"失心咒攻击时 50% 概率令敌人晕眩，持续 1.5 秒只对玩家有效效果触发间隔：8 秒"；领地战界面关于规则的相关文字描述为"参战资格：1. 领地战前 1 天，帮会争霸积分前 10 帮会可获得参战资格。开战规则：1. 资格帮会按积分排名顺序，举行两两对战；2. 全服 10 块领地，1、2 名资格帮会争夺第 1、2 城；3、4 名争夺第 3、4 城，依次类推。战场规则：1. 击杀资源小怪可获资源，以兑换攻城器械；器械超远射程可克制箭塔；2. 箭塔对敌方玩家和攻城器械造成大量伤害，前面箭塔不摧毁，后面箭塔和帮旗会快速回血……"

就原告主张权利的文字作品，经比对，《万剑江湖》中跨服竞技界面、领地争霸界面与《剑雨江湖》中跨服竞技界面、领地战界面的名称相似，规则描述基本一致；《万剑江湖》中帮派争霸界面与《剑雨江湖》中的帮会争霸界面名称相似、规则描述存在较大差异；《万剑江湖》中六龙争霸界面、乱斗战场界面、九华之巅界面与《剑雨江湖》中 2v4 竞技、杀戮战场界面、决战华山界面名称不同，规则描述存在较大差异；《万剑江湖》中的天命修罗空冥界面、穿云神箭、天命苍龙魂炎界面、幽冥幻咒、天命黯焱谴天界面、天命注灵界面、技能界面中的技能名称与原告主张权利的相应界面的技能名称不相似，关于技能的描述基本一致；《万剑江湖》中商城项下的功勋与《剑雨江湖》中商城项下功勋专区在项目名称、项目内商品名称及商品描述基本一致，两者商城项下的元宝、声望、荣誉、历练则在项目内商品名称及商品描述上存在较大差异。

创娱公司主张权利的文字作品，排除 5 组文字描述系重复界面的内容，其余 73 组文字描述中，7 组文字描述包括天命修罗空冥界面、穿云神箭、天命苍龙魂炎界面、幽冥幻咒、天命黯焱谴天界面、天命注灵界面、技能界面，该游戏技能的文字描述虽基于常规游戏的设计思路，但如何描述技能效果属于具体的表达，具有一定的独创性，属于我国著作权法保护的文字作品；5 组文字描述包括商城项下元宝、声誉、荣誉、功勋、历练专区界面分别对商品的描述，虽然关于每个商品的描述比较简短，但同一界面中 4 段文字共同描述如何使用、如何获得商品，组合在一起，具有一定的独创性，应认定为文字作品；6 组文字描述包括领地战界面、跨服竞技界面、杀戮战场界面、决战华山界面、帮派争霸界面、2v4 竞技界面，该战场规则的文字描述并非简单的计算规则或逻辑规则，其选择性表达具有一定独创性，亦应认定为文字作品。

## ～ 游戏码 25 ～
# 游戏文字说明虽构成文字作品，判定侵权与否应当考虑其独创性高低

### 📝 示例案件

A.《炉石传说》与《卧龙传说》案，（2014）沪一中民五（知）初字第 23 号①

B.《梦幻西游》与《口袋梦幻》案，（2013）海民初字第 27744 号②

### 💬 裁判要旨

A. 对于整体独创性较低的文字作品，只有被告完全或者几乎完全抄袭了原告的游戏说明，才应认定为侵害了原告的游戏说明书的著作权。当被告对游戏的文字说明，在可能的范围内对个别文字作了替换，考虑到游戏玩法和规则对表达的限制，这种差异已经足以认为两者不构成复制关系。

B. 采用文言文的形式，对部分内容使用了同义词等进行替换，导致作品的相关文字并不完全一致的，仍应认定相关内容属于相同表达。

### 🗨 案例解码

在此前的游戏码中，笔者曾经提到独创性的问题除独创性高低与独

---

① 上海市第一中级人民法院民事判决书（2014）沪一中民五（知）初字第 23 号。

② 北京市海淀区人民法院民事判决书（2013）海民初字第 27744 号。

创性有无外，还包括独创性高低与相应保护程度关联的问题，本条游戏码就是与后者对应的裁判观点。

虽然在理论中对于独创性高低和独创性有无的观点众多，但在独创性高低与相应保护程度关联的问题上，还是存在较为统一的观点，即对于独创性高的作品在著作权侵权的实质性相似认定上就会采取相对较为宽松的标准，而对于独创性低的作品在实质性相似认定的问题上就会严格许多。换言之，如果法院在实践中将独创性较低的作品认定为具有独创性而不是以没有独创性为由直接认定不构成作品，那么就可能在实质性相似的问题上采用严要求，如示例案件中的《炉石传说》与《卧龙传说》一案，虽然法院认定整体 328 张卡牌的组合具有独创性，但是又认为其独创性很低，明确指出，只有被告完全或者几乎完全抄袭了原告的游戏说明，才认定为侵害了原告游戏说明书的著作权。

在结束本条游戏码后，关于游戏中的文字作品与独创性问题的三条游戏码就全部解码完成，其实这三条游戏码是相互关联的整体，需要辩证统一地看待，而不能孤立地去看待其中的任何一条。单独地去理解或者应用任何一条游戏码可能在诉讼实践中都会存在一些误解，因此笔者在此再次重申，本章中的三条游戏码仅仅是对现有生效判决观点的整理和总结，其中案件的具体情况是决定因素，这些个案因素可以作为实践的参照，或许也可以成为一种理论探讨的支撑与注解，但不代表绝对的观点。

### @ 判决书摘要

### A.（2014）沪一中民五（知）初字第 23 号

虽然本院认为原告卡牌的文字说明作为一个整体，可以作为游戏说明书获得保护，但是需要指出的是，由于这些文字说明都是由游戏的玩法和规则所决定，其表达的可选择空间极其有限，而且原告的游戏说明就单个卡牌来看，并不能具备著作权法的独创性，因此其作为一个整体的独创性较低。由于被告抄袭了原告游戏玩法和规则，为了要对游戏进行说明，不可避免地会使用与原告游戏说明较为接近的表达，这种相近源于思想的相同，实质上是对游戏规则和玩法的抄袭。从前面两方面来考虑，只有被告完全或者几乎完全抄袭了原告游戏说明，才应认定为侵害了原告游戏说明书的著作权。而根据本院查明的事实，被告在对游戏进行说明时，还是在可能的范围内对个别文字作了替换，考虑到游戏玩法和规则对表达的限制，这种差异已经足以认为两者不构成复制关系。因此，本院对原告指控被告侵害其游戏说明文字作品著作权的主张不予支持。当然，被告抄袭原告游戏的规则和玩法，其行为具有不正当性，但并非著作权法调整的对象。

## B.（2013）海民初字第 27744 号

网易公司研究开发的《梦幻西游》游戏软件，是一款西游题材的角色扮演类网络游戏，游戏中设置了一定的故事情节、虚拟场景，塑造了各类型的角色、道具等，玩家需要选择扮演一位角色参与到游戏中。故此类游戏软件除了包含计算机程序及其有关文档外，亦根据游戏设计需要包含了相应的文字作品，游戏软件的作者亦可以针对上述作品单独行使著作权。

《梦幻西游》作为一款网络游戏，自推出以来拥有大量的用户，享有较高的知名度，相关公众亦应知晓游戏的设计风格、角色设置、人物形象、内容介绍等内容，作为从事类似业务的三被告，亦应了解该游戏的具体内容。

三被告在涉案游戏中使用了网易公司游戏的情节设计、人物关系、背景等内容，虽然由于三被告采用了文言文的形式，并对部分内容用同义词等进行替换，但仍侵犯了网易公司对相关文字作品享有的合法权利。

# 第七章  游戏字体类案例裁判要旨及解析

## ～ 游戏码 26 ～
## 单字是否构成美术作品需个案认定，其独创性
## 需要较高审美要求

📝 **示例案件**

A. 李林哥特体与《幻城 OL》游戏案，（2015）海民（知）初字第 16052 号①

B. 汉仪秀英体"笑巴喜"案，（2011）宁知民初字第 60 号②

💬 **裁判要旨**

A. 由于汉字本身构造、表现形式及哥特体风格均有一定限制，在已有人将英文哥特风格应用于中国汉字的情况下，主张字库中的字体具有独创性的依据不足。

B. 对于字库中的单字是否具有独创性判断应当把握以下几点，首先应遵循美术字艺术创作的规律，根据汉字的笔画特征、笔画数量、结构等特点进行考量。其次是将单字体现的艺术风格、特点与公知领域的

---

① 北京市海淀区人民法院民事判决书（2015）海民（知）初字第 16052 号。

② 南京市中级人民法院民事判决书（2011）宁知民初字第 60 号。

其他美术字书体进行对比，来判断主张权利的单字是否具有明显的特点或一定的创作高度。最后将一种书体字库中的单字与原告发行的字库中其他相近书体中的相同单字进行对比，来判断主张权利的单字是否具有明显的特点或一定的创作高度。

## 🗨 案例解码

在对本条游戏码进行具体解读前，由于示例案件的选取不同于其他章的游戏码全部是来自游戏行业，因此笔者觉得有必要先对本章内容中游戏码的撰写和示例案件的选择作一个说明。字库和单字字体的著作权纠纷是一直以来涉及面很广、争议极大的一类知识产权诉讼。涉案的权利方即字体字库设计厂商，主要是方正、汉仪等专业的字库设计核心企业，也有少量从事字体字库设计的小厂商甚至个人。而案件的被诉方则可能是几乎所有使用字体字库的企业，游戏企业只是其中一个很小的部分。笔者之所以在本书中设定一个专门的章节来总结字体问题的游戏码，并不是因为游戏领域的字体字库案件有多大的特殊性，而是有两点原因，第一是由于几乎所有企业都会涉及该问题，所以对于所有游戏企业而言这是值得关注的共性问题；第二是在字体字库案件的典型案例中最重要的代表案例之一就是游戏领域的案件，即方正与暴雪的《魔兽世界》一案。但是毕竟字库字体的案件更多的是涉及其他行业的企业，为了能够更好地说明字体字库案件的裁判观点，笔者在选取游戏行业企业涉及的案件外，同时会辅以比较典型的其他案例来进行阐释和支撑。

下面具体回到本条游戏码的解读。对于字库字体案件而言，主要涉及的问题大致是："单字字体是不是美术作品"、"字库整体是构成美术作品还是属于计算机软件"、"商业使用通过授权的字库软件生成的单字字体是不是侵权"等。本条游戏码关注的是单字字体是不是能够构成著作权法上的美术作品。对于这一问题，司法裁判的观点实际上是有一个变化的过程。

早期，国内法院的司法判例在这个问题上是存在一些争议的，一种观点是支持单字构成美术作品，因为单字(字体)是由字库公司独立创作完成的文字的数字化表现形式，是由线条构成的具有审美意义的平面造型艺术作品，属于美术作品，该观点的代表案例即方正与暴雪案的一审（见北京市高院（2007）高民初字第1108号），但该案一审结论在二审中没有得到最高院的完全支持，理由主要是一审对单字构成美术作品是笼统的认定，没有具体地分析单字本身的构成。而另一种观点则是相反的，如北京市海淀区法院在（2008）海民初字第27047号案件中认为字库中单字不构成美术作品，因为对于字库字体，受到约束的使用方式应当是整体性的使用和相同的数据描述，其中的单字无法上升到美术作品的高度，对于字库中的单字，不能作为美术作品给予权利保护。

但在2012年以后的裁判，我们看到一个明显的趋势就是，法院基本认可单字是可以构成美术作品的，但必须有一个前提，即单字本身要符合美术作品独创性的要求，这也意味着在每个个案中需要具体考虑个案因素来对是否具有独创性加以判断。本条游戏码中的示例案件都可以支撑和印证这一裁判观点。

综上，虽然目前尚没有法律法规、司法解释、最高院批复或公告指导案例的明确指引，但是笔者认为对于单字字体是否可以构成美术作品还是整体形成了一个比较确定的裁判观点，也就是"单字字体是否构成美术作品需个案认定，其独创性需要较高的审美要求"。

**◎ 判决书摘要**

## A.（2015）海民（知）初字第16052号

在本案审理过程中，李林主张百度公司在宣传网络游戏《幻城OL》过程中，使用了其享有著作权的《李林哥特体简体中文字库》中的13个单字，即"幻城今日震撼首测月次封开启"，百度公司不予认可，并提交了以下证据：（1）（2015）京方正内经证字第04917号公证书及相关网页打印件。主要内容为"维基百科"网站关于哥特字体的介绍及互联网中存在的许多利用哥特体特点设计的汉字。介绍称：哥特体或哥德体是约1150年起至17世纪在西欧广泛使用的一类字体，哥特体有时也被称为老英文字体。（2）安徽美术出版社 2011 年 9 月出版的《黑执事》，其书名亦为哥特体汉字。李林对上述证据真实性予以认可，但表示不同的哥特体汉字风格并不相同。（3）电子邮件打印件及相关图片。主要内容为百度公司委托相关人员设计网络游戏《幻城 OL》的首测宣传图案。李林表示无异议。（4）涉案游戏中使用相关单字与李林主张权利的相关单字的对比。百度公司主张上述单字在细节上存在诸多不同，如"幻"字有 2 处不同，"测"字有 7 处不同，但未标注"今"和"次"字的区别。李林认可百度公司的对比结果，但表示"今"和"次"字完全相同，其他的11 个字除不同的地方外，其他部分完全相同，其对相同的部分享有独创性。（5）（2015）京方正内经证字第 04836 号公证书。主张涉案文字因游戏宣传内容改变而停止使用。李林予以认可。

另查，李林向本院表示哥特体是欧洲风格的字体设计，其特点是横竖比例大、笔画带风、字体华丽，是起源于欧洲建筑和哥特文化的字体风格。其作品借鉴了欧洲英文的哥特体，独创性体现在把欧洲英文哥特风格应用于中国汉字，创作过程是使用电脑绘制，然后通过拼接完成。

| 李林哥特体 | 《幻城 OL》宣传片 |
|---|---|

本院认为，李林主张百度公司在宣传网络游戏《幻城 OL》过程中侵犯了其享有的著作权，百度公司不予认可，本院根据现有证据予以判定：首先，百度公司是否侵犯李林相应权利的前提是涉案字库是否属于著作权法意义上的作品。根据李林的陈述，涉案字库的独创性体现在把欧洲英文哥特风格应用于中国的汉字。根据现有证据，在李林完成其字

库前即已有人将英文哥特风格应用于中国的汉字，由于汉字本身构造、表现形式及哥特体风格均有一定限制的特点，现有证据不足以支持其主张。其次，李林认可百度公司使用的涉案单字与其字库中单字在细节上存在诸多不同，而上述不同已体现出二者的整体设计风格、笔画形状及布局的差异。最后，李林认可涉案单字由百度公司委托他人设计，且未提交证据证明百度公司存在接触其字库的可能。综上，对李林诉称百度公司侵犯其权利的主张，本院不予支持。

## B.（2011）宁知民初字第 60 号

本院认为：涉案秀英体字库中具有独创性的单字构成受著作权法保护的美术作品。

我国《著作权法实施条例》第二条对"作品"有明确的定义，即著作权法所称作品，是指文学、艺术和科学领域内具有独创性并能以某种有形形式复制的智力成果。《著作权法实施条例》第四条第（八）项规定：美术作品，是指绘画、书法、雕塑等以线条、色彩或者其他方式构成的有审美意义的平面或立体的造型艺术作品。涉案字库中的单字若能成为受著作权法保护的美术作品，就应当符合上述法律规定的构成要件，即具有独创性，并能以某种有形形式复制，具有审美意义的平面造型艺术。

书法是中国传统文化的瑰宝。追溯三千年的中国书法发展轨迹，书法经历了甲骨文、大篆、小篆、隶书、草书、楷书、行书等几个演变阶段。在书法语境下，这其中的篆、隶、草、楷、行就是通说的字体。其中的一种或几种字体因书写者艺术成就和艺术风格影响力等原因，习惯上称某某体，如众所周知的唐代著名书法家欧阳询、颜真卿、柳公权书写的楷书、行书等书法作品，俗称为"欧体"、"颜体"、"柳体"。这里所指的欧体等不是字体而是书体。字体是固定的，而书体却是无穷尽的。

书法是汉字的书写艺术，是把线条按一定规律组合起来塑造出具有审美意义的平面造型艺术。其中的线条就是通说的点、横、撇、捺等基本笔画，平面造型就是由基本笔画构建的汉字间架结构。具有审美意义的书法作品是线条美和结构美相得益彰的产物，书法家的创意和情感通过汉字的线条和结构以特定形态作为表达方式。因此，书法作品受著作权法保护的要素是直接体现为构成"表达"的汉字线条（即笔画）和结构。书法艺术受其表达方式的限制，书法家能在前人的基础上形成有自己特色的艺术风格非常不易。书法的学习和传承方式离不开"临摹—创作—再临摹—再创作"过程，这里所指的"创作"实际是一种书写水平提高的过程，书法家都是在此循环往复中锤炼出来的。因此，书法创作也离不开对前人作品的学习与借鉴。

　　现行各类字库中的单字以书写方式不同，总体分为两大类。一类是由书法家用传统毛笔书写的单字（其中也包含集合古代书法家作品中的单字），如著名的"舒同体"、"启功体"。另一类是由书体设计人员使用铅笔等现代工具描绘的美术字。对于第一类单字具有独创性是受著作权法保护的作品，目前没有争议。本案中涉及汉仪秀英体就属第二类美术字。对于此类字库中单字是否具有独创性，是否能单独构成美术作品，应当从美术字的艺术创作规律和著作权法理论的角度来审视这一问题。美术字是经过加工、美化、装饰而形成的文字，是一种运用装饰手法美化文字的一种书写艺术。美术字看似简单且易于复制，但是设计一款具有创意并符合审美意义的美术字远非想象的那么容易。在现有上百种汉字美术字的基础上设计一款富有美感并被大众接受的美术字，就要求书体的设计人员要具备一定的书法、美学、平面设计及相关学科的文化、艺术方面的知识和修养。美术字与用毛笔书写的书法作品一样，都要有艺术特色并具备吸引大众的视觉效果，不仅要求每个单字赏心悦目，而且要求整篇文字的艺术风格都要求达到整体美观、和谐统一的艺术效果。因此，美术字的设计者需对汉字的局部与整体进行全面的把握。设计者根据其创意和追求的艺术风格或艺术效果，在基本笔画形态确定的基础上，重点是在结构的安排和线条（笔画）的搭配上，协调笔画与笔画、单字与单字之间的关系。字库中美术字的设计者设计适宜字库使用的美术字，同样也要遵循此创作规律，首先要确定基本笔画形态，再根据单字基本笔画的多少，对笔画长与短、横与竖、粗与细、曲与直等作适当的调整，直至达到设计者满意的艺术效果。其次是针对字库的特点和要求，对相应的与整体艺术风格不协调的单字再进行修正，最终实现字库中每个单字之间的笔画特征与艺术风格从整体上均协调、统一。由此可见，字库将每个单字集合后，其整体风格一致的基础是每个单字之间风格的协调统一。

涉案争议的美术字汉仪秀英体，是在 5 cm 大小见方的方格内描绘出大小相同的美术字。其笔画特点是：横竖笔画粗细基本相同，除笔画两端为圆形外与现有的黑体字无明显差别，点为心形桃点，短撇为飘动的柳叶形，长撇为向左方上扬飞起，捺为向右方上扬飞起，折勾以柔美的圆弧线条处理，折画整体变方为圆，其表现的形态与公知领域的美术字的基本笔画相比具有鲜明特色。设计者邹秀英在此基础上就其确定的艺术风格，对字库收录的每个单字根据字的笔画多少，在既定的间架结构框架下，对每个单字的重心、空间划分、黑白对比进行合理的编排，然后根据字库中单字整体艺术风格须统一、协调的要求，对每个单字逐一进行适当的修正，使之从整体上体现设计者的艺术风格，实现设计者的创意和追求的完美艺术效果。由此可见，字库中的每个单字都是用经过设计者设计的线条和结构，体现设计者创意思想的具体表达方式，这个过程凝聚着设计者的智慧和创造性劳动：设计完成的秀英体，其中的单字所表现出的起舞飞扬动感形象，意寓了女性的柔和、优美曲线。与现有美术字书体相比，具有独特的艺术效果和审美意义，体现了设计者的独创性。

需要着重指出的是，美术字的创作与用毛笔进行书法创作一样，同样需要学习和借鉴前人的美术字作品。就如同现有字库中收录的著名书法作品"舒同体"。书法家舒同的书体受颜体影响颇深，笔画特征有明显的颜体痕迹，但人们并未因此质疑其书写的书法作品的独创性。涉案秀英体汉字的横和竖的笔画与黑体美术字的横、竖笔画相似，从中可以看出设计者借鉴了黑体字的艺术特征。虽然美术字的创作难度和高度均无法与书法家用毛笔书写的书法作品相比，但我们不能因此就否定美术字或涉案秀英体的独创性，关键是看美术字或涉案秀英体整体的线条（笔画）和间架结构是否具独创性。特别是其与公知领域美术字相比所具有的不同特点，即表达的新颖性或创新性，其受保护的要素体现为构成表达的符号和结构本身。

我们还应当看到，汉字由于受自身固有笔画、结构等特征的限制，如笔画单一或较少的汉字（如一、二、三、五、十等字），在进行美术字的创作设计时，笔画特征的创作空间非常有限。其笔画特征与现有公知的其他美术字书体相比，很难具有区别性特征的独创性。所以在判断字库中的单字是否能独立构成美术作品时，还需要具体问题具体分析，不能一概而论。因此，本院认为，对于字库中的单字是否具有独创性判断应当把握以下几点：首先应遵循美术字艺术创作的规律，根据汉字的笔画特征、笔画数量、结构等特点进行考量。其次是将单字体现的艺术风格、特点与公知领域的其他美术字书体如宋体、仿宋体、黑体等进行对比，看原告主张权利的单字是否具有明显的特点或一定的创作高度。最后将一种书体字库中的单字与原告发行的字库中其他相近书体中的相同单字进行对比，看原告主张权利的单字是否具有明显的特点或一定的创作高度。就本案而言，在汉仪秀英体整体风格一致的框架内，并不是每一个汉字均能达到美术作品独创性的创作高度。虽然单字的风格如（一、二、三、五、十）等字与秀英体字库整体风格一致，但其笔画特征与公有领域的如黑体（一、二、三、五、十），包括原告汉仪公司《汉仪浏览字宝》汉仪字库中汉仪粗圆体相同汉字（一、二、三、五、十）相比，上述一、二、三、五、十等字，笔画、结构特征基本没有变化，两者差别不大，极为相似，此类受表达方式限制的汉字难以构成具有独创性的美术作品。

根据上述论证，本案中涉及的"笑"、"巴"、"喜三个汉字，其中"笑"、"喜"二字基本体现了原告创作该字体的笔画特征。其中点撇、长撇、长捺笔画体现秀英体特色，与现有公知领域包括原告汉仪公司《汉仪浏览字宝》中其他美术字书体相比，不相同也不相似，具有明显的个性特征，能够独立构成美术作品。其中"巴"字的折笔与横钩虽也体现了原告创作该字体的笔画特征，但该单字笔画特征与公知领域的美术字书体黑体字中相同汉字"巴"相比，区别仅在巴字的右折笔处变方为圆。右下的横钩处变方笔为圆弧设计，其余笔画、结构特征两者无明显区别，两者极为近似，属相近似的书体。该单字再与汉仪字浑中粗圆体(简)"巴"相比，右折笔画更为相似，两者明显相似，属近似书体。由此可见，该字的个性特征不明显。因此，该单字未达到著作权法意义上的美术作品的独创性，单独一个"巴"字不能独立构成美术作品。

另外，字库中单字设计完成后，应用现代计算机技术制作成适宜计算机适用的字库软件的过程，只是因为技术进步而带来的复制手段更先进而已，软件只是承载单字复制品的介质，是供计算机使用再现单字的一种工具，软件运行结果本身并不能产生字库以外与字库内艺术风格相同的单字。字库是单个书法作品的集合，一种书体的字库从整体上体现字库内所有单字的笔画、结构特征协调统一的艺术风格，从艺术风格整体协调统一的表达方式角度看，一种书体的字库与其他书体的字库相比，具有明显的显著性和区别特征，因此，从艺术风格整体协调统一的表达方式意义上说，字库整体上也是一部作品。但是正如上所述，字库整体艺术风格一致的基础是每个单字之间的艺术风格一致，我们不能因字库整体艺术风格一致的独创性而否定单字的独创性。

## ❧ 游戏码 27 ❧
### 字库授权时明确限制商业性使用单字的，可能侵犯单字的著作权

**📝 示例案件**

A.《风声》电影与《风声》桌游纸牌案，(2011)东民初字第 08214 号①

————————————

① 北京市东城区人民法院民事判决书(2011)东民初字第 08214 号。

B. 方正与宝洁"飘柔"案，（2011）一中民终字第 5969 号①

💬 裁判要旨

A. 经比对，权利人主张的单字字体美术设计虽具有独创性构成美术作品，但与被控侵权人使用的文字不构成实质性相似的，不侵犯美术作品的著作权。

B. 当知识产权载体的购买者有权以合理期待的方式行使该载体上承载的知识产权时，上述使用行为应视为经过权利人的默示许可。

🗨 案例解码

承接上一条游戏码，本条游戏码关注的就是在单字可能被认定构成美术作品的情况下，那么是不是所有使用单字字体的情况都会属于侵权行为呢？

对于这一个问题，首先和一般的侵权案件一样，有两种最简单的情况可以直接排除，第一种就是单字本身的使用获得了许可或者属于合理使用的，第二种就是实际使用的单字与权利人主张的单字并不构成实质性的相似。因为如果被控侵权单字获得了授权或者属于合理使用，又或者与权利人主张的单字不构成实质性相似显然就都不构成侵权。比如示例案件中的《风声》桌游纸牌案，就直接是不构成实质相似而不侵权。

排除最简单的情形后，就会发现在字库字体案件中还存在一个特殊的情况。由于除了针对个别字进行专门设计外，往往很多案件中涉及的单字实际是通过字库软件生成的，而使用单字的公司主要是通过两种途径，一种是委托的设计公司利用其购买的字库生成的字体，一种是公司自己购买或者免费下载的专门字库生成的字体。那么因为字体实际是来源于字库，而字库又是经过购买获得许可或者直接可以免费使用的话，这种情况使用字体是否侵权呢？换言之，实际就是要回答"使用授权的字库设计单字进行商业性使用是否侵权"的问题。

产生这一问题的背景就是，目前字库厂商对于字库和单字字体的授

---

① 北京市第一中级人民法院民事判决书(2011)一中民终字第 5969 号。

权是分开许可的，即字库的许可一般都并没有包括对于字库中单字字体商业性使用的许可，也就是说字库的许可不等于单字字体的许可。这种分开许可的方案是字库厂商的一种经营策略，在单字本身构成美术作品的情况下也是合理合法的。但是对于公众而言，如果字库是可以任意免费使用或者在许可字库时没有明确未许可单字字体，总是难免会产生一种默示许可的感觉，如果完全否认这种默示许可的合理性，那么字库厂商这种暧昧的许可态度难免有类似"钓鱼执法"的不当。这也就是在字库厂商和字库使用者之间存在的一个最大争议。

因此，在司法判例中逐渐确立了一种裁判规则，即如果字库厂商在授权字库的时候没有对字库的购买者或合法使用者进行明确、合理且有效限制的话，那么对该具体单字进行后续使用的行为属于购买者合理期待的使用行为，可以视为默示许可，单字(字体)著作权人不能禁止他人利用字库输出的字体单字用于商业目的。这一观点在示例案件中的方正宝洁案中有非常明确的体现。

故而，对于单字字体没有授权的商业使用行为，存在一个对于字库获得授权下的默示许可抗辩，当然如果字库虽然获得了授权但厂商已经明示限制商业性使用单字的，那么仍然会被认定为侵犯了单字的著作权。

🔲 **判决书摘要**

## A.（2011）东民初字第 08214 号

为证明原告的权属，原告提交了华谊公司与许某某签订的《委托设计合同》，约定由许某某为其拍摄的电影《风声》设计标准字，要求标准字应突出电影《风声》的特点，并具有一定的寓意；标准字的形态、风格、主色等应符合电影《风声》的性质。原告在其电影《风声》的片头、海报、音像制品上使用了"风声 THEMESSAGE"的美术作品，作品背景为天色昏暗、风起云涌、以灰暗的深色调为主。被告千骐公司在其网站及纸牌游戏上使用了"风声 THEMESSAGE"、"千智风声 THEMESSAGE"

的美术作品。被告千骐公司称其"风声"字体来自网络字库。

| 《风声》电影 | 《风声》桌游 |
| --- | --- |

经比对，二原告在其电影《风声》的片头、海报、音像制品上使用的"风声 THEMESSAGE"的美术作品与被告千骐公司在其网站及纸牌游戏上使用的"风声 THEMESSAGE"、"千智风声 THEMESSAGE"的美术作品不构成实质性相似，故被告千骐公司并未侵犯二原告的美术作品著作权。

## B.（2011）一中民终字第 5969 号

在综合考虑本案现有因素的情况下，本院认定两被上诉人的行为系经过上诉人许可的行为，本案不符合侵权构成要件中的第四个要件，故无论本案是否符合另外三个要件，两被上诉人实施的被控侵权行为均不可能构成侵犯著作权的行为。

本院作出上述认定，系考虑到本案的一个关键事实，即被控侵权产品上使用的"飘柔"二字系由被上诉人宝洁公司委托 NICE 公司采用"正版"方正倩体字库产品设计而成。因依据本案事实可以认定 NICE 公司有权使用倩体字库产品中的具体单字进行广告设计，并将其设计成果许可客户进行后续的复制、发行，而被上诉人宝洁公司及家乐福公司的行为均系对该设计成果进行后续复制、发行的行为，故两被上诉人实施的被控侵权行为应被视为经过上诉人许可的行为。

本院之所以认定 NICE 公司有权实施上述行为，是因为上述行为属于经上诉人默示许可的行为。具体理由如下：

1. 当知识产权载体的购买者有权以合理期待的方式行使该载体上承载的知识产权时，上述使用行为应视为经过权利人的默示许可。

因知识产权的客体与承载该客体的物具有分离的特性，故通常情况下，对于承载知识产权客体的物的购买行为并不等同于对于该物中所承载的知识产权的购买行为。在法律无明确例外规定的情况下，产品购买者如欲行使该产品上承载的知识产权，通常情况下还需另行取得权利人许可。但应注意的是，该许可既包括明示许可，也包括默示许可。

对于何种情况构成默示许可，本院认为，如果购买者基于购买行为而对该知识产权客体的特定的权利行使方式产生合理期待，如不实施这一合理期待的行为，将会导致这一购买行为对于购买者不具有任何价值或不具有实质价值，则此种情况下，对该载体的购买行为即可视为购买者同时取得了以合理期待的方式行使该知识产权的默示许可，购买者不需在购买行为之外另行获得许可。

本院之所以持上述观点，系考虑如下因素：首先，利益平衡是知识产权保护的基本原则之一。知识产权法在保护权利人利益的同时，还要兼顾社会公众及其他当事人的利益，而不能对权利人的保护绝对化。其次，依据正常的市场交换规律，任何购买者之所以会支付对价购买某一产品，通常是因为这一对价会为其换取其购买时所合理期待的该产品的使用价值。如果要求购买者对该产品实施合理期待的使用行为亦要经产品权利人的许可，并另行支付对价，则购买者对这一产品的购买行为将不具有实质意义，这既不符合市场基本规则，也不符合公平原则。

2. 具体到汉字字库产品这类知识产权载体，基于其具有的本质使用功能，本院合理认定调用其中具体单字在电脑屏幕中显示的行为属于购买者合理期待的使用行为，应视为经过权利人的默示许可。

对购买者合理期待使用行为的判断不能脱离该产品具有的本质使用功能。汉字字库产品虽然直接由相关数据以及用以调用这些数据的计算机软件程序等构成，但该产品的本质使用功能并不在此，而在于通过计算机软件程序对相应数据进行调用以最终形成具体表现形式的汉字，并将其提供给使用者。购买者购买该产品的目的在于利用该产品中具体形式的单字，而非其中的计算机程序或数据。鉴于购买者无论采用何种方式利用该产品中的具体单字，均必然经过调用单字并将其显示在电脑屏幕上这一环节，否则这一产品对于购买者将不具有实质价值，故本院合理认为购买者调用其中具体单字并在电脑屏幕上显示的行为，属于其合理期待的使用行为，应视为经过上诉人默示许可。

3. 对于汉字字库产品这类知识产权载体，在产品权利人无明确、合理且有效限制的情况下，购买者对屏幕上显示的具体单字进行后续使用的行为属于购买者合理期待的使用行为，应视为经过权利人的默示许可。

购买者对于汉字字库产品中具体单字的利用通常不仅限于电脑屏幕上的显示行为，还会包括将其进行后续使用的行为。后续使用的行为既包括非商业性的使用行为（如为个人或家庭使用目的调用字库中的单字进行文件编辑的行为等），亦包括商业性的使用行为。在商业性使用行为中则既包括购买者在其内部范围内使用字库中具体单字的行为（如经营过程中在计算机上进行文件编辑的行为、将编辑的文件打印输出的行为、为客户进行广告设计的行为等），亦包括购买者将其使用结果进行后续再利用的行为（如将编辑的文件进行公开展示、将广告设计结果许可广告客户进行后续再利用等）。

本院认为，在权利人无明确、合理且有效限制的情况下，上述行为均属于购买者合理期待的使用行为，应视为经过权利人的默示许可。原因在于汉字字库产品系以实用工具功能为主、以审美功能为辅的产品，在上述使用方式均属于汉字工具的正常使用方式的情况下，上述行为原则上均属于购买者合理期待的使用行为，应视为经过权利人的默示许可。

　　本院之所以认为汉字字库产品系以实用工具功能为主，以审美功能为辅的产品，系考虑到汉字字库产品系根据国家标准设计的产品，根据国家标准设计的通常仅可能是适于批量生产的工业实用品，而不可能是纯艺术品，故汉字字库产品必然具有作为汉字工具使用的实用功能。当然，本院同时亦认为汉字字库产品亦可能同时具有美感功能，而购买者之所以会在不同字库产品之间进行选择，亦是因为不同字库产品体现的美感有所不同。但应注意的是，即便对于具有鲜明特色及较高艺术性的汉字字库产品，购买者购买时首先考虑的亦并非其美感功能，而系其具有的工具性。只有在满足这一需求的情况下，购买者才会考虑其美感功能，并在具有不同美感的字库产品之间进行选择。如其仅仅希望获得视觉美感享受，购买者则会选择购买通常意义上的书法作品的这一载体，而非汉字字库产品。鉴于此，本院合理认定汉字字库产品是以实用工具功能为主、以审美功能为辅的产品。

　　4. 对于汉字字库产品这类知识产权载体，权利人可以对购买者的后续使用行为进行明确、合理、有效的限制。

　　本院虽然已认定汉字字库产品的购买者调用其中的具体单字并进行后续利用的行为属于合理期待的使用行为，但这一认定并不意味着权利人不能对购买者的后续使用行为进行明确的限制。如果字库产品的权利人对此进行了明确合理的限制，且购买者已接受这一限制，则应认定相应后续使用行为不属于购买者合理期待的使用行为。但应注意的是，这一限制必须是合理的限制，既不应损害购买者的正当利益，亦不能排除购买者的主要权利。

　　对于何种限制属于合理的限制，本院认为，依据购买者的性质将产品划分为个人版（或家庭版）与企业版，以区分商业性使用与非商业性使用行为通常应视为合理的限制。除此之外的其他限制内容是否合理则应视具体情况而定。但原则上应考虑汉字具有的工具性这一特点，并兼顾汉字使用方式及使用范围的广泛性，不得通过限制条款对购买者或社会公众的使用行为及利益造成不合理的影响。

5. 具体到本案，本院合理认定 NICE 公司调用该产品中具体单字进行广告设计，并许可其客户对设计成果进行后续复制、发行的行为，属于其合理期待的使用行为，应视为已经过上诉人的默示许可。

本案中，鉴于 NICE 公司的上述行为属于调用涉案字库产品中的具体单字进行后续利用的行为，而本院亦已指出这一后续利用的行为只有在权利人无明确、合理且有效限制的情况下才构成合理期待的使用行为，故判断 NICE 公司上述使用行为是否属于合理期待使用行为的关键在于上诉人是否对上述行为进行了明确、合理且有效的限制予以分析。

上诉人主张，上诉人在销售倩体字库产品时，仅仅是销售软件产品，并未对作为美术作品的字库中具体单字作出让渡和授权。从许可协议中亦可以看出，上诉人仅许可使用者对字库中具体单字进行"屏幕显示"和"打印输出"，对其他著作权均作保留。NICE 公司虽是涉案倩体字库产品的购买者，其亦仅有权对其中具体单字进行"屏幕显示"和"打印输出"，无论许可协议中是否已明确对其他著作权作出保留，其均无权对其利用字库产品中的具体单字"飘柔"设计的成果进行商业性再利用，其如欲实施商业性再利用行为仍应获得上诉人许可。

对此，本院认为，鉴于依据本案现有事实无法认定上诉人已对 NICE 公司的上述行为进行了明确、合理且有效的限制，故上诉人的上述主张不能成立，本院不予支持。具体理由如下：

1. NICE 公司并未接受上述限制条款，上述条款对 NICE 公司并无约束力。

本院认为，只有在 NICE 公司知晓并接受上述限制条款的情况下，其与上诉人之间才形成合同关系，在无法定无效情形的情况下，该条款才可能对 NICE 公司具有约束力，否则，这一限制条款只能视为上诉人单方发出的要约。本案中，因涉案倩体字库产品中的许可协议并非安装时必须点击，且本案现有证据亦无法证明 NICE 公司在安装该字库产品时点击同意了上述许可协议，故从该许可协议的设置本身无法认定

NICE 公司接受了该限制条款。虽然 NICE 公司在向被上诉人宝洁公司提供的传真中明确列明了许可协议中上述限制条款，但这一行为仅表明其已知晓这一限制条款，并将该条款告知被上诉人宝洁公司，该行为不能当然视为对该限制条款的接受。而仅仅从购买行为本身亦无法当然推知购买者接受了这一协议内容。据此，依据本案现有证据无法认定 NICE 公司接受该限制条款。

2. 上述限制条款并非合理的限制条款。

汉字字库产品的购买者包括商业性购买者和非商业性购买者，两种购买者对于产品的使用方式及使用性质差异较大，上诉人及购买者对此均应知晓。在上诉人并未将涉案倩体字库产品区分为个人版（或家庭版）与企业版销售的情况下，这一销售模式足以使商业性购买者合理认为上诉人未对其商业性使用具体单字的行为予以禁止，并基于这一认知而购买该产品。鉴于在商业性购买者当然会包括类似 NICE 公司这样的设计公司，而对于此类购买者而言，其购买产品的主要目的在于使用该产品中的具体单字进行设计，并将其设计成果提供给客户进行后续使用，这一使用方式是商业经营的主要模式，亦是其获得商业利益的主要渠道。如果禁止其实施上述行为，或要求其客户在后续使用其设计成果时仍要取得上诉人许可，则对于此类购买者而言，其很难以此作为工具进行商业经营，该产品对其将不具有实质价值，该购买行为亦不会实现购买者合理预期的利益。鉴于此，本院合理认为上述限制条款在现有情况下排除了购买者的主要权利，不属于合理的限制条款。

综上所述，在综合考虑上述因素的情况下，本院认为，NICE 公司有权将其利用涉案倩体字库产品中的具体单字"飘柔"设计的成果提供给被上诉人宝洁公司进行后续复制、发行，NICE 公司的该行为属于其对涉案倩体字库产品合理期待的使用行为，应视为已获得上诉人许可的行为。

在此情况下，因被上诉人宝洁公司在被控侵权产品上使用的系 NICE 公司的设计成果，故被上诉人宝洁公司复制、发行被控侵权产品的行为亦应视为经上诉人许可的行为。同理，被上诉人家乐福公司销售被控侵权产品的行为亦应视为经过上诉人许可的行为，上述行为均无需再另行获得上诉人许可。

鉴于侵犯著作权行为的构成应具备四个要件，而只要不符合其中任一要件即可认定被上诉人的行为未构成侵犯著作权的行为，故在本院已认定被上诉人宝洁公司与家乐福公司实施的被控侵权行为均被视为经过上诉人许可的行为的情况下，无论涉案倩体字库中的"飘柔"二字是否构成美术作品，被上诉人实施的上述行为均不可能构成侵犯著作权的行为。鉴于此，上诉人认为两被上诉人实施的被控侵权行为侵犯了其享有的著作权的上诉主张不能成立，本院不予支持。

## ～ 游戏码 28 ～
## 字库是支持字体字型显示输出的代码化指令序列，是计算机程序

### 📝 示例案件

A. 方正与暴雪《魔兽世界》案，(2010)民三终字第 6 号①

B. 汉仪与青蛙王子案，(2012)苏知民终字第 0161 号②

### 💬 裁判要旨

A. 字库中的字体文件的功能是支持相关字体字型的显示和输出，其内容是字型轮廓构建指令及相关数据与字型轮廓动态调整数据指令代码的结合，其经特定软件调用后产生运行结果，属于计算机系统软件的一种，应当认定其是为了得到可在计算机及相关电子设备的输出装置中显示相关字体字型而制作的由计算机执行的代码化指令序列。

---

① 最高人民法院民事判决书(2010)民三终字第 6 号。
② 江苏省高级人民法院民事判决书(2012)苏知民终字第 0161 号。

B. 字库中字体文件的功能是支持相关字体字型的显示和输出代码化指令序列，属于计算机程序，系软件著作权法意义上的作品，并非简单的单字字型的汇编合集。

## 案例解码

在对单字字体探讨完毕后，本条游戏码谈到的就是与单字字体密切相关的字库问题，对于未经授权"使用"字库的行为本身的定性是没有太大争议的，比如对字库安装使用、内置产品中进行销售或上传到网络中供用户下载等，法院一般都认定为构成著作权侵权。法院在司法实践中，对于字库的定性方面的争议，主要体现在字库究竟属于哪种作品类型，即字库整体是单字字体美术作品的汇编构成美术作品，还是说字库是计算机软件。

在国内法院较早的司法判例中，多数法院认为字库整体可以构成美术作品。这些法院认为，字库中对数据坐标和函数算法的描述并非计算机程序所指的指令，并且字库只能通过特定软件对其进行调用，本身并不能运行并产生某种结果，字库中的坐标数据、函数算法与相应的字型是一一对应的，是同一客体的两种表达。在著作权法上，应作为同一个作品给予保护。因此，字库不属于《计算机软件保护条例》所规定的程序，也不是程序的文档。这方面的代表案例包括北京市高院(2007)高民初字第1108号、北京市海淀区法院(2008)海民初字第27047号、南京市中院(2011)宁知民初字第59号、北京市高院(2005)高民终字第00443号、北京市一中院(2007)一中民初字第5362号等。

然而，在最高院作出的最具有典型意义的方正与暴雪案二审判决中，最高法院认定字库整体是构成计算机软件。法院认为，诉争字库中的字体文件的功能是支持相关字体字型的显示和输出，其内容是字型轮廓构建指令及相关数据与字型轮廓动态调整数据指令代码的结合，其经特定软件调用后产生运行结果，属于计算机系统软件的一种，应当认定其是为了得到可在计算机及相关电子设备的输出装置中显示相关字体字型而制作的由计算机执行的代码化指令序列，因此其属于《计算机软件保护条例》第三条第(一)项规定的计算机程序,属于著作权法意义上的作品。这一观点在随后江苏高院审理的汉仪与青蛙王子案(示例案件)中也进一步得到了确认。故而事实上,目前司法实践对于字库的定性已形成了明确的倾向观点,即字库整体应属于计算机软件作品,当然这里的字库是通常意义上的狭义字库,不包含确实是将每个字单独设计后进行扫描后电子化的汇编起来的单字字体库。

解码至此,对于字库字体的问题,已大致讨论完毕。为了读者能够更为清晰简洁地理解目前字体字库相关问题司法实践中的主要观点,笔者在此将其汇总如下,以供参考:

(1)字库是为了得到可在计算机及相关电子设备的输出装置中显示相关字体字型而制作的由计算机执行的代码化指令序列,属于计算机软件。

(2)字库中的单字是否属于著作权法上的美术作品需要个案认定,并且由于汉字本身表达形式受限,单字字体构成美术作品其独创性应当具备较高的独特审美要求。

(3)如果字库设计者在授权字库的时候,对字库购买者或使用者合理、明确限制了字库授权不包含单字任何商业性的使用,那么即便使用授权的字库,对字库生成的单字进行商业性使用,在单字构成美术作品的前提下,也会被认定侵犯单字美术作品的著作权。

### 🔳 判决书摘要

### A.(2010)民三终字第 6 号

本院认为:(1)关于本案诉争的方正兰亭字库是否是著作权法意义上的作品的问题。

根据《著作权法实施条例》第二条的规定,著作权法意义上的作品是指文学、艺术和科学领域内具有独创性并能以某种有形形式复制的智力成果。本案中,诉争的字库由方正兰亭字库 V5.0 版中的方正北魏楷体 GBK、方正细黑-GBK、方正剪纸 GBK,方正兰亭字库 V3.0 版中的方正隶变 GBK，方正兰亭字库 V1.0 版中的方正隶变 GB 字体共 5 款字体组成。根据北大方正公司陈述的字库制作过程，其字库中相关字体是在字型原稿的基础上，由其制作人员在把握原创风格的基础上，按照印刷字的组字规律，将原创的部件衍生成一套完整的印刷字库后，再进行人工调整后使用 Truetype 指令，将设计好的字型用特定的数字函数描述其字体轮廓外形并用相应的控制指令对字型进行相应的精细调整后，编码成 Truetype 字库。根据其字库制作过程，由于印刷字库中的字体字型是由字型原稿经数字化处理后和由人工或计算机根据字型原稿的风格结合汉字组合规律拼合而成，其字库中的每个汉字的字型与其字形原稿并不具有一一对应关系，亦不是字型原稿的数字化，且在数量上也远远多于其字型原稿。印刷字库经编码形成计算机字库后，其组成部分的每个汉字不再以汉字字型图像的形式存在，而是以相应的坐标数据和相应的函数算法存在。在输出时经特定的指令及软件调用、解释后，还原为相应的字型图像。

根据《计算机软件保护条例》第二条之规定，计算机软件是指计算机程序及有关文档。该条例第三条第（一）项规定，计算机程序是指为了得到某种结果而可以由计算机等具有信息处理能力的装置执行的代码化指令序列，或者可以被自动转换成代码化指令序列的符号指令序列或者符号化语句序列。本案中，诉争字库中的字体文件的功能是支持相关字体字型的显示和输出，其内容是字型轮廓构建指令及相关数据与字型轮廓动态调整数据指令代码的结合，其经特定软件调用后产生运行结果，属于计算机系统软件的一种，应当认定其是为了得到可在计算机及相关电子设备的输出装置中显示相关字体字型而制作的由计算机执行的代码化指令序列，因此其属于《计算机软件保护条例》第三条第（一）项规定的计算机程序，属于著作权法意义上的作品。鉴此，本院认为，一审法院以"字库中对数据坐标和函数算法的描述并非计算机程序所指的指令，并且字库只能通过特定软件对其进行调用，本身并不能运行并产生某种结果"为由，认定诉争字库不属于计算机软件保护条例所规定的程序，缺乏事实和法律依据，应予以纠正。北大方正公司关于其诉争字库属于计算机软件的上诉主张，应予以支持。暴雪公司、第九城市公司关于诉争字库不属于计算机软件的答辩意见，无事实和法律依据，本院不予支持。

关于诉争方正兰亭字库是否是著作权法意义上的美术作品的问题。《著作权法实施条例》第四条第(八)项规定，美术作品是指绘画、书法、雕塑等以线条、色彩或者其他方式构成的有审美意义的平面或者立体的造型艺术作品。本案中，诉争方正兰亭字库由方正北魏楷体 GBK、方正细黑-GBK、方正剪纸 GBK，方正兰亭字库 V3.0 版中的方正隶变 GBK，方正兰亭字库 V1.0 版中的方正隶变 GB 字体(字库)组成。每款字体(字库)均使用相关特定的数字函数，描述常用的 5000 余汉字字体轮廓外形，并用相应的控制指令及对相关字体字型进行相应的精细调整，因此每款字体(字库)均由上述指令及相关数据构成，并非由线条、色彩或其他方式构成的有审美意义的平面或者立体的造型艺术作品，因此其不属于著作权法意义上的美术作品。此外，根据诉争相关字体(字库)的制作过程，字库制作过程中的印刷字库与经编码完成的计算机字库及该字库经相关计算机软件调用运行后产生的字体属于不同的客体，且由于汉字本身构造及其表现形式受到一定限制等特点，经相关计算机软件调用运行后产生的字体是否具有著作权法意义上的独创性，需要进行具体分析后尚能判定。一审法院以字库的字型均采用统一的风格及笔形规范进行处理为由，而认定字库中的每个字型的制作体现出作者的独创性而成为著作权法意义上的作品，是将北大方正公司制作计算机字库过程中的印刷字库与最终完成计算机字库及该字库运行后产生的字体混为一体，且未对该字库经计算机程序调用运行后产生的汉字是否具有独创性进行分析判定，进而影响了其对诉争字库(字型)性质的认定，导致认定事实、适用法律均有错误，本院予以纠正。

(2)关于暴雪公司、第九城市公司将诉争方正兰亭字库的 5 款字体文件使用于网络游戏《魔兽世界》客户端软件和相关补丁程序中，是否侵犯了北大方正公司的相关权利的问题。

根据一审法院查明的事实，北大方正公司是方正兰亭字库V5.0、方正兰亭字库V3.0版、方正兰亭字库V1.0版的著作权人，也是前述三个版本字库中方正北魏楷体GBK、方正细黑-GBK、方正剪纸GBK、方正隶变GBK、方正隶变GB字体共5款字体的著作权人，暴雪公司、第九城市公司上诉称北大方正公司提交的现有证据不足以证明其是诉争5款字体的著作权人，但其对网络游戏《魔兽世界》中使用了涉案5款字体以及标有GBK的各款字体包含21000个汉字，标有GB的字体包含7000个汉字无异议，且其提出的相关证据并不能否定北大方正公司是诉争字库的著作权人，对其上诉主张，本院不予支持。

一审法院认定第九城市公司购买了"46款GBK字库"，对此北大方正公司不持异议，但认为仅凭该购买事实，不足以证明暴雪公司、九城互动公司、第九城市公司在其《魔兽世界》客户端中使用诉争字库有合法来源，更不能证明暴雪公司、九城互动公司、第九城市公司在其《魔兽世界》客户端中使用诉争字库是得到了北大方正公司的合法授权。暴雪公司、九城互动公司、第九城市公司认为因其是合法购买取得的涉案字库，因此其对涉案字库的使用并非是未经许可的使用。本院认为，暴雪公司、九城互动公司、第九城市公司在一审中仅提供了其购买"46款GBK字库"的发票，并未提供相应的许可协议，仅凭该发票不足以证明其获得了将诉争字库使用于其游戏客户端的相应授权。因此，第九城市公司未经北大方正公司的许可，将北大方正公司享有著作权的涉案兰亭字库装入其游戏客户端并销售的行为侵犯了北大方正公司对诉争字库计算机软件的复制权、发行权和获得报酬权，将该客户端通过计算机网络向其玩家提供的行为，侵犯了北大方正公司对诉争字库计算机软件的信息网络传播权，应当承担停止侵权、赔偿北大方正公司因其侵权行为而受到的损失等民事责任。一审法院认定第九城市公司未侵犯北大方正公司对诉争字库的署名权，不应承担赔礼道歉的民事责任并无不当，但其认定第九城市公司侵犯了北大方正公司对诉争字库字型美术作品的相关权利，认定事实和适用法律均有错误，本院予以纠正。一审法院关于暴雪公司、九城互动公司应与第九城市承担连带责任的认定并无不当，应予以维持。

## B.（2012）苏知民终字第 0161 号

需要注意的是，字库整体是字型原稿经数字化处理后由人工或计算机根据字型原稿的风格结合汉字组合规律拼合而成，以相应的坐标数据和函数算法存在。字库中字体文件的功能是支持相关字体字型的显示和输出，其内容是字型轮廓相关数据及构建指令与字型轮廓动态调整数据及指令代码的结合，是经特定软件调用后产生运行结果。因此，应当认定其是为了得到可在计算机及相关电子设备的输出装置中显示相关字体字型而制作的由计算机执行的代码化指令序列，属于《计算机软件保护条例》第三条第（一）项规定的计算机程序，系软件著作权法意义上的作品，并非简单的单字字型的汇编合集。因此，一审判决以字库艺术风格整体协调统一，一种书体的字库区别于其他书体的字库，进而认定字库整体也是一部美术作品，忽视了字库整体系计算机程序这一重要特性，同时也混淆了字库整体与字库经解释执行后显示的单字字体字型的关系，进而影响了对字库性质的认定，应予以纠正，但这并不影响本案对涉案字体单字构成美术作品的认定。

# 第八章　游戏规则类案例裁判要旨及解析

## ～ 游戏码 29 ～
### 游戏规则不能获得著作权法保护，不表示此智力创作成果法律不应保护

**示例案件**

《炉石传说》与《卧龙传说》案，（2014）沪一中民五（知）初字第22号①

**裁判要旨**

　　游戏规则尚不能获得著作权法的保护，并不表示这种智力创作成果法律不应给予保护。游戏的开发和设计要满足娱乐性、竞争性、互动性，并获得市场竞争的优势，其实现方式并不是众所周知的事实，而需要极大的创造性劳动。同时，现代的大型网络游戏通常需要投入大量的人力、物力、财力进行研发，如果将游戏规则作为抽象思想一概不予保护，将不利于激励创新、为游戏产业营造公平合理的竞争环境。

---

　　① 上海市第一中级人民法院民事判决书（2014）沪一中民五（知）初字第22号。

### 案例解码

法律有法律的逻辑，游戏也有游戏的逻辑。在游戏规则应不应保护和该怎么保护的问题上，很长一段时间，游戏人和法律人之间的认知存在非常大的差异，游戏人视游戏规则的设计为游戏的灵魂故而呼唤一种强保护，而法律人则认为游戏规则当然地属于思想的范畴，应该贡献给社会，而不应当由个体垄断。当然近来由于游戏领域的案件不断增加，越来越多的法律人通过游戏案件了解了游戏行业，同时越来越多的游戏人也通过案件了解了法律制度，使得这种观点差异在逐渐缩小，乃至有达成一种共识的趋势，这种趋势无疑是极其有利于游戏行业健康发展和有序竞争的。

但是，趋势向好，显然并不代表游戏规则的保护问题已经得到解决。在游戏按照元素拆分法保护仍然是司法实践主流方案的情况下，游戏规则这个被游戏开发设计者视为一款游戏灵魂的核心仍然存在得到有效保护的诸多困难。这里不仅有现有《著作权法》、《反不正当竞争法》本身的法律制度原因，也有游戏规则因游戏种类纷繁复杂致使其规则的呈现方式有很大差异的原因。在这种情况下，游戏规则案件的司法审判实践与法律理论研究之间实际存在一个彼此促进的关系，故而每一起与游戏规则整体保护相关的司法裁判案例都是非常重要的风向标。

具体到本条游戏码，示例案件《炉石传说》与《卧龙传说》案本身实际是两个案子，一个是著作权纠纷，一个是不正当竞争纠纷。在著作权纠纷一案中，对于卡牌和套牌的组合，法院认为"原告主张游戏中的卡牌和套牌的组合，包括其中的文字说明应当受著作权法的保护，被告则认为整套卡牌的玩法、功能不具有独创性，不属于著作权保护的客体。本院认为，原告所主张的卡牌和套牌的组合，其实质是游戏的规则和玩法。鉴于著作权法仅保护思想的表达，而不延及思想本身，因此本院对被告的抗辩予以采纳"，实际也就认定抽象的游戏规则不能得到著作权法保护。但是法院同时还是认识到游戏的开发和设计要满足娱乐性、竞争性、互动性并获得市场竞争的优势，故需要极大的创造性劳动。同时，现代的大型网络游戏，通常需要投入大量的人力、物力、财力进行研发，如果将游戏规则作为抽象思想一概不予保护，将不利于激励创新、为游戏产业营造公平合理的竞争环境。

📷 **判决书摘要**

本案中，被告公司员工《卧龙传说》游戏策划人员在《炉石传说》未进入中国市场前即已经实际接触到《炉石传说》游戏卡牌核心数据并还原整个数值体系；游戏制作前期因无法取得《炉石传说》测试账号而对着《炉石传说》玩家试玩视频制作样片；游戏正式立项后通过秒杀到的测试账号进一步获取《炉石传说》游戏数据，完善游戏细节；《卧龙传说》项目立项后仅耗时 20 天即制作出，远少于通常游戏公司研发一款类似原创游戏正常耗时；两款游戏所涉卡牌、界面相似度极高，视觉效果差别不大，区别仅在于角色形象由魔兽世界中的人物替换为三国人物；两款游戏在卡牌构成及使用规则、基本战斗规则上基本一致。因此，本案查明的事实足以支持原告关于被告整体抄袭了其游戏的指控。对于这种抄袭，被告非但不引咎自省，反而作为其推广游戏的卖点而大肆渲染，其"搭便车"的目的和行为非常明显。

本院认为，电子游戏远不只仅为大众娱乐而存在，而是具有极大的商业价值，游戏行业作为新兴行业，已经成为经营者投资获利的重要市场。为了规范游戏行业的健康发展，中国软件行业协会还组织制定了《中国游戏行业自律公约》，鼓励游戏行业从业者开展合法、公平、有序的竞争。本案原被告均为游戏产品的同行业竞争者，理应恪守《反不正当竞争法》及游戏行业自律公约的相关规定，开展公平竞争。本案中，原告的游戏作为一种特殊的智力创作成果，需要开发者投入大量的人力、物力、财力，凝聚了很高的商业价值。被告并未通过自己合法的智力劳动参与游戏行业竞争，而是通过不正当的抄袭手段将原告的智力成果占为己有，并且以此为推广游戏的卖点，其行为背离了平等、公平、诚实信用的原则和公认的商业道德，超出了游戏行业竞争者之间正当的借鉴和模仿，具备了不正当竞争的性质。

被告辩称游戏规则不属于著作权保护范畴，《炉石传说》游戏规则没有独创性，仅是抽象的思想，没有具体的表达形式。本院认为，游戏规则尚不能获得著作权法的保护，并不表示这种智力创作成果法律不应给予保护。游戏的开发和设计要满足娱乐性并获得市场竞争的优势，其实现方式并不是众所周知的事实，而需要极大的创造性劳动。同时，现代的大型网络游戏，通常需要投入大量的人力、物力、财力进行研发，如果将游戏规则作为抽象思想一概不予保护，将不利于激励创新，为游戏产业营造公平合理的竞争环境。因此，本院对被告的辩称不予采纳。

被告辩称两款游戏开发平台不同，故不存在抄袭行为。本院认为虽然本案事实发生之时，《炉石传说》系针对电脑屏幕开发，《卧龙传说》系针对触摸屏和手机屏幕开发，但两个平台主要在交互界面区域设计上有所差别，该差别并非两款游戏的根本差别，不致影响两款游戏在画面、规则等要素上是否相似的判断。故对于被告的上述辩解理由，本院不予采纳。

被告还辩称，就系争部分的游戏内容已经在本案诉讼过程中予以变更，即使存在不正当竞争行为也已经停止。本院认为，被告虽更改部分游戏元素，包括《卧龙传说》游戏标识、战斗场面、部分卡牌外观，但未能充分举证证明所有模仿之处均作了修改，更没有证明更改后游戏未使用《炉石传说》游戏规则，故关于被告认为其已经停止不正当竞争行为的辩解理由，本院不予采纳。

## ⌒ 游戏码 30 ⌒
## 游戏整体画面中玩法规则的特定呈现方式可以构成著作权法保护的客体

### 示例案件

《花千骨》与《太极熊猫》案，(2015)苏中知民初字第 201 号①

---

① 苏州市中级人民法院民事判决书(2015)苏中知民初字第 201 号。

💬 **裁判要旨**

网络游戏中对于玩法规则的具有独创性的表达，可以在一定程度上受到著作权法的保护。区分游戏作品中相应的玩法规则属于思想还是表达，应当要看这些玩法规则是属于概括的、一般性的描述，还是具体到了一定程度足以产生感知特定作品来源的特有玩赏体验，如果具体到了这一程度，足以到达思想与表达的临界点之下，可作为表达。

💬 **案例解码**

本条游戏码来源于广为人知的《花千骨》与《太极熊猫》案，该案有诸多焦点，但其中最引人瞩目的还是认定在满足特定条件的情况下游戏规则可以作为著作权法的保护客体，这一观点也即在一定程度上突破了"游戏玩法、游戏规则"难以得到著作权法保护的观点，这是在此前的案件中不曾有过的突破。具体来说，苏州中院是在"著作权法不保护抽象的思想、方法，只保护对思想的具体表达"的原则下，认为游戏规则本身也可以区分其中属于思想和表达的部分，游戏规则中的特定呈现方式就属于表达范畴，因此可以纳入著作权保护的客体。

在明确游戏玩法规则的特定呈现方式（即属于表达范畴）可以受到著作权法保护的基础上，法院还进一步明确应当将游戏规则中不具有独创性的表达部分、有限表达和公有领域的表达内容过滤出保护范围。

上述的裁判观点，对今后类似"换皮"游戏侵权纠纷案件的审理提供了一条可以参考借鉴的道路。同时，我们也应注意到，该裁判观点也会对双方当事人处理此类案件的证据搜集和法律阐释工作提出更高的要求。首先，双方围绕游戏玩法和规则中哪些属于表达层面就会存在争议，双方都需要结合证据充分阐释利于己方之观点。接下来，在某些特定游戏规则的呈现方式是否不具有独创性、是否属于有限表达和公有领域的表达则必然会有更大的争议，无论是权利人还是被控侵权人都需要尽可能详尽地挖掘市场上在先的同类或者可能会参考借鉴的游戏的各种规则玩法，并对这些在先的表达与权利人的表达进行全面细致的比对。

当然，我们也必须注意到，尽管该判决在游戏规则也可以属于表达的问题上说理详尽，使得在如何保护游戏玩法规则的问题上有所突破，但却没有直接说明玩法规则具体属于何种作品，只能通过判决同时确认了游戏运行动态画面整体构成类电影作品以及判决书最后引用《著作权法实施条例》第四条（十一）项，推论法院是认为游戏玩法规则的特定呈现方式属于类电影作品的一部分。但这样的结论或多或少还是会存有争议和困惑，游戏规则与类电影作品之间的关系还是需要进一步地阐释与说明，并且这一结论在二审中是否会继续得到支持也值得持续关注。

### 判决书摘要

法院认为：游戏整体画面中游戏玩法规则的特定呈现方式构成著作权法保护的客体。

第一，著作权法不保护抽象的思想、方法，只保护对思想的具体表达。网络游戏中对于玩法规则的具有独创性的表达，可以在一定程度上受到著作权法的保护。区分游戏作品中相应的玩法规则属于思想还是表达，应当要看这些玩法规则是属于概括的、一般性的描述，还是具体到了一定程度足以产生感知特定作品来源的特有玩赏体验，如果具体到了这一程度，足以到达思想与表达的临界点之下，可作为表达。具体而言，涉案《太极熊猫》游戏玩法系统设计中包括对战系统、成长系统、扩展系统和投放系统四个部分，对战系统项下有 PVE（玩家与电脑）、PVP（玩家与玩家）对战系统，成长系统项下有主角系统、装备系统、武神系统，扩展系统项下有交互、运营活动、商城系统，投放系统项下有新手引导、功能开启、缤纷礼包、等级限制系统，在对每个系统进行描述时均可使用该系统主要实现何种玩法功能这样的方式，至此，前述内容都应属于游戏玩法规则的思想部分，不应由作品作者垄断独享。但当进一步具体到前述系统中每一个具体游戏玩法设置及其所依托的游戏界面设计时，则须作出审慎判断。本案中，蜗牛公司主张作品比对的范围具体到了游戏界面基本布局、内容和被详尽描述的具体玩法。本院认为，游戏设计师通过游戏连续动态图像中的游戏界面，将单个游戏系统的具体玩法规则或通过界面内直白的文字形式或通过连续游戏操作界面对外叙述表达，使玩家在操作游戏过程中清晰感知并据此开展交互操作，具有表达性。如前所述，在 ARPG 类电子游戏中，角色的选择、成长、战斗等玩法设置本身具有叙事性；依托游戏界面呈现的详尽的游戏玩法规则，类似于详细的电影剧情情节；游戏开发过程中通过绘制、设计游戏界面落实游戏规则的表达，与电影创作过程中依据文字剧本绘制分镜头剧本摄制、传达剧情具有一定相似性。可以说，以游戏界面设计体现的详细游戏规则，构成了对游戏玩法规则的特定呈现方式，是一种被充分描述的结构，构成作品的表达。

第二，涉案《太极熊猫》游戏玩法规则的特定呈现方式绝大部分具有独创性。从行业现状来看，网络游戏特别是 ARPG 类手机游戏设计开发已逐渐呈现模块化趋势，即一款新游戏整体玩法系统的开发与设计往往不会从零开始，而系基于现有成熟的单个游戏玩法系统的基础上，进行玩法系统或模块的选择、组合或部分新玩法系统的开发创新，并在此基础上设计具体的游戏界面和游戏数值。故，显然《太极熊猫》并不能就某个玩法系统规则本身享有垄断权，但本案中，经过天象公司举证及本院查明，原告在《太极熊猫》游戏中主张权利的前述游戏玩法规则之特定呈现方式，绝大多数在天象公司提交的证据《放三》作品中并不存在，故本院认为可以认定为其独创，产生著作权。

第三，在确定著作权保护范围时，应当将不具有独创性的表达部分、有限表达和公有领域的表达内容过滤出保护范围。本案中，经本院比对，《太极熊猫》游戏中"首充"玩法、"投资计划"玩法的界面基本布局与相应玩法在《放三》游戏中出现过，不具有独创性，应予以排除。①至于天象公司主张的《太极熊猫》布局设计均为通用界面布局和组合界面布局，包括竖排列表、横排方块、九宫格、TAB、弹出框以及竖排列表组合、横排方块组合、横向 TAB 组合，且为功能性界面布局，不应受到保护问题，本院认为，前述布局设计确实为手机游戏，特别是横屏手机游戏的常用布局设计，但如本院前面所分析的，本案中蜗牛公司主张保护的并非该常用布局设计本身，而系包含基本布局、内容和被详尽描述的具体玩法为一体的具体表达，故天象公司的该点抗辩主张本院不予采纳。②关于天象公司认为的《太极熊猫》主张的主界面和战斗界面均是手游特殊场景的通用界面问题，本院认为，手机游戏因其屏幕空间、玩家操作习惯所限，在主界面常用设计中会出现下排多为功能区按钮、左右两侧为竖排按钮这样的布局，在战斗界面常用设计中会出现左右下方分别为操纵摇杆、技能键的布局，故该部分内容属于有限表达和公有领域的表达，蜗牛公司并不能就前述设计本身享有独占的著作权，但功能区中玩法按钮和图示所对应的具体玩法和内涵，战斗界面中是否有其他上阵角色及其排布、技能键的设置数量和位置存在设计空间，不属于有限表达。

# 第九章　游戏直播类案例裁判要旨及解析

## ～ 游戏码 31 ～
## 未经授权在平台上进行网络游戏比赛直播
## 可构成不正当竞争

**示例案件**

上海耀宇诉斗鱼侵害著作权及不正当竞争案，（2015）浦民三（知）初字第 191 号①

**裁判要旨**

A. 一项行为是否属于《反不正当竞争法》第二条规定的不正当竞争行为，应通过三个方面来分析：第一，该行为是否违反了诚实信用原则和公认的商业道德；第二，该行为是否给其他经营者的合法权益造成损害；第三，该行为是否不正当利用他人竞争优势或者破坏他人竞争优势。

B. 未经授权通过网络直播间直播他人享有转播权的游戏赛事是一种"搭便车"的不正当行为，违背了基本的商业道德，违反了诚实信用原则，损害了竞争者的合法权益，破坏了行业的行为准则，具有明显的不正当性。

---

① 上海市浦东新区人民法院民事判决书（2015）浦民三（知）初字第 191 号。

C. 观察者和旁观者视角的存在并不代表权利人允许直播平台对游戏画面进行直播、转播等商业化利用。

🗨 案例解码

网络游戏直播起源于美国，受益于电子竞技的广泛认可和电子游戏行业本身发展的需要，近几年在我国发展非常迅猛，诞生了以"斗鱼"、"虎牙"等为代表的大型游戏直播平台。游戏直播平台有自己独特的商业模式，它通过聘请优秀的游戏玩家，将自己正在进行的游戏操作画面或者正在直播的游戏赛事加上具有自己独特个性的解说，通过直播平台免费向广大用户实时直播，以达到吸引用户注册、提高网站流量、增强用户黏性的目的，进而开展其他付费业务，促使平台增值。基于网络直播互动性、观赏性和实时性的特点，游戏直播在游戏玩家之中大受欢迎，同时，也因为这种商业模式对于游戏本身具有巨大的推广作用，因此，该模式也得到了游戏行业上游的研发和运营厂商的默许甚至欢迎。

游戏直播的商业模式天然地要求游戏直播平台去角逐大型的游戏赛事和头部的游戏玩家，这些资源就类似于 NBA 赛事和 NBA 球星一样，在市场上具有巨大的号召力和影响力。知名的游戏玩家相当于 NBA 的球星，部分游戏主播的平台签约费高达数千万人民币，然而，知名的游戏赛事和玩家毕竟是稀缺资源，正是因为稀缺性，导致平台之间经常发生知识产权侵权、不正当竞争以及随意挖角等各类恶意纠纷。在号称"中国游戏直播第一案"的上海耀宇诉斗鱼的案例中，斗鱼平台未经授权，利用游戏软件本身具有的观察者视角通过主播个人直播间对游戏赛事进行直播，在著作权法的框架下，这种行为已经超过了合理使用范围。虽然在本案中，游戏主播解说游戏的音视频未被法院认定构成作品，不应当受到著作权法的保护，但并不表示，这种行为就应该得到支持，相反地，在《反不正当竞争法》的框架下，直播他人享有转播权的游戏赛事的行为具有明显的不正当性。按照法院的说理，斗鱼平台未对赛事的组织运营进行任何投入，也未取得视频转播权的许可，却免费坐享权利人投入巨资、花费大量人力、物力、精力组织运营的涉案赛事所产生的商业成果，为自己谋取商业利益和竞争优势，其实际上是一种"搭便车"行为，夺取了原本属于被上诉人的观众数量，导致被上诉人网站流量严重分流，影响了被上诉人的广告收益能力，损害被上诉人的商业机会和竞争优势，弱化被上诉人网络直播平台的增值力，这是一种明显的网络游戏直播领域的不正当竞争行为，这种不正当竞争行为理应得到法律的规制，这不仅是正当经营者的应有之义，对于促进整个行业的良性发展也有重大的指导意义。

**◎ 判决书摘要**

我国著作权法保护的对象是在文学、艺术和科学领域内具有独创性并能以某种有形形式复制的智力成果。由于涉案赛事的比赛本身并无剧本之类的事先设计，比赛画面是由参加比赛的双方多位选手按照游戏规则、通过各自操作所形成的动态画面，是进行中的比赛情况的一种客观、直观的表现形式，比赛过程具有随机性和不可复制性，比赛结果具有不确定性，故比赛画面并不属于著作权法规定的作品，被告使用涉案赛事比赛画面的行为不构成侵害著作权。

电子竞技网络游戏进入市场领域后具有商品属性，其开发商、运营商等相关主体可以组织、主办相关的赛事活动，可以将游戏比赛交由他人负责承办，可以通过合同约定、授权等方式由他人对游戏比赛进行独家的视频转播等，举办、转播比赛可以提高游戏本身及其开发商、运营商、比赛承办商、比赛转播商等相关主体的知名度、影响力，上述主体由此还可以通过投放广告、扩大网站流量、进行转授权等途径获得一定的经济利益。鉴于游戏比赛的举办、转播等行为受游戏开发商、运营商、承办商、转播商等相关主体的控制，且这些主体为举办、转播比赛须付出一定的财力等成本，而转播游戏可以获得一定的商誉及经济利益，故未获相关授权的主体不得擅自转播相关比赛，对于擅自转播比赛的行为应当依法予以规制。本案中，一方面，涉案赛事的转播权的授权约定并不存在违反法律、行政法规的强制性规定等导致合同无效的情形，故属合法有效。另一方面，我国法律法规虽然没有明文规定转播权为一种民事权利，但体育比赛的组织方、主办方包括类似与体育比赛的电子竞技网络游戏比赛的开发商、运营商等对他人转播比赛行为进行相关授权许可系国际、国内较长时期以来的通常做法和商业惯例。由于原告投入较大财力、人力等成本举办了涉案赛事，其可以获得的对价之一是行使涉案赛事的独家视频转播权，故涉案转播权无疑具有强烈的商业属性，承载着原告可以由此获得的商誉以及一定的经济利益，该种利益属于我国侵权责任法保护的一种财产性的民事利益，根据我国《反不正当竞争法》第二条的规定，结合原告的诉讼主张，可以依法给予制止不正当竞争的保护。并且经营者在市场经营活动中，应当遵循自愿、平等、公平、诚实信用的原则和公认的商业道德，不得损害其他经营者的合法权益。根据查明的事实，原、被告均系专业的网络游戏视频直播网站经营者，双方具有同业竞争关系，被告明知涉案赛事由原告举办，原告享有涉案赛事的独家视频转播权，原告付出了较高的办赛成本，明知转播他人举办的游戏比赛须获得相关授权许可系视频网站行业的商业惯例，但在未取得任何授权许可的情况下，向其用户提供了涉案赛事的部分场次比赛的视频直播。因此，本院认定，被告直播涉案赛事的行为直接损害了原告独家行使转播权能够为原告带来的市场竞争优势，侵害了该市场竞争优势能够为原告带来的商誉、经济利益等合法权益，亦损害了网络游戏直播网站行业的正常经营秩序，严重违反了诚实信用原则和公认的商业道德，具有主观恶意，构成对原告的不正当竞争。

被告抗辩其系从 DOTA2 游戏客户端的旁观者观战功能中取得比赛画面、未使用原告的直播内容等，故其行为与原告无关，不构成不正当竞争。本院认为，第一，原告认为被告使用了其播出的比赛画面，但根据第 782 号公证书，原、被告各自播出的比赛画面不同，播放框左上角的相关显示及右上角的标识等也不同，且原告认可通过 DOTA2 游戏客户端的旁观者观战功能可以截取比赛画面，被告的证据也证明在诉讼期间原告直播 DOTA2 游戏的某场比赛的画面与通过 DOTA2 游戏客户端的旁观者观战功能截取到的该场比赛的画面不同，故在负有举证证明责任的原告没有相反证据证明(如证明被告系延迟播出比赛)的情况下，难以认定被告截取使用了原告播出的比赛画面。第二，在上述情况下，虽然可以推定认为被告播出的比赛画面来源于 DOTA2 游戏客户端，并因观战视角不同而导致观看到的比赛画面不同，但该客户端呈现给观战者的比赛无论从哪个观战视角而言，均来源于原告举办并正在进行直播的涉案赛事，被告通过该客户端直播的比赛与原告正在进行直播的比赛在本质上仍是同一场比赛。应当指出，虽然 DOTA2 游戏客户端提供了旁观比赛的服务，但通过该客户端观看比赛的行为与主动利用网络软件技术截取比赛画面的行为的性质完全不同，而被告并未举证证明该客户端允许其截取比赛画面并使用该些画面进行直播，故被告的行为明显超出了旁观比赛的合理范围。即使该客户端对比赛画面的被截取未作技术等方面的限制，也不等于运行涉案游戏客户端的相关主体允许他人可以将截取的比赛画面进行直播等商业性使用。将客户端未限制比赛画面流出视为允许他人可以任意使用比赛画面，既无法律、法理上的依据，也有悖商业常识，此行为将直接损害业已形成的游戏比赛授权许可转播的正常经营秩序，故被告截取涉案游戏客户端的比赛画面进行直播的行为与原告享有的独家视频转播权产生了直接冲突，损害了原告的合法权益。

## ❧ 游戏码 32 ❧
## 未经授权在平台上进行游戏直播可构成著作权侵权

### 📝 示例案件

网易诉华多网络侵害著作权及不正当竞争案，(2015)粤知法著民初字第 16 号①

---

① 广州知识产权法院民事判决书(2015)粤知法著民初字第 16 号。

**裁判要旨**

网络游戏是美术、文字、音乐等各种作品要素的集合，是著作权法保护的对象之一，著作权法规定了著作权包含复制权、发行权……以及应当由著作权人享有的其他权利等共计 17 项人身权和财产权，直播平台未经游戏权利人授权，擅自对游戏进行直播的行为涉嫌侵害权利人应该享有的其他权利，应停止对游戏画面通过信息网络传播的行为。

**案例解码**

根据我国《著作权法》第十条的规定，著作权人享有发表权、署名权、广播权、信息网络传播权等 17 项人身权和财产权，信息网络传播权与网络直播行为有一定的关联性，但是也存在本质的区别，信息网络传播权是指以有线或者无线方式向公众提供作品，使公众可以在其个人选定的时间和地点获得作品的权利，其强调的是实时性和交互性，而网络直播行为是通过网络实时传播的行为，其不满足交互性的需求，显然不能归入信息网络传播权的范畴之内，而应当归为"应由权利人享有的其他权利"这一类。

我国现行的《著作权法》并未将游戏作为独立的作品类型之一，司法实践中，关于游戏的著作权类别定性也是存在着较大的区别。一般情况下有两种分类的观点，一种是"整体认定法"，它是基于游戏任务主线和整体画面呈现的一致性等特征，将游戏整体认定为"类电影作品"；另外一种是"拆分认定法"，将游戏的各种要素拆分，根据不同要素构成的作品类型分别予以确定，例如，通常情况下，一款网络游戏会包含音乐作品、文字作品、美术作品等各种类型的作品，网络游戏是这些各类作品的集合体。在网易诉华多侵害著作权及不正当竞争一案中，法院在认定涉案网络游戏（《大话西游》、《大话西游 2》）作品类型时采用了整体认定法，认为其构成类电影作品，在侵权行为和侵害对象认定时采用了拆分法，最终法院认定被告华多网络侵害了原告两款游戏的游戏画面通过信息网络传播的权利，应当承担停止传播和赔偿损失的法律责任。

## 📇 判决书摘要

### 一、关于保护对象和权利归属

涉案电子游戏是一款在线的、多人参与互动的在线网络游戏，用户登入后可按照游戏的规则支配其中的角色参与互动，游戏过程具有互动性，可有对抗性。经审查，这种游戏的核心内容可分为游戏引擎和游戏资源库，前者是由指令序列组成的计算机软件程序，后者是各种素材片段组成的资料库，含有各种音频、视频、图片、文字等文件，可以视为程序、音频、视频、图片、文档等的综合体。涉案电子游戏由用户在终端设备上登入、操作后，游戏引擎系统自动或应用户请求，调用资源库的素材在终端设备上呈现，产生了一系列有伴音或无伴音的连续画面。

就其整体而言，这些画面以文学作品《西游记》中的情节梗概和角色为引，展示天地间芸芸众生"人"、"仙"、"魔"三大种族之间发生的"门派学艺"、"斩妖除魔"等情节和角色、场景，具有丰富的故事情节、鲜明的人物形象和独特的作品风格，表达了创作者独特的思想个性，且能以有形形式复制，与电影作品的表现形式相同。

考察这种游戏的创作过程，是在游戏策划人员对故事情节、游戏规则等进行整体设计，以及美工对游戏原画、场景、角色等素材进行设计后，程序员根据需要实现的功能进行具体代码编写后形成的。

此创作过程综合了角色、剧本、美工、音乐、服装设计、道具等多种手段，与"摄制电影"的方法类似，因此，涉案电子游戏在终端设备上运行呈现的连续画面可认定为类似摄制电影的方法创作的作品（以下简称类电影作品）。

需要指出的是，涉案电子游戏在用户登入运行过程中呈现的连续画面，与传统电影作品或者类电影作品的明显差异是，前者具有双向互动性，不同玩家（用户）操控涉案电子游戏或者同一玩家以不同玩法操控游戏，会呈现不同的动态画面，尤其是多人参与的情况下，呈现结果往往难以穷尽。然而，著作权法中对类电影作品的认定要件并未限定连续画面的单向性。

而且，游戏系统的开发者已预设了游戏的角色、场景、人物、音乐及其不同组合，包括人物之间的关系、情节推演关系，不同的动态画面只是不同用户在预设系统中的不同操作产生的不同操作/选择之呈现结果，用户在动态画面的形成过程中无著作权法意义上的创作劳动。

再次，在预设的游戏系统中，通过视觉感受机械对比后得出的画面不同，如具体的场景或人物动作的变化等，并不妨碍游戏任务主线和整体画面呈现的一致性。因此，尽管游戏连续画面是用户参与互动的呈现结果，但仍可将其整体画面认定为类电影作品。

作为"综合体"的涉案电子游戏，其存在的基本形式是计算机软件。考察涉案电子游戏如上文所述的创作过程，且对于涉案电子游戏在终端设备上运行呈现的类电影作品，用户在其形成过程中无著作权法意义上的创作劳动，故该类电影作品的"制片者"应归属于游戏软件的权利人。

二、关于侵权行为

根据网易公司提交的公证书等证据，足以证明华多公司经营的信息网络直播平台上有直播"梦幻西游2"网络游戏过程的信息流。而且，根据该网站关于主播人员利益分成体系、直播节目预告，以及对"梦幻西游"游戏主播人员排行和点评、推荐等证据，足以证明该网站上的"梦幻西游"直播并非游戏用户利用该网络平台的单方行为，也并非华多公司不知晓直播行为，而是华多公司开设直播窗口、组织主播人员在其网站中进行游戏直播。

从华多公司经营的直播平台上对涉案电子游戏运行的显示情形看，直播窗口主要是显示游戏的连续画面，基于用户操作游戏所需，间或显示游戏过程中的功能设置和选择页面，有的还以小图形式在显示屏边角显示主播人员。可见，涉案电子游戏在被用户操作、运行过程中呈现的连续画面被通过信息网络实时播放出来，为网页的观看者所感知。这种行为侵害了网易公司对其电子游戏呈现画面作为类电影作品的著作权。

首先，《著作权法》规定了著作权包含的复制权、发行权……以及应当由著作权人享有的其他权利，共17项。具体而言，与本案可能相关联的是放映权、广播权和信息网络传播权。

经审查，其一，此种行为是用户在线参与游戏系统操作后呈现画面的传播，不属于通过放映机、幻灯机等技术设备公开再现类电影作品范畴，即不属于放映权调整的范围。

其二，此种行为是通过信息网络实时传播，不属于以无线方式公开广播或传播、以有线传播或转播方式向公众传播广播、以扩音器或类似工具向公众传播广播，即不属于广播权调整的范围。

其三，此种行为通过实时的信息流传播作品，公众无法在其个人任意选定的时间获得作品范畴，即不属于信息网络传播权调整的范围。因此，它不属现行《著作权法》所列举的"有名"之权利，可归入"应当由著作权人享有的其他权利"。与此相对应，涉案的侵权行为是信息网络环境中针对在线网页浏览者的作品新类型传播行为，也不属现行《著作权法》所列举的"有名"之侵权行为，可归入"其他侵犯著作权的行为"。

## ᕗ 游戏码 33 ᕕ
# 通常情况下，游戏玩家操作游戏的画面不是作品

## ᕗ 游戏码 34 ᕕ
# 游戏直播形成的音视频文件可能构成作品

## 📝 示例案件

A. 广州斗鱼 TV 与上海耀宇案，(2015)浦民三(知)初字第 191 号①

---

① 上海市浦东新区人民法院民事判决书(2015)浦民三(知)初字第 191 号。

B. 网易诉华多侵害著作权及不正当竞争案，（2015）粤知法著民初字第 16 号①

C. 斗鱼诉秋日、全民 TV 二审案，（2017）鄂 01 民终 4950 号②

💬 **裁判要旨**

（1）比赛画面是由参加比赛的双方多位选手按照游戏规则、通过各自操作所形成的动态画面，系进行中的比赛情况的一种客观、直接的表现形式，比赛过程具有随机性和不可复制性，比赛结果具有不确定性，故比赛画面并不属于著作权法规定的作品。

（2）游戏系统的开发者已预设了游戏的角色、场景、人物、音乐及其不同组合，包括人物之间的关系、情节推演关系，不同的动态画面只是不同用户在预设系统中的不同操作产生的不同操作/选择之呈现结果，用户在动态画面的形成过程中无著作权法意义上的创作劳动，也未给作品添加新的表达，或形成区别于原作品的新作品。

（3）玩家虽有既定规则内的选择，但其选择仍然是网络游戏作品开发时所预设的各种可能性方案的实现，玩家的选择是基于实用或效率性赢得比赛的选择，而非基于美学或表达性目的所作的个性化选择，展现的也是玩家游戏技巧的高低，而非独创性的表达。

（4）著作权的保护仅延伸至表达方式，而不延伸至思想、程序、操作方法或数学概念本身，玩家的技巧和策略既不属于表达范畴，也不宜由玩家垄断，否则将导致游戏技巧和策略相同的众多玩家拥有相同游戏画面著作权，或者游戏玩法因在先玩家通过著作权垄断而越来越少，导致游戏逐渐丧失可玩性的奇怪现象。

（5）很多游戏画面并非单一玩家操作所形成，若形成新作品，著作权的归属及其权利分配、行使存在障碍，而类似案件审理时，可能也将面临需频繁追加未知原告的尴尬局面。

---

① 广州知识产权法院民事判决书（2015）粤知法著民初字第 16 号。
② 武汉市中级人民法院民事判决书（2017）鄂 01 民终 4950 号。

## 案例解码

游戏码 33 和游戏码 34 实际上是一个问题的两个方面，把他们放在一起解读更合适一些。游戏码 33 说的是游戏玩家根据自己的习惯、思想、战略、手法等操作游戏进而形成的一连串的画面是否构成作品的问题，根据现有的案例，这种情况争议不大，法院的观点是游戏操作的画面不构成作品，主要原因有二：一是比赛的过程具有随机性和不可复制性，不满足《著作权法实施条例》第二条对于作品的定义；二是因为游戏研发商在开发游戏时已经预设了游戏的整个情节，游戏玩家不同的操作实际上对应的是已经预设好的画面的一种机械呈现，不存在独立的创作空间，玩家的操作不是著作权法意义上的创作。但是，也存在着一些特殊的情况，例如，在一款绘画类的游戏（类似于工具软件）中，玩家具有广阔的创作空间，他们可以根据自己的想象和意图去创作，玩家操控游戏从而形成的游戏画面是一幅画，而这幅画就有可能构成美术作品。因此，在完全脱离游戏的不同类型讨论游戏直播画面是否构成作品存在着一定的局限性，要具体问题具体分析。

游戏码 34 说的是两件事情，第一是有人在操作游戏，这个人可以是自己，也可以是他人；第二是有人（通常称为游戏解说员或者游戏主播）在对游戏的操作进行解说、点评，这个解说员可以对自己正在操作的游戏进行解说，也可以对他人正在操作的游戏（例如某一游戏赛事）进行解说，游戏解说员对游戏解说而形成的音视频文件是否构成作品的问题，法律对于作品认定的标准，本书已经讲过，在此就不再赘述。在本条游戏码中，我们主要谈一下不同游戏直播的形式对游戏解说音视频构成作品的影响，观看过游戏直播的用户都知道，游戏直播存在着各种各样的形式，有的直播形式和内容非常随意，就是主播边玩游戏边同进入直播间的用户聊天，这种形式与线下玩游戏的唯一区别就是传输方式不同，由于网络直播需要录制并通过平台直播，而在此情况下，平台设置录制行为模式已经固定，大多数是通过手机本身的摄像头进行录制，录制行为本身没有太多的个性化可言。同时，在游戏码 33 中，我们也论证过，一般情况下，玩家操作游戏的画面并不构成作品，因此，基于操作游戏而进行的简单的没有经过加工的游戏直播显然是无法满足独创性的要求，此种情况下的解说音视频不构成作品。那么，是不是所有游戏直播的音视频文件都无法构成作品呢？显然，这也是不对的，我们知道，直播行为本身可能是一种创作的行为，主播为了进行直播而采取的直播间设计(灯光、装潢、道具)、剧本创作、内容的编排等行为体现了主播的创造性，通过此种精心设计的直播从而形成的音视频，根据其表现形式，可以构成口述作品或者类电影作品。

### 📖 判决书摘要

## A.（2015）浦民三(知)初字第 191 号

本院认为，第一，由于我国著作权法等法律法规对赛事等活动的转播权并未作出规定，故原告主张的视频转播权不属于法定的著作权权利，不能基于所谓的视频转播权直接给予原告著作权方面的保护。第二，我国著作权法保护的对象是在文学、艺术和科学领域内具有独创性并能以某种有形形式复制的智力成果。由于涉案赛事的比赛本身并无剧本之类的事先设计，比赛画面是由参加比赛的双方多位选手按照游戏规则、通过各自操作所形成的动态画面，系进行中的比赛情况的一种客观、直观的表现形式，比赛过程具有随机性和不可复制性，比赛结果具有不确定性，故比赛画面并不属于著作权法规定的作品，被告使用涉案赛事比赛画面的行为不构成侵害著作权。第三，由于原告向网络用户提供的直播内容不仅仅为软件截取的单纯的比赛画面，还包括了原告对比赛的解说内容、拍摄的直播间等相关画面以及字幕、音效等，故原告的涉案赛事直播内容属于由图像、声音等多种元素组成的一种比赛类型的音像视频节目。上述节目可以被复制在一定的载体上，根据其解说内容、拍摄的画面等组成元素及其组合等方面的独创性有无等情况，有可能构成作品，从而受到著作权法的保护。但根据查明的事实，由于原告确认被告并未使用有可能属于作品的涉案赛事节目中的解说内容、拍摄的画面，原告也无充分证据证明被告使用了有可能属于作品的涉案赛事节目的字幕、音效等组成元素及其组合，故无论原告制作、播出的涉案赛事节目是否构成作品，被告的行为均不构成侵害原告有可能享有的著作权。

## B.（2015）粤知法著民初字第16号

考察这种游戏的创作过程，是在游戏策划人员对故事情节、游戏规则等进行整体设计，以及美工对游戏原画、场景、角色等素材进行设计后，程序员根据需要实现的功能进行具体代码编写后形成的。

此创作过程综合了角色、剧本、美工、音乐、服装设计、道具等多种手段，与"摄制电影"的方法类似。因此，涉案电子游戏在终端设备上运行呈现的连续画面可认定为类似摄制电影的方法创作的作品（以下简称类电影作品）。

需要指出的是，涉案电子游戏在用户登入运行过程中呈现的连续画面，与传统电影作品或者类电影作品的明显差异是，前者具有双向互动性，不同玩家（用户）操控涉案电子游戏或者同一玩家以不同玩法操控游戏，会呈现不同的动态画面，尤其是多人参与的情况下，呈现结果往往难以穷尽。然而，著作权法对类电影作品的认定要件并无限定连续画面的单向性。

而且，游戏系统的开发者已预设了游戏的角色、场景、人物、音乐及其不同组合，包括人物之间的关系、情节推演关系，不同的动态画面只是不同用户在预设系统中的不同操作产生的不同操作/选择之呈现结果，用户在动态画面的形成过程中无著作权法意义上的创作劳动。

再次，在预设的游戏系统中，通过视觉感受机械对比后得出的画面不同，如具体的场景或人物动作的变化等，并不妨碍游戏任务主线和整体画面呈现的一致性。因此，尽管游戏连续画面是用户参与互动的呈现结果，但仍可将其整体画面认定为类电影作品。

作为"综合体"的涉案电子游戏，其存在的基本形式是计算机软件。

考察涉案电子游戏如上文所述的创作过程；且对于涉案电子游戏在终端设备上运行呈现的类电影作品，用户在其形成过程中无著作权法意义上的创作劳动，故该类电影作品的"制片者"应归属于游戏软件的权利人。

## C.（2017）鄂01民终4950号

本院认为，本案争议焦点为：（1）朱某"炉石传说"游戏解说视频、音频是否构成作品；（2）鱼趣公司对朱某游戏解说视频、音频是否享有著作权及平台范围；（3）炫魔公司、脉淼公司是否构成不正当竞争；（4）本案民事责任如何确定。

一、朱某"炉石传说"游戏解说视频、音频是否构成作品

鱼趣公司主张，朱某的游戏解说构成口述作品，包含解说的视频、音频整体上构成以类似摄制电影方法创作的作品，其独创性则体现在游戏操作者对游戏的操作及解说，每个操作者都有自己不同的游戏方式并投入自己的思想，观众观看就是去看其策略和技巧的展示。本院认为，游戏解说为口头表达，视频、音频整体上是由系列有伴音的画面组成，可以适当装置放映及传播，在技术层面上符合口述作品以及类电影作品之形式要求；但能否构成口述作品以及类电影作品，还需要对独创性进行判定。由于网络游戏主播个人录制的游戏视频、音频，核心部分为解说和游戏画面，再由平台系统录制通过网络传播，录制本身并无太多个性化选择。因此，独创性评判的核心对象即为游戏操作形成的动态画面及主播之解说。

1. 关于游戏操作形成的动态画面。鱼趣公司主张，任何一款游戏，用户在操作游戏过程中的技巧和策略不同，展现的游戏进程和结果也就不同，由于操作策略和技巧不同，游戏画面因人而异，玩家能在游戏既定的"规则"内发挥出自己的创造性；炫魔公司、脉淼公司主张，游戏玩家仅仅是将游戏静态数据通过开发商预先设定的游戏规则调取出来呈现为动态的游戏软件运行界面，所有的游戏数据和游戏软件运行界面都是开发商预设好的。

本院认为，网络游戏作品系由计算机程序以及可被调用的其他游戏内容(以代码形式存在的各种文字、音乐、美术、影视作品及素材等)构成。网络游戏画面，实质上是根据玩家的操作或游戏程序的自主运行，由计算机执行代码化指令序列调用游戏内容，形成的不断变化的连续画面。不可否认，玩家对游戏动态画面的形成具有一定贡献，但该贡献能否构成著作权法意义上的创作，还需判定该动态画面是否为区别于网络游戏作品本身的新作品，若其仅系游戏作品本身预设画面的一种展现，则并不具备可版权性。游戏类型及游戏操作中所预留的创作空间系重要考虑因素。如为玩家预留创作空间并提供创作工具和素材的游戏，以绘画游戏为例，玩家在游戏的过程中可创作出富有美感、体现玩家个性的游戏画面，具备构成作品的可能性；再如剧情类游戏，以交互式操作向玩家逐步展现故事情节、游戏场景、角色形象、游戏道具，该类游戏画面更类似于播放电影，主要取决于游戏之预设，玩家创作空间小，难以形成新作品；又如竞技类游戏，玩家通过策略的选择、技巧性的操作，最终技高一筹者赢得比赛，为实现该目的，游戏开发商通过计算机的海量算法，预设了游戏运行时的无数操作选择及相应的画面，再由玩家展现出来，而玩家的操作也更多地体现实用及效率的考虑，因缺乏用户创作空间难以形成新作品。

具体到本案，炉石传说系一款策略类卡牌游戏，玩家通过不同的卡牌组合及使用，使对手游戏生命值减少直至归零，从而获得游戏胜利，系竞技类游戏。对于玩家操作游戏形成的动态画面是否具有独创性，能否构成作品，本院认为：其一，玩家虽有既定规则内的选择，但其选择仍然是网络游戏作品开发时所预设的各种可能性方案的实现，并未给作品添加新的表达，或形成区别于原作品的新作品；其二，玩家的选择是基于实用或效率性赢得比赛的选择，而非基于美学或表达性目的所作的个性化选择，展现的也是玩家游戏技巧的高低，而非独创性的表达；其三，该游戏可为人机对战或不同玩家联网对战，游戏画面的形成一般并无剧本之类的事先设计，且玩家在游戏过程中还需根据对手的反应进行不同操作的选择，比赛过程具有随机性，结果具有不确定性，并非单一玩家可控制；其四，著作权的保护仅延伸至表达方式，而不延伸至思想、程序、操作方法或数学概念本身，玩家的技巧和策略既不属于表达范畴，也不宜由玩家垄断，否则将导致游戏技巧和策略相同的众多玩家拥有相同游戏画面著作权，或者游戏玩法因在先玩家通过著作权垄断而越来越少，导致游戏逐渐丧失可玩性的奇怪现象；其五，如前所述，炉石传说对战时展现的游戏画面并非单一玩家操作所形成，因此，若形成新作品，著作权的归属及其权利分配、行使也存在障碍，而在类似案件审理时，可能也将面临需频繁追加未知原告的尴尬局面。

综上，涉案游戏的操作过程，仅为对游戏策略和技巧高低的展现，而非创作作品的行为，鱼趣公司关于游戏操作画面具有独创性的主张本院不予认可，由此，鱼趣公司关于游戏解说视频、音频整体构成类电影作品的主张本院亦不予认可。

2. 关于游戏解说。鱼趣公司主张，直播中的游戏解说，是主播在对游戏规则、游戏进程、游戏画面等综合理解基础上，结合其个人的游戏经验、感悟创造性的即兴完成，具有独创性，构成口述作品；炫魔公司、脉森公司则主张，作品必须符合独创性的要求，网络游戏直播中的口头解说均是非常简单的描述性口语表达，网络游戏注重的是参与性与互动性，与传达一定思想情感的文学、艺术作品存在明显区别，游戏解说的文学性、艺术性、科学性均不足，不能构成作品。

本院认为，一方面，游戏主播的解说，有构成作品的可能性。游戏主播的解说形式，通常是边操作游戏边进行解说，包括对网络游戏的介绍、游戏技巧、策略的讲解以及对进行中游戏的分析等，为吸引观众，主播通常还会与观众互动，以及讲述趣味性的话题。该解说系主播的即兴口头表达，通常结合了个人游戏及生活经验和感悟，会在一定程度上体现主播之个性和解说风格，从而吸引不同的观众。解说风格和精彩程度之不同，也往往直接影响观众数量的高低。由此，在特定情形时，解说可能符合独创性的要求从而构成作品。

另一方面，游戏主播的解说，并非在任何情形下均直接构成作品，仍需具备一定程度的独创性。口头表达不等于口述作品，如果表达过于简单、简短或为生活中长期重复的表达，因不符合独创性的要求，不能成为作品，如游戏刚开局即掉线，主播仅讲述"掉线了，我们重新来一局"，自然无法认定为具备独创性的作品。

综上，游戏解说具备构成作品的可能性，但应根据具体解说内容进行个案判定。本案中，鱼趣公司虽主张朱某的"炉石传说"游戏解说具备作品的独创性、可复制性，但并未提交诉争的特定解说及展示具体解说内容，从而无法判定其解说是否符合独创性要求，以及是否构成作品。炫魔公司、脉淼公司关于鱼趣公司未就朱某如何进行解说提交证据，解说内容是否为较高创作水准的独创性表达无法确认，认定鱼趣公司对朱某解说享有著作权无事实依据的主张，本院予以认可。

二、鱼趣公司对朱某游戏解说视频、音频是否享有著作权及平台范围

鱼趣公司主张对朱某在合约期内进行的游戏解说视频、音频，无论形成于何平台，均享有著作权。因朱某游戏操作画面并不符合作品构成要件，仅对有构成作品可能性的游戏解说的权利归属评述如下：

1. 关于朱某在斗鱼 TV 平台的游戏解说。鱼趣公司与朱某签订的《游戏解说合作协议》约定，在双方合约期期间，朱某在斗鱼 TV 平台进行"炉石传说"游戏解说，游戏解说视频、音频的各项权利、权益（包括但不限于著作权、商标权等知识产权）自产生之日起即属于鱼趣公司独家所有。根据上述合同之约定，只要朱某于合同期内在斗鱼 TV 平台的特定解说符合独创性要件构成作品，应当确认归属鱼趣公司所有。

但上述结论仅为基于合同条款效力之判定。著作权为法定权利，解说要构成作品必须符合法定要件，合同约定并不足以使所有解说直接上升为受著作权法保护之作品。本案中，鱼趣公司并未提交具体解说内容，缺乏判定朱某在斗鱼 TV 平台"炉石传说"游戏解说是否构成作品的事实基础，此时判定著作权归属仅具有理论上的可能，而不具有个案裁

判的可行性。而从确权之必要性看，本案也未发生朱某在斗鱼 TV 平台的游戏解说产生之权益受到损害或存在权属争议而需要确定权利人之事实，确权并不具有个案裁判的现实意义。本院认为，鱼趣公司可在特定解说发生实质性权属争议或受到损害时，再行主张权利，其本案相关主张则不应支持。

2. 关于朱某在全民 TV 平台或其他平台的游戏解说。本院认为鱼趣公司的相关主张不能成立，理由如下：其一，鱼趣公司明确，其主张的朱某游戏解说作品为基于雇佣关系的职务作品。因此，该作品实为朱某完成鱼趣公司分配之工作任务而创作，根据双方合同约定，鱼趣公司委派了朱某在斗鱼 TV 平台进行解说，合同中的协议游戏解说视频、音频应是指在斗鱼 TV 平台上进行解说的视频、音频；鱼趣公司从未委派朱某到全民 TV 平台或其他平台工作，因而不能将约定权利归属之作品范围扩展至上述直播平台。其二，合同具有相对性，虽然鱼趣公司和朱某有权约定作品的权利归属，甚至约定朱某自行录制的解说作品的权利归属，但无权以双方的合同限制第三人利益或为第三人设定义务。本案中，朱某在全民 TV 平台进行的解说，仅由朱某基于全民 TV 平台上的操作系统进行直播并由系统自行录制完成的，在炫魔公司、脉淼公司未参加并同意的情形下，即便合同约定朱某在全民 TV 进行解说产生的权利归鱼趣公司，也不应直接对炫魔公司、脉淼公司产生效力。其三，鱼趣公司并未明确与全民 TV 平台或其他平台存在权属争议的特定解说，且除全民 TV 平台外，鱼趣公司既未明确其他平台的范围，也未将其他平台的经营者列为案件当事人。

综上，本院认为，鱼趣公司关于其对朱某在所有直播平台的游戏解说视频、音频均享有著作权的主张，或缺乏事实依据，或缺乏法律依据，本院均不予认可。在此基础上，本院对鱼趣公司关于炫魔公司、脉淼公司侵犯其著作权的主张亦不予认可。

# 第十章　游戏软件类案例裁判要旨及解析

～ 游戏码 35 ～

## 曾接触源程序又不能对源程序存在大量相同
## 提供合理解释应认定构成侵权

### 示例案件

蓝港在线诉九合天下公司侵害计算机软件著作权案，（2013）二中民初字第 9903 号①

### 裁判要旨

人民法院经查明，案涉游戏软件部分源程序存在对应关系，在被告员工曾作为原告研发人员接触过相关源程序代码的情况下，被告不能就其源程序缘何与原告源程序存在大量相同之处给出合理解释的，可以认定被告在编写被控侵权软件时将原告软件内容作为自己的内容，并以自己的名义予以发表，构成对原告著作权的侵犯，应承担停止侵权、赔礼道歉、赔偿损失的民事责任。

### 案例解码

本案是网络游戏领域计算机源代码侵权的典型案例，除在裁判中确

---

① 北京市第二中级人民法院民事判决书(2013)二中民初字第 9903 号。

定了"曾接触源程序又不能对源程序大量相同提供合理解释的应认定侵权"的规则外，在具体的源代码比对鉴定、不同鉴定意见的单方鉴定报告是否予以采信、无直接证据能否认定员工构成侵权等问题上也都有很好的实践指引作用。

从案件中，我们发现原告的胜诉与其相对规范的风险控制体系和日常管理密不可分。具体地，对于防范游戏软件源代码侵权风险，企业应注意以下内容：

（1）尽可能为公司主要游戏软件办理软件著作权登记。

（2）注意对重要的游戏源代码或者文件进行备份，加强源代码管理，严控外泄。

（3）在游戏开发中，多利用时间戳等电子存证方式保留软件自主开发过程的痕迹。

（4）源代码开发中，预设特殊标记、无用语句等，为将来可能的侵权比对认定提供有利证据。

（5）做好核心技术人员的管理，签署保密协议。

**▣ 判决书摘要**

本院认为：根据被告九合天下公司在其推广宣传过程中的表述，《巨龙之怒》软件系由《斗龙传》更名而来，二者系前后延续同一款软件。九合天下公司系《巨龙之怒》或称《斗龙传》软件的开发者。

原告蓝港在线公司是《王者之剑》软件的著作权人，其对该计算机软件作品享有的著作权应受我国法律保护。该软件首次发表时间（2012年6月8日）早于被告九合天下公司《巨龙之怒》或称《斗龙传》软件的开发完成时间（2013年2月1日）。蓝港在线公司《王者之剑》121018版是在起诉时（2013年6月）提交的，早于九合天下公司在法院勘验过程中提交的《巨龙之怒》130703版的形成时间，故根据民事诉讼证据规则，在无相反证据的情况下，九合天下公司及于某某关于蓝港在线公司提交的《王者之剑》121018版并非形成于2012年10月18日，其可能是在抄袭被告软件著作权基础上形成的等相关主张，不能成立。

工信部知识产权司法鉴定所作出的第 140 号鉴定报告、补充鉴定意见及答复，可以作为本案判断侵权事实是否存在的依据。根据对比鉴定结果，九合天下公司《斗龙传》游戏的客户端源代码的 CS 文件共有 871 个，蓝港在线公司《王者之剑》游戏的客户端源代码的 CS 文件共有 834 个，双方客户端源代码有 463 个文件具有对应关系，排除第三后客户端代码后，以原告为参考，客户端 100% 完全相同的文件共有 66 个，大于等于 90% 小于 100% 的有 46 个，大于等于 80% 小于 90% 的有 49 个，大于等于 70% 小于 80% 的有 25 个，大于等于 50% 小于 70% 的有 36 个，小于 50% 的有 42 个，来自第三方软件的有 199 个。九合天下公司《斗龙传》游戏的服务器端源代码的 .JAVA 文件共有 793 个，蓝港在线公司《王者之剑》游戏的服务器端源代码的 .JAVA 文件共有 951 个，其中 244 个名称不同内容有相同或名称相同内容有修改。以原告为参考，源代码文件并无 100% 完全相同的，大于等于 90% 小于 100% 的有 33 个，大于等于 80% 小于 90% 的有 38 个，大于等于 70% 小于 80% 的有 53 个，大于等于 50% 小于 70% 的有 58 个，小于 50% 的有 62 个，并无来自第三方软件的文件。两公司计算机软件部分源程序存在对应关系，九合天下公司未能就其源程序缘何与蓝港在线公司的源程序存在大量相同之处给出合理的解释。结合于某某等原蓝港在线公司软件技术人员接触过《王者之剑》软件代码，可以认定九合天下公司在编写《巨龙之怒》软件时将《王者之剑》软件内容作为自己的内容，并以自己的名义予以发表，已构成对蓝港在线公司计算机软件的抄袭，构成对其著作权的侵犯，应承担停止侵权、赔礼道歉、赔偿损失的民事责任。

蓝港在线公司还依据其单方委托鉴定机构作出的第 114 号鉴定报告，主张《巨龙之怒》4 月版侵权。鉴于该鉴定系其单方委托，被告九合天下公司对该鉴定报告发表的部分质证意见具有合理性，且该报告客观上与本院委托鉴定机构作出的第 140 号鉴定报告结论并不吻合，故本院对第 114 号鉴定报告不予采信。

于某某作为参与该软件开发的技术人员，曾参与《王者之剑》的研发工作，具有抄袭代码的可能性。但根据原告蓝港在线公司提供的证据，包括于某某在内的多名蓝港在线公司前技术人员均已加入九合天下公司从事软件研发工作，现有证据并未直接证明于某某本人实施了抄袭行为，故原告蓝港在线公司关于于某某侵害其著作权的主张证据不足，本院不予支持。

## ～ 游戏码 36 ～
## 破解上传他人未在国内销售的游戏软件构成侵权
## 且应承担赔偿责任

### ✍ 示例案件

光荣特库摩《三国志 13》系列游戏被破解案，（2016）京 73 民初 370 号①

### 🗨 裁判要旨

未经许可，将他人享有著作权破解后的游戏软件置于互联网上，使不特定公众可以自由下载并免费使用该游戏软件，侵犯了权利人对其游戏软件作品享有的信息网络传播权。虽然侵权行为发生时，权利人的游戏软件尚未在中国公开发售，但权利人就其作品所享有的著作权受我国著作权法保护，侵权人从其侵权行为中获取了不法利益，应当立即停止侵权行为并赔偿权利人所遭受的经济损失。

### 💬 案例解码

和所有软件面临的盗版问题一样，游戏作为一款软件也需要面对破解版的问题。有的传播破解版游戏的网站甚至极力宣称，"××游戏根本没进入中国，破解不犯法"，"这是破解汉化版，不是盗版，放心

---

① 北京知识产权法院民事判决书(2016)京 73 民初 370 号。

玩"。这种声音的存在，使得在游戏领域产生了一个让中国游戏玩家疑惑了很多年的问题：网上那些破解版游戏，是侵权盗版吗？当然这个问题在法律人看来，其实是一个不是问题的问题，这一问题是由于长期公开侵权却未得到制止而导致的一种混乱，需要法律的回归来正本清源。

示例案件中，北京三鼎梦软件服务有限公司（3DM 游戏网），因破解并传播日本光荣特库摩（原告）旗下《三国志 13》、《信长之野望创造：战国立志传》、《信长之野望创造》、《真三国无双 7 帝国》、《战国无双4-2》等五款游戏，被认定侵犯了后者游戏软件的信息网络传播权，并被总计判赔 162 万元。从该案判决后的反响来看，应该说是取得了很好的社会效果，游戏玩家、游戏开发者在欧美日韩游戏海外汉化破解到国内的版本简而言之就是盗版的问题上重新明确了认识。著作权虽然也具有一定的地域性，但基于《保护文学和艺术作品伯尔尼公约》（以下简称《伯尔尼公约》）和我国《著作权法》的规定，同为《伯尔尼公约》成员国作者的作品享有的著作权也受我国《著作权法》的保护。

另外需要特别指出的是，对于破解版游戏虽然肯定是侵权，但是由于权利人也没有在国内销售游戏，那么这种情况下权利人能否主张经济损失呢？如果可以主张又该如何计算呢？从侵权人抗辩的角度上来说，由于权利人游戏没有在中国发行所以权利人根本就不会有损失，而同时这些破解版游戏又往往是免费提供给玩家下载，因此侵权人也没有获利，所以侵权人自然不应当承担任何的经济赔偿。乍一看，侵权人的这种理由似乎有一定道理，但实际是经不住仔细推敲的。首先，从权利人损失来看，虽然在破解版出现之时，权利人没有在国内销售，但并不意味着权利人之后不会在国内发售游戏软件，由于破解版已经被玩家下载使用就必然导致权利人后续自己在中国的发售受到影响，显然会给权利人带来损失。其次，从侵权人获利来看，虽然破解版游戏是免费提供给玩家下载，但侵权人运营整个破解版游戏的网站会有广告流量的收益，显然会从其侵权行为中获取不法利益，绝不是没有任何收益的"公益"

行为。故而无论是从权利人损失还是侵权人获利来看，破解上传他人未在国内销售的游戏软件是应当承担赔偿责任的。示例案件中，两审法院关于破解上传他人未在国内销售的游戏软件构成侵权且应承担赔偿责任的判决，无疑对加强保护外国公司在国内的知识产权具有较好的示范意义。而且实际上，此类判决也有利于促进国内游戏开发者对于开发原创游戏的信心，有利于促进国内游戏行业健康有序的发展。

### 📷 判决书摘要

原告光荣特库摩游戏系日本法人，我国与日本均为《保护文学和艺术作品伯尔尼公约》成员国，根据《著作权法》第二条第二款的规定，成员国作者的作品享有的著作权受我国著作权法的保护。

我国《计算机软件保护条例》第九条规定，除另有规定外，软件著作权属于软件开发者。如无相反证明，在软件上署名的自然人、法人或者其他组织为开发者。《最高人民法院关于审理著作权民事纠纷案件适用法律若干问题的解释》第七条规定，当事人提供的涉及著作权的底稿、原件、合法出版物、著作权登记证书、认证机构出具的证明、取得权利的合同等，可以作为证据。本案中，根据原告提交的在日本公证购买的软件光盘、通过 Steam 网络平台购买的《三国志 13》游戏软件记载的情况，能够与我国版权局软件著作权登记以及原告提交的关于《三国志 13》游戏开发企划书等证据材料相互印证，形成了完整的证据链条，可以认定原告是《三国志 13》计算机游戏软件的著作权人。

根据双方当事人陈述及相关证据情况，本案的争议焦点可归纳为：第一，被告是否侵犯原告《三国志 13》游戏软件的信息网络传播权；第二，被告的责任承担问题。

第一，被告是否侵犯原告《三国志 13》游戏软件的信息网络传播权。根据(2016)京中信内经证字 09197 号公证书的记载，被告在其经营管理的 3DMGAME 网站中单独设置《三国志 13 3DM 免安装中日文正式版》游戏软件的主题网页，明确承认《三国志 133DM 免安装中日文正式版》

游戏软件系其制作，而"下载说明"中记载该游戏制作和发行均为本案原告光荣特库摩游戏。点击 3DMGAME 网站提供的链接下载得到的文件大小与被告网站中的记载相一致，且解压后的文件夹及文件均以 3DM 的名称命名。经实际运行游戏软件进行比对，确认《三国志 133DM 免安装中日文正式版》即为原告享有著作权的《三国志 13》游戏软件的破解版。另外，被告三鼎梦软件公司的自然人股东宿某某于 2016 年 1 月 28 日在其微博中称"《三国志 13》已经解锁，游戏正在上传"，被告 3DMGAME 网站关于《三国志 133DM 免安装中日文正式版》"下载须知"中亦明确记载"若对游戏有任何问题欢迎大家到 3DMGAME 游戏论坛的相关专区进行讨论"。

综上，虽然在案证据不能确认《三国志 133DM 免安装中日文正式版》游戏软件存储在被告的服务器上，但足以证明被告未经许可通过信息网络上传了原告享有著作权的游戏软件，使公众可以在其个人选定的时间和地点获得该作品，侵害了原告对其作品所享有的信息网络传播权。

第二，被告的责任承担问题。本案中，被告未经许可，将原告享有著作权的破解后的游戏软件置于互联网上，使不特定公众可以自由下载并免费使用该游戏软件，侵犯了原告对其游戏软件作品享有的信息网络传播权。虽然侵权行为发生时，原告的《三国志 13》游戏软件尚未在中国公开发售，但原告就其作品所享有的著作权受我国著作权法的保护，被告从其侵权行为中获取了不法利益，应当立即停止侵权行为并赔偿原告所受的经济损失。

关于损害赔偿数额，由于原告并未提供在我国境内实际销售的证据，也未提交充分证据证明被侵权所受到的实际损失或侵权获利情况，本院将根据本案的具体情况，综合考虑涉案作品的创作难度、市场价值、被告侵权的具体方式、侵权范围和主观过错程度等因素予以确定。原告创作的《三国志》游戏软件自 1985 年问世，历时 30 年并先后更迭有 13 个版本。结合(2016)京中信内证经字 09197 号公证书的记载，截至 2016 年 2 月 17 日，被告 3DM 网站上破解版《三国志 13》游戏软件的下载数量已逾 200 万次，一定程度上可以证明该游戏作品的受侵权程度、受欢迎程度和知名度，也说明其具有较高的经济价值。从在案证据看，原告在《三国志 13》发行后即发现被告有侵害其著作权的行为，曾先后多次向被告发出警告函，结合被告自然人股东宿某某在其微博中所发表的言论，可以证明被告的侵权行为具有较长时间的连续性，主观恶意明显，前述因素在确定赔偿数额时均一并予以考虑，根据我国《著作权法》第四十九条第二款的规定，酌定为人民币 50 万元。

关于合理支出，原告提供了相关票据，证明因本案诉讼支付公证费人民币 13700 元、翻译费用人民币 4947.792 元、诉讼代理费人民币 152750 元等，共计人民币 172959.792 元，现原告主张合理费用人民币 15 万元，符合合理性与必要性原则的要求，本院予以支持。

## ～ 游戏码 37 ～

## 游戏软件侵权，应当就被控侵权游戏软件的源程序与权利人游戏软件的源程序是否相同或近似进行比对

### 示例案件

"HOC"①游戏 vs《三界魂》游戏侵害计算机软件著作权纠纷案，(2015)渝五中法民初字第 00046 号②

### 裁判要旨

一个源程序只能转化成唯一形式的目标程序，但一个目标程序却有

---

① HOC，为移动端网游《混沌与秩序之英雄战歌》(Heroes of Order & Chaos) 的英文缩写。

② 重庆市第五中级人民法院民事判决书(2015)渝五中法民初字第 00046 号。

可能来自多种语言以及同种语言多种写法的源程序。因此，目标程序相同或近似并不等同于其源程序必然相同或近似。故对游戏软件侵权，应当就被控侵权游戏软件的源程序与权利人游戏软件的源程序是否相同或近似进行比对。

### 案例解码

目标程序相同或近似并不等同于其源程序必然相同或近似。源程序指的是用高级语言或汇编语言编写的程序。源程序不能直接在计算机上执行，需要用"编译程序"将源程序编译为二进制形式的代码。源程序经过编译所得到的二进制代码为目标程序。一个源程序只能转化为唯一形式的目标程序，但一个目标程序有可能来自多种语言或者同种语言多种写法的源程序。

智乐公司系"HOC"游戏软件的著作权人，智乐公司发现梦吃公司将"HOC"游戏软件程序2013版本运行界面的背景图片、色调、人物或装备名称等非关键性因素作了修改后更名为《三界魂》游戏，并在其经营管理的"《三界魂》官方网站"发布，提供给网络用户下载安装，侵犯其著作权，因此起诉至重庆第五中级人民法院，要求梦吃公司停止侵权，发表致歉声明并赔偿损失。

本案中，原告诉称《三界魂》游戏在登录页面、进入游戏前的人物选择页面、进入游戏后的状态页面、各种设置或选项的操作页面等几乎全部游戏运行页面，均与"HOC"游戏对应的页面在框架、功能、位置，甚至图标、名称方面高度一致，并且，《三界魂》游戏与"HOC"游戏程序的对应文件几乎完全相同。即原告认为其享有著作权的"HOC"游戏与《三界魂》游戏的目标程序相同。

法院认为，原告与被告的游戏目标程序相同并不意味着其源程序相同。判断被告的游戏软件是否构成软件侵权时，应当就被告游戏软件的源程序与原告游戏软件的源程序进行相似性的比对。因此，要判断被告的游戏软件是否构成侵权需要对两款游戏的源程序进行相似性比对。

## 📖 判决书摘要

本院认为，本案系计算机软件著作权侵权纠纷，计算机软件是由计算机程序和计算机文档构成。根据《计算机软件保护条例》第三条第(一)项规定："计算机程序，是指为了得到某种结果而可以由计算机等具有信息处理能力的装置执行的代码化指令序列，或者可以被自动转化成代码化指令序列的符号化指令序列或者符号化语句序列。同一计算机程序的源程序和目标程序为同一作品。"计算机文档是指用来描述程序的内容、组成、设计、开发情况、测试结果及适用方法的文字资料和图表等。计算机程序可分为目标程序和源程序，计算机程序开发通常是先编写出源程序，然后通过编译程序或者翻译程序将其自动转化成目标程序。一个源程序只能转化成唯一形式的目标程序，但一个目标程序却有可能来自多种语言以及同种语言多种写法的源程序。也就是说，目标程序相同或近似并不等同于其源程序必然相同或近似。故本案所涉游戏软件侵权，应当就被告游戏软件的源程序与原告游戏软件的源程序是否相同或近似进行比对。

结合原告证据保全公证书，原告的"HOC"游戏与被告的《三界魂》游戏在程序文件方面，存在文件夹及其下级文件夹(文件)的文件命名格式相同，"Effect"、"Character"、"Skill"等文件夹(文件)的名称、格式、大小相同，"achievement"及"guild"项下的全部图标相同等情况。原、被告游戏的登录及运行界面，除页面背景图案及人物名称不同外，界面的主体框架和功能相似，"建立队伍"、"选择英雄"、"对阵列表"、展开小地图模式、返回游戏主页等，所显示界面框架、栏目、提示内容以及"选项"的"操作"子界面、"聊天界面"等页面结构、名称、图标等相似。而且被告《三界魂》游戏软件的配置文件中，也出现了与原告公司相关的"gameloft"等内容。此外，原告向本院提出申请，就被告的《三界魂》游戏软件与原告的"HOC"游戏软件的源程序、代码及文档的内容等进行鉴定，并向本院提交了"HOC"游戏相关文档光盘和程序光盘、HOCSVN 工作日志数据光盘等材料以供鉴定使用。

基于上述情况，被告应当对其独立创作完成《三界魂》游戏负有举证责任，但被告并未举示相应证据予以证明。庭审中，被告举示的计算机软件著作权登记证书，显示《三界魂》V1.0 开发完成日期是 2014 年 12 月 20 日，也晚于原告"HOC"游戏 V1.0 软件的开发完成日期（2012 年 11 月 1 日）。针对原告提出的鉴定申请，被告称涉案的《三界魂》B05 版游戏软件的源程序、源代码及相关文档等，均已被删除，无法与原告的"HOC"游戏软件进行源程序等比对鉴定。从举证责任角度讲，被告应当承担举证不能的后果。故被告称其开发游戏软件时，参考了同类型游戏的数据，未侵犯原告著作权的抗辩，本院不予支持。

被告梦吒公司的《三界魂》游戏软件，侵犯了原告"HOC"游戏软件著作权，根据《著作权法》第四十七条的规定，侵权人应当承担停止侵害、消除影响、赔礼道歉、赔偿损失等民事责任。被告梦吒公司应当立即停止侵权，删除其运营管理的《三界魂》网站内《三界魂》游戏以及相关程序代码，并在其《三界魂》网站显著位置连续 90 天登载向原告的致歉声明。原告要求被告在全国性有影响力的报刊上刊登致歉声明，考虑到与被告侵权行为影响范围相匹配，故对原告的该请求，本院不予支持。

关于智乐公司主张的赔偿数额问题。根据《著作权法》第四十九条的规定，侵犯著作权或者与著作权有关的权利的，侵权人应当按照权利人的实际损失给予赔偿；实际损失难以计算的，可以按照侵权人的违法所得给予赔偿。赔偿数额还应当包括权利人为制止侵权行为所支付的合理开支。权利人的实际损失或者侵权人的违法所得不能确定的，由人民法院根据侵权行为的情节，判决给予 50 万元以下的赔偿。鉴于原告未能举示充分证据证明其因侵权所遭受的损失或者被告因侵权所获得的利益，本院根据涉案作品的类型、侵权行为性质、侵权范围等情节酌情主张被告赔偿原告经济损失及合理费用 15 万元。

## ∽ 游戏码 38 ∽
# 被控侵权人不能就其与权利人软件源代码之间存在大量相似之处的原因进行合理解释，可认定构成对权利人软件复制权的侵权

**示例案件**

《王者之剑》vs《巨龙之怒》侵犯计算机软件著作权纠纷案，（2013）二中民初字第 9903 号①

**裁判要旨**

在经比对确定双方计算机软件部分源程序存在对应关系，而被控侵权人不能对大量相似之处给出合理的解释，加之被控侵权人的员工曾在权利人处工作有接触软件代码的可能性，可以认定构成对著作的侵权。

| 《王者之剑》 | 《巨龙之怒》 |
| --- | --- |
|  | |

**案例解码**

在计算机软件侵权案件中，法院在判断是否构成侵权时的标准是

---

① 北京市第二中级人民法院民事判决书(2013)二中民初字第 9903 号。

"实质性相同+接触+排除合理解释"。"接触"一般有两种认定方式，一是直接认定，即参与被控侵权软件程序编写的人员同样参与编写或销售权利人软件的；二是间接认定，即根据双方软件公开发表的时间进行判断。如原告软件公开发布的时间早于被告，并且被告不能提供其没有接触过原告软件的相关证据，则推定被告接触过原告的软件。

本案的焦点有两个，第一个焦点是《巨龙之怒》软件是否构成对蓝港在线公司《王者之剑》的复制权、修改权、发行权和网络传播权等著作权的侵犯。对此，法院认为，首先，就两款软件的形成时间而言，蓝港在线公司的《王者之剑》早于九合天下公司的《巨龙之怒》。其次，鉴定意见显示，《王者之剑》与《巨龙之怒》存在大量的相同之处，且九合天下公司不能就相同之处给出合理的解释。最后，九合天下公司参与《巨龙之怒》游戏开发的员工曾在蓝港在线公司参与《王者之剑》游戏的开发。因此，法院认定九合天下公司的《巨龙之怒》软件构成对《王者之剑》的抄袭，并以自己的名义将游戏软件进行发表，构成对蓝港在线公司《王者之剑》游戏软件著作权的复制权、修改权、发行权和网络传播权的侵犯。

第二个焦点是，于某某个人是否构成对蓝港在线公司《王者之剑》享有的著作权的侵犯。法院认为，从蓝港在线加入九合天下公司的员工不止于某某一个人，且现有证据并不能直接证明《巨龙之怒》软件中的相似内容是由于某某个人完成，因此，不能认定于某某侵害了蓝港在线公司《王者之剑》的著作权。

### 📑 判决书摘要

本院认为：根据被告九合天下公司在其推广宣传过程中的表述，《巨龙之怒》软件系由《斗龙传》更名而来，二者系前后延续的同一款软件。九合天下公司系《巨龙之怒》或称《斗龙传》软件的开发者。

原告蓝港在线公司是《王者之剑》软件的著作权人，其对该计算机软件作品享有的著作权应受我国法律保护。该软件首次发表时间（2012年6月8日）早于被告九合天下公司《巨龙之怒》或称《斗龙传》软件的开发完成时间（2013 年 2 月 1 日）。蓝港在线公司《王者之剑》121018 版是在起诉时（2013 年 6 月）提交的，早于九合天下公司在法院勘验过程中提交的《巨龙之怒》130703 版的形成时间，故根据民事诉讼证据规则，在无相反证据的情况下，九合天下公司及于某某关于蓝港在线公司提交的《王者之剑》121018 版并非形成于 2012 年 10 月 18 日，其可能是在抄袭被告软件著作权基础上形成的等相关主张，不能成立。

工信部知识产权司法鉴定所作出的第 140 号鉴定报告、补充鉴定意见及答复，可以作为本案判断侵权事实是否存在的依据。根据对比鉴定结果，九合天下公司《斗龙传》游戏的客户端源代码的 CS 文件共有 871 个，蓝港在线公司《王者之剑》游戏的客户端源代码的 CS 文件共有 834 个，双方客户端源代码有 463 个文件具有对应关系，排除第三后客户端代码后，以原告为参考，客户端 100% 完全相同的文件共有 66 个，大于等于 90% 小于 100% 的有 46 个，大于等于 80% 小于 90% 的有 49 个，大于等于 70% 小于 80% 的有 25 个，大于等于 50% 小于 70% 的有 36 个，小于 50% 的有 42 个，来自第三方软件的有 199 个。九合天下公司《斗龙传》游戏的服务器端源代码的 . JAVA 文件共有 793 个，蓝港在线公司《王者之剑》游戏的服务器端源代码的 . JAVA 文件共有 951 个，其中 244 个名称不同内容有相同或名称相同内容有修改。以原告为参考，源代码文件并无 100% 完全相同的，大于等于 90% 小于 100% 的有 33 个，大于等于 80% 小于 90% 的有 38 个，大于等于 70% 小于 80% 的有 53 个，大于等于 50% 小于 70% 的有 58 个，小于 50% 的有 62 个，并无来自第三方软件的文件。

两公司计算机软件部分源程序存在对应关系，九合天下公司未能就其源程序缘何与蓝港在线公司的源程序存在大量相同之处给出合理解释。结合于某某等原蓝港在线公司软件技术人员接触过《王者之剑》软件代码，可以认定九合天下公司在编写《巨龙之怒》软件时将《王者之剑》软件内容作为自己的内容，并以自己的名义予以发表，已构成对蓝港在线公司计算机软件的抄袭，构成对其著作权的侵犯，应承担停止侵权、赔礼道歉、赔偿损失的民事责任。

## ～ 游戏码 39 ～
## 经释明后被告拒不提供游戏软件源程序进行比对的
## 可以认定其构成侵权

**示例案件**

智乐软件(北京)有限公司与重庆梦吃科技有限公司侵害计算机软件著作权纠纷案，(2015)渝五中法民初字第 00046 号①

**裁判要旨**

一个源程序只能转化成唯一形式的目标程序，但一个目标程序却有可能来自多种语言以及同种语言多种写法的源程序。因此，目标程序相同或近似并不等同于其源程序必然相同或近似。故对游戏软件侵权，应当就被告游戏软件的源程序与原告游戏软件的源程序是否相同或近似进

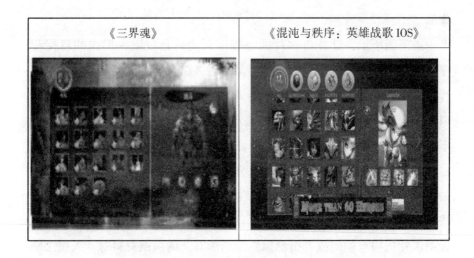

| 《三界魂》 | 《混沌与秩序：英雄战歌 IOS》 |
|---|---|

---

① 重庆市第五中级人民法院民事判决书(2015)渝五中法民初字第 00046 号。

行比对。经比对，游戏界面主体框架、栏目、提示内容的页面结构、图标、名称相同，程序文件命名格式细节相同，在原告同意提交源程序进行比对，而被告却拒不提交源程序进行比对的情况下，依据举证责任分配原则，应认定由被告承担举证不能的后果，判定被控侵权程序构成侵权。

## 🗨 案例解码

本案涉及计算机软件侵权比对的问题，如何证明被控侵权软件构成侵权，以及如何分配原被告举证责任，是此类案件经常遇到的争议焦点。在计算机软件著作权侵权实务中，由于源文件的原始性和机要性，原告通常难以获得被告计算机软件的源文件，而难以证明双方源文件是否相同或近似，从而使得原告证明被告是否满足侵权行为构成要件存在现实障碍。

《计算机软件保护条例》第三条第(一)项规定："计算机程序，是指为了得到某种结果而可以由计算机等具有信息处理能力的装置执行的代码化指令序列，或者可以被自动转化成代码化指令序列的符号化指令序列或者符号化语句序列。同一计算机程序的源程序和目标程序为同一作品。"

如下图所示，计算机软件的源程序只能转化成唯一形式的目标程序，但一个目标程序却有可能来自多种语言以及同种语言多种写法的源程序，即目标程序相同或近似并不等同于其源程序必然相同或近似。所以在判定计算机游戏软件著作权是否侵权时，除了应判断游戏界面外形、计算机文档和目标程序以外，亦应当判断源程序是否相同或近似。

参照其他侵权纠纷的举证责任分配原则，比如在涉新产品制造方法的发明专利纠纷中，应由侵权产品生产者对产品制造方法不同于专利方法进行举证(《专利法》第六十一条)；在医疗侵权纠纷中，患者若能够证明医疗机构有隐匿或者拒绝提供与纠纷有关的病例资料时，人民法院应推定医疗机构有过错(《侵权责任法》第五十八条)。

本案中，审理法院经比对游戏界面主体框架、栏目、提示内容的页

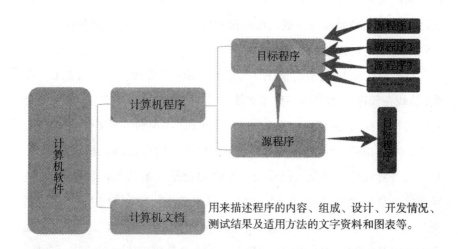

用来描述程序的内容、组成、设计、开发情况、测试结果及适用方法的文字资料和图表等。

面结构、图标、名称相同，程序文件命名格式细节相同，而在原告同意提交源程序进行比对，而被告却拒不提交源程序进行比对的情况下，依据举证责任分配原则，认定由被告承担举证不能的后果，判定被控侵权程序构成侵权。这一裁判观点，对于同类案件的处理，给出了积极的指引。

### 判决书摘要

本院认为，本案系计算机软件著作权侵权纠纷，计算机软件是由计算机程序和计算机文档构成。根据《计算机软件保护条例》第三条第(一)项规定："计算机程序，是指为了得到某种结果而可以由计算机等具有信息处理能力的装置执行的代码化指令序列，或者可以被自动转化成代码化指令序列的符号化指令序列或者符号化语句序列。同一计算机程序的源程序和目标程序为同一作品。"计算机文档是指用来描述程序的内容、组成、设计、开发情况、测试结果及适用方法的文字资料和图表等。计算机程序可分为目标程序和源程序，计算机程序开发，通常是先编写出源程序，然后通过编译程序或者翻译程序将其自动转化成目标程序。一个源程序只能转化成唯一形式的目标程序，但一个目标程序却有可能来自多种语言以及同种语言多种写法的源程序。也就是说，目标程序相同或近似并不等同于其源程序必然相同或近似。故本案所涉游戏软件侵权，应当就被告游戏软件的源程序与原告游戏软件的源程序是否相同或近似进行比对。

结合原告证据保全公证书，原告的"HOC"游戏，与被告的《三界魂》游戏在程序文件方面，存在文件夹及其下级文件夹（文件）的文件命名格式相同，"Effect"、"Character"、"Skill"等文件夹（文件）的名称、格式、大小相同，"achievement"及"guild"项下的全部图标相同等情况。原、被告游戏的登录及运行界面，除页面背景图案及人物名称不同外，界面的主体框架和功能相似，"建立队伍"、"选择英雄"、"对阵列表"、展开小地图模式、返回游戏主页等，所显示界面框架、栏目、提示内容以及"选项"的"操作"子界面、"聊天界面"等页面结构、名称、图标等相似。而且被告《三界魂》游戏软件的配置文件中，也出现了与原告公司相关的"gameloft"等内容。此外，原告向本院提出申请，就被告的《三界魂》游戏软件与原告的"HOC"游戏软件的源程序、代码及文档的内容等进行鉴定，并向本院提交了"HOC"游戏相关文档光盘和程序光盘、HOCSVN 工作日志数据光盘等材料以供鉴定使用。

基于上述情况，被告应当对其独立创作完成《三界魂》游戏负有举证责任，但被告并未举示相应证据予以证明。庭审中，被告举示的计算机软件著作权登记证书，显示《三界魂》V1.0 开发完成日期是 2014 年12 月 20 日，也晚于原告"HOC"游戏 V1.0 软件的开发完成日期（2012年 11 月 1 日）。针对原告提出的鉴定申请，被告称涉案的《三界魂》B05版游戏软件的源程序、源代码及相关文档等，均已被删除，无法与原告的"HOC"游戏软件进行源程序等比对鉴定。从举证责任角度讲，被告应当承担举证不能的后果。故被告称其开发游戏软件时，参考了同类型游戏的数据，未侵犯原告著作权的抗辩，本院不予支持。

被告梦呓公司的《三界魂》游戏软件，侵犯了原告"HOC"游戏软件著作权，根据《著作权法》第四十七条的规定，侵权人应当承担停止侵害、消除影响、赔礼道歉、赔偿损失等民事责任。被告梦呓公司应当立即停止侵权，删除其运营管理的《三界魂》网站内《三界魂》游戏以及相关程序代码，并在其《三界魂》网站显著位置连续 90 天登载向原告的致歉声明。原告要求被告在全国性有影响力的报刊上刊登致歉声明，考虑到与被告侵权行为影响范围相匹配，故对原告的该请求，本院不予支持。

关于智乐公司主张的赔偿数额问题。根据《著作权法》第四十九条的规定，侵犯著作权或者与著作权有关的权利的，侵权人应当按照权利人的实际损失给予赔偿；实际损失难以计算的，可以按照侵权人的违法所得给予赔偿。赔偿数额还应当包括权利人为制止侵权行为所支付的合理开支。权利人的实际损失或者侵权人的违法所得不能确定的，由人民法院根据侵权行为的情节，判决给予 50 万元以下的赔偿。鉴于原告未能举示充分证据证明其因侵权所遭受的损失或者被告因侵权所获得的利益，本院根据涉案作品的类型、侵权行为性质、侵权范围等情节酌情主张被告赔偿原告经济损失及合理费用 15 万元。

## ～ 游戏码 40 ～
## 权利人游戏软件的发表时间早于被控侵权人，可推定被控侵权人有接触权利人游戏软件的可能性

### ✒ 示例案件

北京三鼎梦软件服务有限公司与株式会社光荣特库摩游戏侵害计算机软件著作权纠纷案，（2018）京民终 176 号①

### 💬 裁判要旨

如果权利人游戏软件的发表时间早于被控侵权人，可推定被控侵权人有接触权利人游戏软件的可能性。

---

① 北京市高级人民法院民事判决书（2018）京民终 176 号。

🗨 案例解码

游戏软件的著作财产权指的是作者和其他著作权人享有的以特定方式利用作品并获得经济利益的专有权利。对于游戏软件行业而言，使软件的开发商从软件的利用中获得相应的经济回报，以促进优秀的游戏软件作品的创作与传播是著作权法的根本目标。即作品著作财产权的核心是控制因作品产生的经济利益的归属。本案中，原告光荣特库摩是《信长之野望创造：战国立志传》的游戏开发商，因此这款游戏产生的利益应当归属于光荣特库摩。

根据我国《著作权法》的规定，外国人的作品根据其作者所属国或者经常居住地国同中国签订的协议或者共同参加的国际条约享有的著作权，受我国著作权法的保护。本案中，涉案游戏的作者是日本的法人，而我国与日本均加入了《保护文学和艺术作品伯尔尼公约》，在不违反我国法律法规的情况下，案涉游戏受到我国著作权法的保护。

实践中，判断软件侵权的标准主要采用的是"实质性相似+接触"。本案中，被告对于其网站上提供的游戏与原告的软件构成实质性相似未予反驳，但认为案涉游戏并没有在中国销售，其不具有"接触"的可能性。实践中，如果权利人游戏软件公开发表的时间早于被控侵权人的游戏发表时间，则一般推定为被控侵权人有"接触"行为。因此，法院未认可被告提出的关于案涉游戏未在中国销售而没有"接触"行为的抗辩。

🗨 判决书摘要

本院认为：

根据《中华人民共和国民事诉讼法》（以下简称《民事诉讼法》）第一百六十八条的规定，第二审人民法院应当对上诉请求的有关事实和适用法律进行审查。因此，根据上诉请求的有关事实和理由，本案二审的审理焦点为：第一，涉案计算机游戏软件《信长之野望创造：战国立志传》是否应受我国著作权法的保护；第二，三鼎梦软件公司就涉案侵权行为是否应当承担侵权责任；第三，如果三鼎梦软件公司应当承担侵权责任，一审判决其承担的赔偿责任是否适当？

一、关于涉案计算机游戏软件《信长之野望创造：战国立志传》是否应受我国著作权法保护的问题

《著作权法》第二条规定，外国人、无国籍人的作品根据其作者所属国或者经常居住地国同中国签订的协议或者共同参加的国际条约享有的著作权，受本法保护。同时，《著作权法》第四条规定，著作权人行使著作权，不得违反宪法和法律，不得损害公共利益。光荣特库摩游戏系日本法人，我国与日本均为《保护文学和艺术作品伯尔尼公约》成员国，因此，在没有证据证明光荣特库摩游戏在我国行使著作权的行为违反我国宪法和法律或者损害公共利益的情况下，光荣特库摩游戏的作品《信长之野望创造：战国立志传》享有的著作权受我国著作权法的保护，且光荣特库摩游戏有权依据其在日本发行的作品《信长之野望创造：战国立志传》在我国主张著作权。根据在案证据尚不足以认定光荣特库摩游戏在我国行使著作权的行为违反了我国宪法和法律的规定或者损害了我国的公共利益，故三鼎梦软件公司的相关上诉理由缺乏事实和法律依据，本院对此不予支持。

二、关于三鼎梦软件公司就涉案侵权行为是否应当承担侵权责任的问题

三鼎梦软件公司在二审期间认可一审判决中认定的涉案行为构成侵权，但认为上传涉案游戏《信长之野望创造：战国立志传》行为不是公司行为。从（2016）京中信内证经字 26528 号公证书公证的内容来看，在 3DMGAME 网站上有涉案游戏软件，且显示制作机构为 3DMGAME。通过 ICP/IP 地址/域名信息备案管理系统来看，www.3dmgame.com 网站主办单位为三鼎梦软件公司。三鼎梦软件公司并未提供证据证明 3DMGAME 网站仅提供技术服务，涉案游戏软件为他人上传。在光荣特库摩游戏提供初步证据证明三鼎梦软件公司提供了涉案作品的情况下，三鼎梦软件公司未能提供证据证明其仅提供网络服务且无过错，因此，就其该项上诉理由本院不予支持。

三、关于一审判决确定的赔偿数额是否适当的问题

《著作权法》第四十九条规定，侵犯著作权或者与著作权有关的权利的，侵权人应当按照权利人的实际损失给予赔偿；实际损失难以计算的，可以按照侵权人的违法所得给予赔偿。权利人的实际损失或者侵权人的违法所得不能确定的，由人民法院根据侵权行为的情节，判决给予50万元以下的赔偿。

鉴于光荣特库摩游戏未就权利人的实际损失和侵权人的违法所得提交证据，一审法院在综合考虑涉案游戏创作难度、市场价值、三鼎梦软件公司侵权的具体方式、侵权范围和主观过错程度等因素的基础上确定的赔偿数额尚属合理。对三鼎梦软件公司有关赔偿数额过高的上诉主张，本院亦不予支持。

## ～ 游戏码 41 ～
## 存在其他获取源代码可能的情况下没有直接证据不能推定离职员工构成侵权

### 📝 示例案件

深圳市网狐科技有限公司与深圳市壹柒游网络科技有限公司，熊某侵害计算机软件著作权纠纷案，（2014）深南法知民初字第 1266 号①

### 📑 裁判要旨

如原告对外存在出售其计算机软件行为，并会将游戏的源程序代码一同交付，则应认为被告存在通过市场购买的方式获得涉案软件源代码的可能，而原告提交的证据又不足以证明被告之源代码系由前员工提供，则原告主张前员工构成共同侵权的主张不能成立。

### 🗂 案例解码

目前市场上的网络游戏软件委托开发模式分为两种，一种是需要交

---

① 深圳市南山区人民法院民事判决书（2014）深南法知民初字第 1266 号。

付源代码的委托开发；另一种是无需交付源代码的委托开发。针对需要将源代码交付给买方的情况，采取怎样的措施保障交付的源代码不会被随意复制，进而对游戏开发商的利益构成损害以及网络游戏软件开发公司的员工在离职后从事竞业禁止的行为，在认定新雇主的行为构成对老雇主侵权的基础上，对于员工与新雇主是否构成共同侵权人的认定，法院在本案中给出了参考依据。即在需要交付源代码给买方的软件委托开发案件中，不能够直接推定员工与新雇主构成共同侵权人。因此，企业应该在涉及公司的技术和商业秘密相关的信息保护上做好预防措施，比如：（1）对于游戏软件开发商而言，如果涉及软件源代码的交付，则应在交付的源代码文档中设置若干的特殊标记或者字符等，为后期可能产生的侵权责任认定提供有利的证据。比如，在交付给不同公司的源代码中设置不同的特别标示符，以区别不同的买方，为可能出现的侵权比对提供依据。（2）加强对涉及公司的技术和商业秘密事项的规范制度管理，严格设置不同级别员工接触到的公司涉密材料的权限范围，预防员工窃取公司的技术和商业秘密并损害公司利益的事件的发生。

**◎ 判决书摘要**

本院认为，原告提交了网狐棋牌游戏系统 V6.6.0.3 及单品游戏港式五张、德州扑克、斗地主、新牛牛、二人牛牛、诈金花、百人牛牛、新百家乐程序中有原告的署名，且原告对网狐棋牌游戏系统 V6.6.0.3 进行了登记，并取得了国家版权局软著登字第 0644899 号《计算机软件著作权登记证书》，因此，在无相反证明的情况下，本院认定原告系网狐棋牌游戏系统 V6.6.0.3 及单品游戏港式五张、德州扑克、斗地主、新牛牛、二人牛牛、诈金花、百人牛牛、新百家乐的著作权人。

被告壹柒游公司销售的"壹柒游游戏平台"中的游戏平台以及港式五张、德州扑克、斗地主、四人牛牛、二人牛牛、诈金花、百人牛牛、庄闲平等八个单品游戏的源代码与原告的网狐棋牌游戏系统 V6.6.0.3 及单品游戏港式五张、德州扑克、斗地主、新牛牛、二人牛牛、诈金花、百人牛牛、新百家乐的源代码相同行数占原告源代码总行数的比例的90%以上，双方的计算机软件具有同一性，但被告壹柒游公司并未获得原告的授权，因此，被告壹柒游公司销售"壹柒游游戏平台"以及港式五张、德州扑克、斗地主、四人牛牛、二人牛牛、诈金花、百人牛牛、庄闲平等八个单品游戏的行为已经侵犯了原告的著作权，依法应当承担停止侵权和赔偿损失的侵权责任。

　　原告提交的《软件产品销售合同》和《软件产品购销合同》显示，原告在出售其计算机软件时，会将游戏平台及单品游戏的源程序代码一同交付给买家，故被告壹柒游公司可以通过市场购买的方式获得原告涉案计算机软件的源代码，同时，鉴于原告提交的证据不足以证明被告壹柒游公司使用的"壹柒游游戏平台"中的游戏平台以及港式五张、德州扑克、斗地主、四人牛牛、二人牛牛、诈金花、百人牛牛、庄闲平等八个单品游戏源代码系由被告熊某提供，或者被告熊某存在其他侵犯原告计算机软件著作权的行为，故原告关于被告熊某与被告壹柒游公司构成共同侵权的主张，证据不足，本院不予采信，对原告要求被告熊某停止侵权，对被告壹柒游公司的侵权责任承担连带责任的诉讼请求，本院不予支持。

# 第十一章  游戏改编权案例裁判
要旨及解析

~ 游戏码 42 ~
## 游戏中大量使用已发表作品中的人物名称、
## 情节等，构成改编权侵权

### 示例案件

《天龙八部》vs《全民武侠》著作权权属、侵权纠纷案，（2015）京知
民终字第 1619 号①

### 裁判要旨

游戏中大量使用已发表作品中的人物名称、情节等，构成改编权侵
权。小说作品中的人物如被赋予特定性格，带入了特定的故事情节并融
入了特定人物关系，则具备独创性。被控侵权游戏使用与涉案小说相同
或相似的装备、武功、人物、情节，数量较大，超出合理使用的范围，
构成对权利人游戏软件改编权的侵权。

### 案例解码

改编权，是改编作品创作出具有独创性的新作品的权利。如他人修

---

① 北京知识产权法院民事判决书(2015)京知民终字第 1619 号。

173

改作品后产生了新的作品，且该新作品保留了原作品中的基本表达，则该行为受该改编权的控制。因此，判断被控侵权游戏中是否使用了原有作品中受著作权法保护的具有独创性的表达是判断是否构成对原有作品改编权侵权的方式。

在进行侵权判定时，首先需要明确相关人物名称、装备、武功、故事情节等是否为具备独创性的作品。本案中，法院在裁判时首先认定了涉案武侠小说中的装备、武功、情节的独创性，并认为涉案小说中的人物因被作者赋予了特定的性格，拥有特定的故事情节和人物关系，进而具备作为作品的独创性要求。

其次，游戏中人物、情节的使用达到一定的比例，使公众在游戏过程中知道或应当知道该人物源于相关作品。《全民武侠》游戏中使用的与涉案小说相同或相似的设备、武功、人物、情节等数量较大，超出了合理使用的范畴，因此，构成对涉案小说内容的改编。

### ◨ 判决书摘要

一审法院经审理认为：

第一，畅游公司经过金庸授权取得了涉案 11 部作品在中国的独家移动端游戏软件改编权，奇游公司对此亦予认可，一审法院予以确认。奇游公司是移动端游戏《全民武侠》的开发者，应对游戏内容的合法性承担责任。第二，虽然《全民武侠》游戏的官方客服邮箱后缀是 9××3.com，炫游公司是 www.9××3.com 的备案单位，但上述事实不能推定炫游公司是《全民武侠》游戏的运营者。畅游公司主张炫游公司是《全民武侠》游戏的运营者，证据不足，故不能判令炫游公司承担责任。第三，畅游公司对比表中的装备、武功、情节，均具较高独创性，属于著作权法保护的作品。至于对比表中的人物，仅就其姓名的独创性而言，或有争议。但是，上述人物在涉案武侠小说中被金庸赋予了特定性格，带入了特定故事情节，融入了特定人物关系，因此产生了独创性。奇游公司和炫游公司辩称段誉等人为历史人物，仅提交网页打印件为证，未提供史书史料，证据明显不足。即使部分人物确为历史人物，《全民武侠》游戏对相应人物的使用，也包含了对人物性格、故事情节、人物关系的使用，属于对金庸作品的使用，而非对历史人物的使用。因此，两公司的上述辩称无事实与法律依据，一审法院不予支持。第四，《全民武侠》游戏使用与涉案 11 部小说相同或相似的装备、武功、人物、情节，数量较大，超出合理使用的范围，构成对涉案 11 部小说内容的改编。奇游公司是《全民武侠》游戏的开发者，其使用行为未经权利人许可，侵犯了畅游公司对涉案 11 部作品享有的独家移动端游戏软件改编权，应当承担停止侵权、赔偿损失的法律责任。第五，奇游公司已停止在 91 助手软件平台传播《全民武侠》游戏，通过其他平台下载的《全民武侠》游戏亦无法使用，足以认定奇游公司已停止实施侵权行为，不再重复判令奇游公司停止侵权。第六，改编权是财产权而非人身权，畅游公司要求奇游公司赔礼道歉无法律依据，一审法院不予支持。

二审法院认为：

根据诉辩主张，双方当事人对一审法院认定的畅游公司权属问题以及本案侵权事实并无争议，故本案二审的焦点仅为一审法院确定的赔偿额是否妥当。

本案中，涉案游戏中涉及的装备、武功、人物、情节与金庸 11 部作品相同或相似，数量较大，奇游公司作为《全民武侠》游戏的运营者，构成对涉案作品改编权的侵犯，属于《著作权法》第四十八条第（一）项所述之侵权行为，一审判决阐述得当，有事实和法律根据，本院不再赘述。

## ～ 游戏码 43 ～
## 如无法证明被控侵权行为已达到改变原曲形成新作品的程度，对侵犯改编权的主张不认可

📝 示例案件

许某某《西游记序曲》与蓝港在线《新西游记》游戏案，（2016）京

0107 民初 1812 号①

**▤ 裁判要旨**

主张侵犯作品改编权的一方，如无法证明被控侵权行为已达到改变原曲形成新作品的程度，法院对侵犯改编权的主张不予认可。

**▢ 案例解码**

基于原作品产生的演绎作品，原作品作者仍然享有署名权。例如，将一本小说改编为电影后，一般会注明"根据某某同名小说改编"。因此，如果对某一作品进行改变，并创作出一个新的作品，原作品的著作权人依然享有对新作品的署名权。

而在实践中，主张侵犯作品改编权的一方应证明侵权行为已达到改变原曲形成新作品的程度，如无法证明被控侵权行为已达到改变原曲形成新作品的程度，对侵犯改编权的主张不予认可。本案中，由于原被告双方不能就改编行为是否产生了新的作品达成一致意见，原告承担了举证不利的后果，即法院对其侵犯改编权的主张不予认可。

**▦ 判决书摘要**

本院认为，因被告蓝港在线公司超出授权许可使用期限，在其运营的网络游戏《新西游记》中使用了原告许某某作曲的两首音乐作品《西游记序曲》与《猪八戒背媳妇》，且未在使用中给原告署名，侵犯了原告对于上述音乐作品享有的署名权、信息网络传播权。被告蓝港在线公司关于游戏软件相对电视作品的特殊性，将相关背景音乐作品的署名显示在游戏中很难实现的抗辩主张，无事实和法律依据，本院不予采纳。关于被告蓝港在线公司是否侵犯原告许某某改编权的问题，依照著作权法的规定，改编权是改变作品，创作出具有独创性的新作品的权利，虽然经当庭对比，可以确认涉案游戏背景音乐中使用了涉案音乐作品，且与原曲存在一定差异，但在双方对是否改编的问题各执一词且原告许某某未就该项争议提交证据的情况下，无法确认被告蓝港在线公司的使用行为已经达到了改变原曲且形成新作品的程度，故本院对被告侵犯原告改编权不予认定。

---

① 北京市石景山区人民法院民事判决书(2016)京 0107 民初 1812 号。

# 第十二章 游戏侵权案件停止侵权相关案例裁判要旨及解析

## ～ 游戏码 44 ～
### 诉中禁令应当审查原告胜诉可能性及原告是否受到难以弥补的损害

**示例案件**

《魔兽世界》著作权侵权及不正当竞争纠纷，（2015）粤知法著民初字第 2-1 号民事裁定书①

**裁判要旨**

人民法院决定是否颁发诉中禁令，应当首先审查原告胜诉可能性，其次需对被诉侵权行为是否使原告受到难以弥补损害进行审查。对于网络游戏侵权案件，在原告胜诉可能性高且涉案游戏具有较强竞争关系的情况下，鉴于网络游戏具有生命周期短，传播速度快、范围广的特点，应认定被控侵权行为给原告造成的损害难以计算和量化。

**案例解码**

本案涉及网络游戏知识产权诉中禁令(临时禁令)的适用。诉中禁

---

① 广州知识产权法院民事裁定书(2015)粤知法著民初字第 2-1 号。

令允许知识产权权利人在未提起诉讼之前或未获得生效判决支持之前就可以禁止被控侵权人停止侵权行为，显然是对权利人具有倾向性的强保护措施。但同时，被禁止的行为也可能最终被法院认定为合法而导致被申请人蒙受损失。因此，司法实践中各法院对待诉中禁令申请普遍实行"积极慎重"原则。具体而言，"积极慎重"体现在法院一般会从六个方面对临时禁令请求进行审查和权衡：（1）权利是否存在瑕疵；（2）申请人是否存在较大的胜诉可能性；（3）如不采取禁令，是否会给申请人造成难以弥补的损害；（4）不采取禁令对申请人造成的损害是否大于采取禁令对被申请人造成的损害；（5）采取禁令是否会损害公共利益；（6）申请人提供担保的情况。

　　本案作为网络游戏侵权案件中的第一个诉中禁令案件，也是 2015 年最高人民法院公布的十大年度知识产权案件，具有很强的示范意义。尤其是结合案件本身现实情况，会对在实务中如何理解"诉中禁令应当审查原告胜诉可能性及原告是否受到难以弥补的损害"的原则有较强的实践指导意义。

**◙ 判决书摘要**

　　本院认为，根据《民事诉讼法》第一百条的规定，人民法院对于可能因当事人一方的行为，使判决难以执行或者造成当事人其他损害的案件，根据对方当事人的申请，可以裁定禁止其作出一定行为。据此，本院决定是否颁发禁令，应当首先审查原告胜诉可能性。根据《民事诉讼法》第一百零一条，如果情况紧急，不立即采取禁令将会使权利人受到难以弥补损害的，权利人可以申请诉前禁令。由于本案原告是在起诉同时申请禁令，并主张情况紧急，故本院还需对被诉侵权行为是否使原告受到难以弥补的损害进行审查。

　　关于原告胜诉可能性。我国及美国均为《保护文学和艺术作品伯尔尼公约》成员国，根据该公约及《著作权法》第二条，原告暴雪娱乐的作品受我国著作权法的保护。原告暴雪娱乐是《魔兽世界》系列游戏计算机软件作品的著作权人。据此，并结合原告暴雪娱乐官网及涉案合法出

版物对《魔兽世界》英雄和怪兽介绍时的版权标记，足以证明其对所主
张的 18 个英雄和 7 个怪兽形象美术作品享有著作权。被告未经原告许
可，在被诉游戏中使用这些英雄和怪兽形象，侵犯了原告美术作品的复
制、发行及信息网络传播等权利。同时，根据查明事实，原告《魔兽世
界》系列游戏在中国具有很高的市场知名度，故原告《魔兽世界：德拉
诺之王》游戏构成知名游戏。又由于"魔兽"被相关公众视为《魔兽世界》
的简称，"德拉诺"是《魔兽世界》虚构的地名，具有了区别商品来源的
显著特征，故《魔兽世界：德拉诺之王》构成知名游戏特有名称。被告
在原告《魔兽世界：德拉诺之王》游戏上线前后推出相似名称的游戏《全
民魔兽：决战德拉诺》（原名《酋长萨尔：魔兽远征》），主观上具有搭原
告游戏知名度"便车"的故意，客观上容易导致相关公众的混淆，构成
擅自使用他人知名商品特有名称的不正当竞争行为。另外，被告分播时
代在宣传被诉游戏时多次提及魔兽世界，容易使相关公众误认为该游戏
是原告开发或与原告有授权许可等关系的手机游戏，构成虚假宣传。被
告七游公司是被诉游戏的开发商，被告分播时代是独家运营商且是被告
七游公司的股东，被告动景公司经被告分播时代授权向公众提供被诉游
戏的下载服务，故原告主张三被告构成共同侵权，具有充分依据。在原
告胜诉可能性高的情况下，被告关于如果原告败诉将会给其及玩家带来
巨大损害的抗辩，明显缺乏说服力。另外，三被告共同实施了侵权行
为，故被诉游戏软件是否登记在案外人名下，并不影响本案禁令是否
颁发。

关于原告是否受到难以弥补的损害。本院注意到，被诉游戏是在原
告《魔兽世界：德拉诺之王》游戏上线前后推出。虽然两者分属手机端
和 PC 端的游戏，但两者都是网络游戏，且游戏名称相似，游戏中相关
英雄和怪兽形象、名称相似，相关游戏界面相似，都采用玩家扮演英雄
与怪兽作战的玩法。故两者是具有较强竞争关系的产品。被诉游戏的上
线势必挤占原告新推游戏的市场份额。而且网络游戏具有生命周期短、
传播速度快、范围广的特点，给原告造成的损害难以计算和量化。另

外，被告分播时代在宣传被诉游戏时采用了美女上门陪玩等低俗营销方式，在相关公众将被诉游戏与原告游戏混淆的情况下，会使相关公众对原告产生负面评价，从而给原告商誉带来损害。

被告虽提出相关英雄和怪物形象可以修改，但听证后提交的修改方案仍然与原告主张的内容构成实质相似。另根据被诉游戏的名称、相关英雄和怪兽形象等重要组成部分均构成侵权，以及被诉游戏宣传 100% 还原魔兽形象等事实，该游戏其余英雄或怪兽形象也存在较大的侵权可能性。据此，原告要求被诉游戏整体下线，依据充分，本院予以支持。

## ～ 游戏码 45 ～
## 在一定的条件下，停止侵权不一定意味着
## 停止游戏的运营

### 示例案件
北京微游互动、北京普游、北京畅游时代不正当竞争纠纷案，(2015)京知民终字第 2256 号①

### 裁判要旨
民事责任的承担方式应当与被控侵权行为的后果相适应，在为权利人提供充分救济的同时，亦应注意避免对侵权人的利益造成不必要的损害。

### 案例解码
《最高人民法院关于当前经济形势下知识产权审判服务大局若干问题的意见》第十五条规定，如果停止有关行为会造成当事人之间的重大利益失衡，或者有悖社会公共利益，或者实际上无法执行，可以根据案件具体情况进行利益衡量，不判决停止行为，而采取更充分的赔偿或者

---

① 北京知识产权法院民事判决书(2015)京知民终字第 2256 号。

经济补偿等替代性措施了断纠纷。权利人长期放任侵权、怠于维权，在其请求停止侵害时，倘若责令停止有关行为会在当事人之间造成较大的利益不平衡，可以审慎地考虑不再责令停止行为，但不影响依法给予合理的赔偿。

**◎ 判决书摘要**

根据《中华人民共和国民法通则》第一百三十四条的规定，承担民事责任的方式包括停止侵害、赔偿损失、消除影响等。民事责任的承担方式应当与被控侵权行为的后果相适应，在为权利人提供充分救济的同时，亦应注意避免对侵权人的利益造成不必要的损害。

本案中，普游公司未经许可在其开发的涉案游戏中使用金庸作品元素，普游公司与微游公司共同运营涉案游戏并利用金庸作品进行虚假宣传的行为，构成了对畅游公司的不正当竞争，理应承担停止侵害、赔偿损失、消除影响的民事责任。

关于停止侵害的具体方式，一审判决认为抽离了金庸作品元素后，涉案游戏无法再成为完整的作品，故在权衡利弊的基础上最终判令普游公司与微游公司停止运营涉案游戏。其实，涉案游戏更接近于卡牌动作类游戏，并不倚重情节，角色名称、武器武功名称、关卡名称的变化并不会导致游戏无法运行。事实上，二审庭审中，普游公司与微游公司当庭演示了目前尚在运营的涉案游戏（安卓版），其中已经删除了与金庸作品元素有关的所有内容，而相应替换了其他与金庸作品无关的内容，删除并替换后的涉案游戏仍是一款完整的游戏，但已与金庸作品无关。畅游公司对上述事实予以认可，但认为涉案游戏的名称未变更，仍作"大武侠物语"，因此仍有可能基于普游公司与微游公司先前的虚假宣传对消费者产生误导，故坚持要求普游公司与微游公司停止运营涉案游戏。

对此本院认为，首先，对于涉案游戏未经许可使用金庸作品元素这一不正当竞争行为来说，删除、停止使用被控侵权的作品元素已经可以达到停止侵害的效果。其次，停止运营涉案游戏可能造成普游公司和微游公司对用户或推广渠道构成违约，从而给其利益造成损害，而这不必要的损害可以避免。最后，因涉案游戏中已无与金庸作品有关的元素，加之一审判决已判令普游公司和微游公司公开发布声明，为畅游公司消除影响，故即便涉案游戏名称未变更，对消费者形成新的误导的可能性已不大。对于已经形成的误导，除消除影响外，亦已责令普游公司和微游公司赔偿损失，足以弥补畅游公司因被控不正当竞争行为造成的损害。因此，一审判决责令普游公司和微游公司停止运营涉案游戏超出了合理的民事责任承担范围，本院予以纠正。

# 第十三章　游戏侵权案件损害赔偿相关案例裁判要旨及解析

## ～ 游戏码 46 ～

## 以研发成本作为计算损害赔偿依据的，由于研发成本并非实际损失，不应得到支持

**示例案件**

《王者之剑》vs《巨龙之怒》案，（2013）二中民初字第 9903 号①

**裁判要旨**

原告以研发成本作为计算损害赔偿依据的，由于研发成本并非实际损失，不应得到支持。

**案例解码**

著作权的损害赔偿是基于补偿性原则，即"填平原则"。一般而言，判断赔偿数额的计算方式依次为：权利人实际损失、侵权人的违法所得、法定赔偿、许可费的合理倍数、酌定赔偿等。在实践案例中，约占78.5%的软件著作权案件采用的是法定判赔的方式计算赔偿额。

法院在确定赔偿额时，与权利人相关的酌定因素主要包括为制止侵

---

① 北京市第二中级人民法院民事判决书(2013)二中民初字第 9903 号。

权行为所支出的费用、发行价格、作品性质、知名度、发行时间、许可费、作品版本等。与侵权人相关的酌定因素包括侵权行为性质、主观过错、经营规模、持续时间、点击次数、下载数量、经营场所位置等。

其中，维权合理支出一般都能得到支持。根据《著作权法》和《最高人民法院关于审理著作权民事纠纷案件适用法律若干问题的解释》的规定，权利人的实际损失或者侵权人的违法所得无法确定的，人民法院根据当事人的请求或者职权适用《著作权法》第四十八条第二款的规定确定赔偿数额。制止侵权行为所支出的合理开支包括权利人或者委托代理人对侵权行为进行调查、取证的合理费用。

### 判决书摘要

关于赔偿损失的具体数额，原告蓝港在线公司主张以被告侵权行为给其造成的合作平台推广资源分流、用户分流、国内外直接销售收入减少以及研发成本等损失来计算。其中，研发成本并非实际损失，权利人亦未举证其他实际损失或侵权人的违法所得，本院将综合考虑游戏软件的商业运营特性、九合天下公司的主观恶意程度、侵权损害范围及其损害后果，并结合审计报告等证据酌情确定九合天下公司赔偿蓝港在线公司的经济损失数额，并根据合理性和必要性原则，酌情支持公证费和律师费等合理支出。

## 游戏码 47
## 与未取得授权相比，合法授权后超期使用导致的侵权，行为人主观过错较轻

### 示例案件

许某某《西游记序曲》与蓝港在线《新西游记》游戏案，（2016）京

0107 民初 1812 号①

### 💬 裁判要旨

网络游戏由游戏名称、程序源代码、游戏规则、游戏情节、场景画面、人物形象、背景音乐等多种元素组合而成，背景音乐作为网络游戏中的一个元素，在酌定赔偿数额时应当考虑音乐作品在游戏中发挥的作用。并且，对于在取得涉案音乐作品合法授权后超期使用导致侵权的行为，应当认定与从未取得授权的侵权行为有所区分，此种情况下被控侵权人的主观过错较轻。

### 💬 案例解码

主观过错是构成一般民事责任的要件之一。侵权行为人的主观过错程度是法院在考虑侵权赔偿额度时的考虑因素。在一般的民事案件中，确定主观过错的方式，主要以社会中普遍的一般理性人为标准，通过外在行为来推断行为人的主观状态。

本案中，被告蓝港在线公司分别于 2009 年和 2011 年与中国音乐著作权协会签订了《音乐著作权使用许可协议》，取得了自 2009 年 6 月至 2013 年 6 月期间使用涉案音乐作品的权利，并已支付相应的歌曲使用费。法院因此认定，蓝港在线公司的侵权行为是因超期使用导致，相对于未取得合法授权导致的侵权而言，主观过错较轻，在判定赔偿额时可予以酌减。

本案中，许某某主张经济损失按照实际损失即合理的许可费计算。法院认定，原告提交的涉案作品的许可费不能证明其因蓝港在线公司的侵权行为遭受的实际损失，因此，采用法定赔偿的方式计算赔偿额。酌定赔偿的因素包括，首先，涉案音乐作品的较高知名度意味着《西游记序曲》具有较高的商业价值。其次，就蓝港在线公司的主观过错程度而言，蓝港在线是在取得了涉案音乐作品的合法授权后因超期使用导致的侵权行为，相对于未取得合法授权导致的侵权而言，主观过错较轻。再

---

① 北京市石景山区人民法院民事判决书 (2016) 京 0107 民初 1812 号。

次，涉案音乐作品在涉案游戏中发挥的作用。对于网络游戏而言，游戏名称、游戏源代码、游戏规则、游戏情节、场景画面和背景音乐等都是其不可缺少的组成部分，在决定侵权赔偿额度时应对涉案音乐在游戏中发挥的作用加以考虑。最后，游戏的影响力、被控侵权人使用音乐作品的方式、持续的时间等也是应予以考虑的因素。此外，权利人的维权合理支出，法院予以全额支持。

### ◎ 判决书摘要

本院认为，原告许某某提交的两份授权协议涉及的音乐作品均为《西游记序曲》，该作品的授权费用并不能证明另一涉案音乐作品《猪八戒背媳妇》当然地具有同等商业价值，且原告许某某授权案外人的权利范围与本案被告具体使用情况存在差异，因此根据原告提交的现有证据无法充分证明其因被告涉案的侵权行为遭受的实际损失。在权利人的实际损失和被告因侵权行为的违法所得均难以确定的情况下，本案应依法适用法定赔偿方式在 50 万元以下确定赔偿数额。根据本案的具体情况，现综合以下因素酌定赔偿额：（1）两首涉案音乐作品具有较高的知名度，其中《西游记序曲》具有较高的商业价值；（2）被告蓝港在线公司的主观过错程度，被告系在取得涉案音乐作品合法授权后超期使用导致侵权，与从未取得授权的侵权行为应有所区分，主观过错较轻，而且原告许某某起诉后，被告蓝港在线公司及时将涉案音乐作品从涉案游戏中删除，避免侵权后果持续扩大；（3）网络游戏由游戏名称、程序源代码、游戏规则、游戏情节、场景画面、人物形象、背景音乐等多种元素组合而成，背景音乐是网络游戏其中一个元素，故应当考虑涉案音乐作品在涉案游戏中发挥的作用；（4）涉案游戏的影响力、被告使用涉案音乐作品的具体方式、侵权持续时间。此外，原告许某某为诉讼支出的律师费、购买 DVD 作为证据的费用均属于维权合理支出，且有相关票据在案佐证，本院予以全额支持。

## ～ 游戏码 48 ～
# 银行账户资金、增值税发票和证券交易所公告等材料可以成为侵权人违法所得的计算依据

**📝 示例案件**

《花千骨》vs《太极熊猫》案，（2015）苏中知民初字第 201 号①

**📃 裁判要旨**

银行账户资金、增值税发票和证券交易所公告等材料可以成为侵权人违法所得的计算依据。

**🗨 案例解码**

网游侵权损害赔偿的计算方式在多数案件中较为模糊，本案的高判赔额度和计算依据是案件的裁判亮点之一。

1. 游戏充值流水总额不能成为游戏侵权获利的计算依据

本案中，法院以估算侵权人违法所得方式酌情确定赔偿数额。但是，游戏的充值流水总额不能成为游戏侵权获利的依据。首先，《花千骨》游戏充值流水不等于天象公司的主营业务收入。由于不同运营模式下需扣除相应渠道成本或与运营商的比例分成，直接依据充值流水数额和收入利润率计算利润的方式并不准确。

2. 侵权赔偿的时间计算节点

涉案游戏的侵权时间从游戏上市开始，到修改至游戏版本中基本不存在权利人游戏中的内容为止，即从 2015 年 6 月至 2016 年 1 月为计算侵权人违法所得的估算时间区间。

3. 银行账户资金及开具的增值税发票显示的交易往来数据为计算违法所得的依据

---

① 苏州市中级人民法院民事判决书（2015）苏中知民初字第 201 号。

本案中，法院依申请调取了被控侵权人天象公司与爱奇艺公司在2015年7月至2016年7月的账户资金往来情况，以及同时间段内，两者之间的增值税专用发票数据的开具情况。但是，两者的银行账户数据与增值税专用数据存在较大的差异，而被告未对前述数据存在较大差异的原因进行解释。法院认定以数额较大的增值税发票数据作为两者游戏分成的依据。

4. 证券交易所网站上公布的文件可以作为利润率的估算依据

本案中，根据上海证券交易所网站上发布的《交易预案（修订稿）》和《二次回复公告》记载，涉案侵权游戏2015年度的收入利润率为13.9%，虽然该收入利润率并非仅针对天象公司财务报表计算，但是，天象公司的收入利润计算具有较大的参考依据，以13.9%作为收入利润率的计算依据属于公允数据。

5. 其他

同名电视剧的热播为游戏短时间的高额充值收入作出了贡献。被控侵权期间，游戏《花千骨》能够在短期内获得高额的充值流水应考虑《花千骨》IP的利润贡献。

综上，法院认定被控侵权人因游戏《花千骨》的获利明显超过权利人主张的赔偿数额，在综合考虑被告侵权行为的性质、侵权情节等因素后，对于权利人主张的连带赔偿3000万元予以支持。

**🅠 判决书摘要**

本院认为：首先，依据《交易预案（修订稿）》，《花千骨》游戏充值流水数据并非直接记为天象公司的主营业务收入，其需依据不同运营模式下扣除相应渠道成本或者与运营商比例分成后确认为业务收入，故蜗牛公司主张直接依据充值流水数值和收入利润率计算利润的主张并不准确。其次，《交易预案（修订稿）》中显示的相关充值流水数据不仅涉及本案被告天象公司的运营数据，亦涉及案外人成都天象互动数字娱乐有限公司的运营收入，故依据蜗牛公司的前述主张和证据，无法确切认定本案中两被告对外提供《花千骨》游戏作品之侵权获利。最后，《苏州金

鼎会计师事务所有限公司专项审计报告》中显示了《太极熊猫》游戏字
2015年7月以来净收入减少情况，但考虑到网络游戏上市后有其特定
市场生命周期，无法认定收入减少数额均系《花千骨》游戏上市造成。
故本案并无确切证据认定权利人的实际损失或侵权人的违法所得，本院
结合在案证据，综合考虑以下事实因素，以估算侵权人违法所得方式酌
情确定本案赔偿数额：

1. 计算时点：依据天象公司之主张，其于2016年1月19日上线
发布的1.8.0版本《花千骨》游戏经过多次迭代更新，已经与涉案《太极
熊猫》游戏存在较大区别，蜗牛公司亦认可该意见，故以《花千骨》游戏
上市时间即2015年6月至2016年1月作为估算时间区间。

2. 双方银行账户资金及开具增值税发票显示的交易往来数据。
2015年7月至2016年1月，天象公司于2015年11月5日分两笔支付
给爱奇艺公司共计7154113.68元，用途均标明为结算款。

前述期间内，天象公司共向爱奇艺公司开具增值税专用发票26份，
共计价税金额16917299.33元。天象公司认证爱奇艺公司开具的增值税
专用发票47份，共计价税金额40871859.22元。从双方《手机网络游戏
合作协议》中关于分成比例及方式的约定可知，天象公司向爱奇艺公司
实际支付分成金额乘以4为双方游戏运营中由天象公司负责运营渠道部
分的游戏总收入（扣除3%作者成本、自运营部分的渠道成本及呆账），
两者相互开具增值税专用发票总额乘以4为双方就游戏运营实际获得的
分成总收入（扣除3%作者成本、自运营部分的渠道成本及呆账）。依据
前述银行账户资金往来情况数额乘以4得2861645472元；依据天象公
司开具给爱奇艺公司增值税专用发票总额乘以4得67669179.32元，依
据天象公司认证爱奇艺公司开具的增值税专用发票总额乘以4得
163487436.88元，两项合计231156634.22元。

《手机网络游戏合作协议》约定，双方核对运营收入完毕后，根据
每月甲乙方实到账金额（已到达双方银行账户的费用）及分成比例，确
认双方需向对方支付的款项金额后在7个工作日内向付款方开具等额

6%增值税专用发票。并在收到对应发票后 45 个工作日内，将支付的分成款项支付至双方指定的专用账户。但在案证据显示，前述银行账户数据和增值税专用发票数据存在较大差异。两被告称不能仅以双方增值税发票开具情况作为计算依据，诉讼中本院责令两被告就本院调取证据中所涉增值税发票与本案无关的部分予以说明并提供证据，两被告均未说明并提供证据，而依据《交易预案（修订稿）》中披露的天象公司情况，天象公司与爱奇艺公司除涉案游戏 IP 分成外并无其他重大业务往来，同时考虑到涉案《花千骨》游戏充值流水情况，本院酌情将前述增值税发票数据 231156634.22 元作为双方游戏总分成金额的基本考量，即由天象公司负责运营渠道部分的未分成游戏总收入按 163487436.88 元计，爱奇艺公司负责运营渠道部分的未分成游戏总收入按 67669197.32 元计。

3.《二次回复公告》中所提示的收入利润率及具体估算利润。

（1）收入利润率数据。依据《二次回复公告》，《花千骨》2015 年度在标的公司的收入利润率为 13.9%，2016 年 1—3 月在标的公司的收入利润率为 32.68%。尽管该收入利润率并非仅针对天象公司财务报表计算，但对天象公司的收入利润计算仍具有较大参考意义。该数据系计算了《花千骨》IP 方、研发方的分成成本、服务器成本、期间费用及所得税金额等成本，且考虑到《二次回复公告》中披露标的公司业绩承诺期间预测收入利润率为 52.68%，考量其他同类游戏平均收入利润，本院认为以 13.9% 的收入利润率计算应属公允数据。本案中就爱奇艺运营游戏收入利润率并无直接可供参考的计算依据，本院酌情按照前述天象公司数据参照估算。

（2）估算利润。以前述双方增值税发票显示的游戏总分成金额为基数，按照 13.9% 的收入利润率，估算由天象公司、爱奇艺公司各自负责运营渠道部分的游戏总收入的利润为 32130772 元。可供参考的是，若按照 32.68% 计算，则利润额达到 75541988 元，两者均已超过蜗牛公司诉请的 3000 万元。需要指出的是，因 13.9% 的收入利润率系考虑了分成成本，故以该数据计算出的前述游戏收入利润额并未包含天象公司和爱奇艺公司自对方所获的分成利润，也即若再加上该部分利润构成双方就《花千骨》游戏运营利润总额数据，则将进一步大于前述数额。

（3）其他考量。《交易方案（修订稿）》中提及，《花千骨》游戏在上线四个月内获得高额的流水充值，在一定程度上与其同期热播的同名电视剧存在紧密关联。天象公司亦提出不能将《花千骨》游戏的整体收入均视为侵权收入。对此，本院认为，本案中不可否认被控侵权期间《花千骨》游戏获得高额充值流水并不仅在于其游戏本身玩法规则的可玩度，亦应考虑《花千骨》电视剧所作的贡献。但需要指出的是，若非利用原作，两被告无法形成《花千骨》这一新作或至少无法在同名电视剧热播期间的较短时间内将该款游戏乘势推出市场，其游戏获得高额整体收入的前提在于实施了涉案侵权改编行为，故即便考虑《花千骨》IP 的利润贡献，亦适度即可。就具体计算而言，13.9% 的收入利润率中已经扣除了 IP 方分成成本，可视为在一定程度考虑了 IP 的贡献，结合原告方关于赔偿总额的诉讼主张，本院认为并无必要就前述估算利润再予分摊折算。

综上，依照上述估算，两被告开发、运营《花千骨》游戏所获的利润已明显超过蜗牛公司主张的赔偿数额，本院在此基础上综合考虑两被告的侵权行为性质、侵权情节等因素，对于蜗牛公司请求两被告连带赔偿 3000 万元的诉讼主张予以支持。

# 第十四章　游戏侵权案件赔礼道歉相关案例裁判要旨及解析

## ～ 游戏码 49 ～
### 针对仅侵犯著作财产权的行为主张赔礼道歉等民事责任承担方式的不予支持

✒ **示例案件**

上海布鲁潘达网络技术有限公司与张旺侵害作品信息网络传播权纠纷案，(2015)沪知民终字第 442 号 ①

💬 **裁判要旨**

信息网络传播权系著作财产权利，被控侵权人承担赔偿损失及合理开支的民事责任足以使权利人享有的相关权利得到救济，在权利人并未举证证明其声誉因侵权行为遭受了损害的情况下，对权利人赔礼道歉的诉讼请求不应支持。

---

① 上海知识产权法院民事判决书(2015)沪知民终字第 442 号。

张旺《诸葛亮》

## 🗨 案例解码

在著作权侵权案件中，法院判决侵权者承担民事责任的目的主要有三个方面：首先，停止侵权行为，防止侵权损害后果的进一步扩大；其次，对著作权人因侵权行为造成的损失得到补偿；最后，防止侵权者继续实施侵权行为。

一般而言，当侵权行为侵犯了著作人身权，给著作权人的人格利益造成损失时，单纯的经济赔偿可能无法弥补对著作权人造成的损害。此时，法院一般会通过判令侵权人完成一些必要的行为，比如消除影响、赔礼道歉，以达到消除对著作权人造成不良影响或者对著作权人进行精神抚慰的目的。

但是，如果侵权行为只是构成对著作财产权的侵犯，而没有侵犯著作人身权。如通过判令侵权人支付相应的损害赔偿金即可使著作权人获得充分救济，则法院不宜要求侵权人承担赔礼道歉的民事责任。本案中，布鲁潘达公司的侵权行为主要是构成对张旺美术作品的信息网络传播权的侵犯，而作品的信息网络传播权属于著作财产权的范畴，因此，法院认为被告的侵权行为通过经济赔偿的方式能够实现对原告遭受的损害予以弥补的目的，故而对原告主张的刊登声明、赔礼道歉的诉讼请求未予支持。

### 📰 判决书摘要

原审法院认为，涉案作品系对历史人物诸葛亮所作的画像，作者通过水墨风格的线条、色彩勾勒出独具意境的人物形象，具备审美意义，体现了作者的自主选择和创作，属于艺术领域具有独创性并能以有形形式复制的智力成果，构成我国著作权法意义上的美术作品。张旺系涉案美术作品的著作权人。

关于布鲁潘达公司是否构成侵权，首先，布鲁潘达公司认可其在新浪微博及涉案网站中使用涉案作品的行为系其直接上传，上述渠道中使用的图片与涉案作品除在部分景物细节、色调深浅程度以及是否加注有文字等方面存有略微差异外，其余基本一致，构成实质性相似，布鲁潘达公司该使用行为构成侵权；其次，关于张旺主张布鲁潘达公司在新浪网及腾讯网相关网页中使用被控侵权图片的行为，根据涉案公证书内容显示，新浪网及腾讯网相关网页内容并未标明文章作者或上传者等身份信息，无法看出涉案作品系布鲁潘达公司主动编辑上传，并且上述网站相关网页设置上亦无法看出该板块内容可由第三方自行编辑并上传，故在张旺未能举证证明上述图片系布鲁潘达公司编辑、上传的情况下，无法认定侵权行为的实际实施人为布鲁潘达公司，对张旺主张系布鲁潘达公司在新浪网及腾讯网相关网页中使用被控侵权图片并构成侵权，原审法院不予支持。综上，布鲁潘达公司擅自将涉案作品上传至其微博及网站中用于其代理运行游戏的宣传推广，使公众能够在个人选定的时间和地点观看，侵害了张旺对涉案作品享有的信息网络传播权。

……

关于赔礼道歉的民事责任，原审法院认为，本案中，布鲁潘达公司的行为侵害了张旺就涉案作品享有的信息网络传播权，系著作财产权利，布鲁潘达公司承担赔偿损失及合理开支的民事责任足以使张旺享有的相关权利得到救济，且张旺并未举证证明其个人声誉因侵权行为遭受了损害，因此，对张旺主张刊登声明、赔礼道歉的诉讼请求不予支持。

# 第十五章　游戏侵权案件管辖权相关案例裁判要旨及解析

## ∽ 游戏码 50 ∾
## 在信息网络侵权案件中，被侵权人有权选择
## 侵权结果发生地作为法院管辖依据

### 📝 示例案件

北京银河聚阵诉上海科奂等著作权权属、侵权纠纷案，（2016）京 0101 民初 17035 号①

### 💬 裁判要旨

信息网络侵权行为实施地包括实施被诉侵权行为的计算机等信息设备所在地，侵权结果发生地包括被侵权人住所地。被侵权人有权选择侵权结果发生地作为法院管辖依据。

### 🗨 案例解码

《最高人民法院关于审理侵害信息网络传播权民事纠纷案件适用法律若干问题的规定》第十五条规定："侵害信息网络传播权民事纠纷案件由侵权行为地或者被告住所地人民法院管辖。侵权行为地包括实施被

---

① 北京市东城区人民法院民事判决书(2016)京 0101 民初 17035 号。

诉侵权行为的网络服务器、计算机终端等设备所在地。侵权行为地和被告住所地均难以确定或者在境外的，原告发现侵权内容的计算机终端等设备所在地可以视为侵权行为地。"《最高人民法院关于适用〈中华人民共和国民事诉讼法〉的解释》(以下简称《民事诉讼法司法解释》)第二十五条规定："信息网络侵权行为实施地包括实施被诉侵权行为的计算机等信息设备所在地，侵权结果发生地包括被侵权人住所地。"《民事诉讼法司法解释》第二十四条规定："民事诉讼法第二十八条规定的侵权行为地，包括侵权行为实施地、侵权结果发生地。"综合以上规定涉及的管辖连接点可以认定被侵权人住所地法院可以作为信息网络侵权的管辖法院。

本案中，被告以其住所地、侵权行为实施地、侵权结果发生地均不在北京东城区为由提出了管辖异议。本案原告主张的被控侵权行为包括侵害作品信息网络传播权的侵权行为，按照《民事诉讼法司法解释》第二十五条的规定，信息网络侵权行为实施地包括实施被诉侵权行为的计算机等信息设备所在地，侵权结果发生地包括被侵权人住所地。原告作为被侵权人有权选择侵权结果发生地作为法院的管辖依据。

### 📖 判决书摘要

本院经审查认为，本案中原告主张的被控侵权行为包括侵害作品信息网络传播权的侵权行为，故应当按照《民事诉讼法》及其司法解释关于侵权纠纷的规定确定管辖。根据《民事诉讼法》第二十八条的规定，因侵权行为提起的诉讼，由侵权行为地或者被告住所地人民法院管辖。根据《民事诉讼法司法解释》第二十四条的规定，侵权行为地包括侵权行为实施地、侵权结果发生地。据此，因侵权行为提起的诉讼，被告住所地、侵权行为实施地及侵权结果发生地人民法院均有管辖权。根据《民事诉讼法司法解释》第二十五条的规定，信息网络侵权行为实施地包括实施被诉侵权行为的计算机等信息设备所在地，侵权结果发生地包括被侵权人住所地。本案原告作为被侵权人有权选择侵权结果发生地作为法院管辖依据，而本案中作为侵权结果发生地的原告住所地位于北京市东城区西革新里××号院××房间，故本院对此案具有管辖权。综上，本院认为被告北京炎石天创公司提出的管辖异议不成立。

## ～ 游戏码 51 ～
## 涉外游戏许可当事人虽书面选择域外管辖，但该地与纠纷无实际联系的，约定无效

### ✍ 示例案件

韩国某公司与聚丰网络公司等网络游戏代理及许可合同纠纷管辖权异议案，最高人民法院（2009）民三终字第4号①

### 💬 裁判要旨

《民事诉讼法》民诉法规定的"可以用书面协议选择与争议有实际联系的地点的法院管辖"，应当理解为属于授权性规范，而非指示性规范，即涉外合同或者涉外财产权益纠纷案件当事人协议选择管辖法院时，应当选择与争议有实际联系的地点的法院，否则，该法院选择协议即属无效；同时，对于这种选择管辖法院的协议，既可以是事先约定，也可以是事后约定，但必须以某种书面形式予以固定和确认。故对于涉外合同或者涉外财产权益纠纷案件当事人协议选择管辖法院的问题，应当坚持书面形式和实际联系原则。

### 🗨 案例解码

本案引起的管辖纠纷，最终以最高人民法院判令许可协议中的管辖法院约定无效告终，该案的裁判结果对于涉外游戏的合作许可协议在管辖地的选择、准据法的选择等问题上有重要的启示意义。

---

① 最高人民法院民事裁定书（2009）民三终字第4号。

需要明确的是，虽然本案中具体选择新加坡作为管辖地被认定无效，但并不能因此就完全否定在涉外合作中作出选择外国法院管辖和适用外国法的方案，不应"因噎废食"，而是要从本案中总结经验，在确有必要约定域外管辖时，按照现有的裁判观点作出有效的管辖约定。

具体来说，在法律未修订的前提下，在涉外合同中，对于约定选择外国司法机构管辖纠纷，应当坚持书面约定和实际联系原则。对于实际联系的界定，选择的外国司法机构所在地应当与当事人住所地、合同履行地、合同签订地、标的物所在地中的至少一个地点存在交集，否则这种选择就极有可能被认定为没有实际联系而无效。

### ◎ 判决书摘要

关于涉案合同的协议选择管辖法院条款的效力，本院认为：

《民法通则》第一百四十五条规定："涉外合同的当事人可以选择处理合同争议所适用的法律，法律另有规定的除外。涉外合同的当事人没有选择的，适用与合同有最密切联系的国家的法律。"《民事诉讼法》第二百四十二条规定："涉外合同或者涉外财产权益纠纷的当事人，可以用书面协议选择与争议有实际联系的地点的法院管辖。选择中华人民共和国人民法院管辖的，不得违反本法关于级别管辖和专属管辖的规定。"最高人民法院《关于审理涉外民事或商事合同纠纷案件法律适用若干问题的规定》第一条规定："涉外民事或商事合同应适用的法律，是指有关国家或地区的实体法，不包括冲突法和程序法。"根据上述法律规定，协议选择适用法律与协议选择管辖法院是两个截然不同的法律行为，应当根据相关法律规定分别判断其效力。对协议选择管辖法院条款的效力，应当依据法院地法进行判断；原审法院有关协议管辖条款必须符合选择的准据法所属国有关法律规定的裁定理由有误。

对于涉外案件当事人协议选择管辖法院的问题，1982 年 10 月 1 日起试行的《民事诉讼法（试行）》并未作出特别规定，现行的 1991 年 4 月 9 日公布并施行的《民事诉讼法》第二百四十二条对此作出了上述特别规定。根据当时的立法背景和有关立法精神，对于该条中关于"可以用书面协议选择与争议有实际联系的地点的法院管辖"的规定，应当理解为属于授权性规范，而非指示性规范，即涉外合同或者涉外财产权益纠纷案件当事人协议选择管辖法院时，应当选择与争议有实际联系的地点的法院，否则，该法院选择协议即属无效；同时，对于这种选择管辖法院的协议，既可以是事先约定，也可以是事后约定，但必须以某种书面形式予以固定和确认。据此，按照我国现行法律规定，对于涉外合同或者涉外财产权益纠纷案件当事人协议选择管辖法院的问题，仍应当坚持书面形式和实际联系原则。

本案根据上诉人与被上诉人一致认可的合同英文本，其第二十一条约定了两个方面的基本内容，即首先约定了因协议产生纠纷所适用的实体法，即中国法律；进而约定了因协议产生纠纷的解决机构，即接受新加坡司法管辖。上诉人与被上诉人在本案中仅对协议选择外国司法机构管辖的效力问题有争议。根据上述法律规定特别是《民事诉讼法》第二百四十二条的规定，涉外合同当事人协议选择管辖法院应当选择与争议有实际联系的地点的法院，而本案当事人协议指向的新加坡，既非当事人住所地，又非合同履行地、合同签订地、标的物所在地，同时本案当事人协议选择适用的法律也并非新加坡法律，上诉人也未能证明新加坡与本案争议有其他实际联系。因此，应当认为新加坡与本案争议没有实际联系。相应地，涉案合同第二十一条关于争议管辖的约定应属无效约定，不能作为确定本案管辖的依据。上诉人据此约定提出的有关争议管辖问题的主张，不能得到支持。原审裁定将争议发生地也作为判断是否属于《民事诉讼法》第二百四十二条规定的与争议有实际联系的地点的连结点之一，虽有不当，但并不影响对涉案合同第二十一条有关争议管辖约定的效力的认定。

## ～ 游戏码 52 ～

## 合同内容为游戏平台维护开发的销售协议应按照
## 计算机软件开发合同纠纷确定管辖

### 示例案件

广州畅悠、陈某某计算机软件开发合同纠纷案，（2018）粤民辖终367号①

### 裁判要旨

根据《最高人民法院民事案件案由规定》，所谓的"计算机软件开发合同纠纷"是指双方当事人就计算机软件开发等相关事宜达成的协议而发生的纠纷。双方当事人虽签订《游戏销售协议》，但合同内容主要是围绕研发、架设网络游戏平台以及技术维护与支持的，应定性为计算机软件开发合同纠纷。

### 案例解码

本案所涉及的管辖问题对于熟悉计算机软件类案件纠纷司法实践的从业者而言，其实并非疑难问题。但对于刚刚接触或者之前并未接触过计算机软件纠纷的当事人而言，却时常感到困惑。对于标的额不大、争议事实其实也并不复杂的计算机软件合同纠纷，当事人往往不能理解为何此类案件的审级通常得直接由知识产权法院或者当地中院审理。

本案的二审裁定中，广东高院较为详细地说明了《民事诉讼案由规定》中"计算机软件开发合同纠纷"的含义，也就是指双方当事人就计算机软件开发等相关事宜达成的协议而发生的纠纷。当事人虽然通常理解公司只是将一款游戏软件卖给了相对方（尤其是对于有大量开发软件储备的公司，其事实上往往不会完全单独开发，只是作适度的修改就交付

---

① 广东省高级人民法院民事判决书（2018）粤民辖终367号。

给对方），但从法律的角度来审查，双方订立的合同不管名称如何，其内容中仍然会大量涉及"软件开发"、"平台维护"等，故而其必然还是属于"计算机软件开发等相关事宜"的定义范畴，应当归入计算机软件开发合同纠纷来确定相应的管辖。

值得一提的是，虽然司法实践一直如此操作，但根据《全国人大常委会关于专利等知识产权案件诉讼程序若干问题的决定》，2019 年 1 月 1 日起"当事人对发明专利、实用新型专利、植物新品种、集成电路布图设计、技术秘密、计算机软件、垄断等专业技术性较强的知识产权民事案件第一审判决、裁定不服，提起上诉的，由最高人民法院审理"。这意味着如果延续这种做法，一个较为简单的软件开发买卖纠纷，二审也都要由最高人民法院审理，这将很可能造成对最高人民法院司法审判资源的浪费，因此不排除后续司法实践对于此类案件的管辖会作出调整的可能。

### 📖 判决书摘要

本院查明：《红鼎游戏销售协议》前言部分明确："……甲乙双方在平等协商、诚实守信、互利互赢原则下，就甲方为乙方研发、架设网络游戏平台合作事宜，一致达成以下合作协议。"其中，第 1 条"合作方式"第 1.1 款约定："甲方为乙方研发网络游戏平台，平台名称：自由人游戏。乙方将自主管理，独立运营该游戏平台。"第 1.3 款约定："甲方为乙方研发网络游戏平台，并为其搭建后台管理系统等，乙方后期任何经营行为及平台上传内容等均与甲方无关。"第 1.4 款约定："甲方为乙方的游戏平台提供平台维护与技术支持等服务，期限为 2017 年 5 月 5 日到 2018 年 5 月 4 日。"第 5 条"技术服务费"第 5.1 款约定："乙方应向甲方支付技术服务费 10 万元人民币，该费用包含网络游戏平台的研发与搭建、合同期内技术维护与支持等。"双方还就双方的权利与义务、合作保障、合同效力、保密协议等内容进行约定。

本院认为：根据《最高人民法院民事案件案由规定》，所谓的"计算机软件开发合同纠纷"是指双方当事人就计算机软件开发等相关事宜达成的协议而发生的纠纷。根据陈某某起诉本案所依据的事实和理由以及本案查明的事实，双方当事人签订《红鼎游戏销售协议》主要是围绕畅悠公司为陈某某研发、架设网络游戏平台，并为陈某某搭建后台管理系统，以及提供合同期内的技术维护与支持等内容进行约定，故原审法院将本案定性为计算机软件开发合同纠纷并无不当。

# 第十六章　取证方式与证据相关案例
# 裁判要旨及解析

〜 游戏码 53 〜

## 权利证据应形成于侵权证据之前以证明权利基础，但并非审查权利证据的唯一标准

### 示例案件

盛大《热血传奇》与盛浪《传奇国度》案，(2012)沪一中民五(知)终字第 84 号①

### 裁判要旨

通常情况下，图片著作权侵权案件的权利图片证据确实应当形成于侵权证据之前以证明权利基础。但是，这并不是判断审查权利证据的唯一标准，对于权利证据的审查判断应当结合具体案件的具体情况进行分析认定。

### 案例解码

我国采取著作权自动取得制度，著作权登记并非取得著作权的前

--------

① 上海市第一中级人民法院民事判决书(2012)沪一中民五(知)终字第 84 号。

提，且作品已完成部分达到了独创性要求，该部分作品即受到著作权法的保护。未经著作权人的许可且缺乏法定抗辩事由的情况下实施受著作权专有权利控制的行为构成对著作权的直接侵权。以上著作权侵权基本理论的潜在前提是侵权人的行为是后行为，该行为对已经在先存在的权利人的作品进行了非经许可且缺乏法律依据的受著作权专有权利控制的行为。

著作权侵权的核心判断标准为"实质性相似+接触"，即权利人除了证明涉嫌侵权作品与受著作权保护的作品构成实质相似，还要证明侵权人在此前具备了接触原作品的机会或者已实际接触了原作品。该原则回归到证据保全、举证质证中，即要求证明权利人受著作权法保护的作品产生于涉侵权作品之前，否则，逻辑上权利人既无法证明侵权人"接触"了已经在先存在的权利人的作品，还会动摇作品的著作权归属。

通常情况下，图片著作权侵权案件的权利图片证据确实应当形成于侵权证据之前以证明权利基础。但是，这并不是判断审查权利证据的唯一标准，对于权利证据的审查判断应当结合具体案件的具体情况进行分析认定。

本案中，法院认为游戏软件进入市场时其游戏图片即已经完成定型，后期不会有较大的改动，且游戏图片与游戏运营是相互配合、相互协调的，图片被运用在游戏运行中，需要对游戏整体进行设计。在本案中，上诉人既未在游戏中运营被控侵权图片，又无法提供比权利人（被上诉人）更高像素的图片，故法院认为被上诉人所称存在权利图片事后制作的可能无事实依据，亦不具有现实可能性，被上诉人提供晚于侵权图片公证的权利图片并不影响其对这些图片享有独占性使用权的认定。

综上所述，法院对于权利证据的审查判断应当结合具体案件的具体情况进行分析认定，当然权利人在对侵权人的侵权行为进行证明时，亦应当特别注意可证明的法律事实发生的时间点，以提高证明效力，降低举证成本。

**📷 判决书摘要**

　　关于争议焦点三，上诉人锦某公司、盛浪公司认为，被上诉人提供的权利证据在侵权证据之后形成，不能排除被上诉人通过反向技术制作权利图片。本院认为，通常情况下，图片著作权侵权案件的权利图片证据确实应当形成于侵权证据之前以证明权利基础。但是，这并不是判断审查权利证据的唯一标准，对于权利证据的审查判断应当结合具体案件的具体情况进行分析认定。本案中，首先，被上诉人于 2001 年引进涉案的《热血传奇》游戏软件，通常一款游戏进入市场，其游戏图片即已基本定型，不会再有大的改动；其次，这些图片在被上诉人的图片库中像素清晰，而被控侵权图片并无比被上诉人图片库中的图片更加清晰的版本；再者，被上诉人的权利图片不仅存在于图片库中，而且被设计在游戏中运用，这类运用并不是单单制作图片即可，而是需要对整个游戏的运行进行设计，故被上诉人所称存在权利图片事后制作的可能无事实依据，亦不具有现实可能性。相反地，被控侵权图片仅存在于涉案网站的界面上，而在游戏中并无运用。综合以上分析，本院认为，被上诉人提供晚于侵权图片公证的权利图片并不影响其对这些图片享有独占性使用权的认定，两上诉人的相关上诉理由事实依据不足，本院不予采信。

## ∽ 游戏码 54 ∾
### 在游戏衍生品的侵权诉讼中，无第三方见证时，
### 法院不认可自行购买的被控侵权商品的证据效力

**✏ 示例案件**

　　广州漫翔公司、义乌市米芬公司著作权权属、侵权纠纷案，（2017）

粤 73 民终 293 号①

💬 **裁判要旨**

权利人为证明被控侵权人实施了侵权行为，自行购买被控侵权的商品，在没有第三方公证或者见证的情况下，因物流邮件单与包裹内物品存在被调换的可能性，法院不认可被控侵权商品与被控侵权人销售的商品为同一商品。

💬 **案例解码**

在著作权的侵权诉讼中，举证责任的分配和履行是一个重要的核心环节，直接关系到当事人能否赢得诉讼。一般而言，著作权人要求被控侵权人承担停止侵权的举证责任主要有两点：一是，原告需要证明自己是相关作品的权利人；二是，被告未经许可实施了受著作权控制的相关行为。本案中，漫翔公司要实现要求米芬公司停止侵权的诉求，需要证明两点：一方面，漫翔公司是案涉作品的著作权人；另一方面，米芬公司实施了本应受漫翔公司著作权控制的相关行为，即米芬公司销售了未经漫翔公司授权的侵权产品。

本案中，漫翔公司的举证不力是导致其败诉的重要原因。实践中，在知识产权侵权案件中对侵权行为的证据固定都是由律师和第三方的公证机构共同完成。本案中，漫翔公司自行上网购买米芬公司的产品后，将其带至法庭并宣称产品购自米芬公司的网上店铺。由于缺少第三方机构的见证，法院不认可漫翔公司带至法庭的物品与米芬公司网店销售的产品为同一产品，即漫翔公司未能举证证明米芬公司在销售被控侵权的产品。在无法证明米芬公司销售侵权产品的情况下，漫翔公司侵权之诉的失败也在情理之中。

在知识产权的侵权之诉中，律师工作很重要的一个部分是对侵权行为及相关侵权的证据进行固定，避免提交有瑕疵的证据，争取为当事人赢得诉讼。本案中，原告未聘请专业律师。在质证环节，被告律师提

---

① 广州知识产权法院民事判决书（2017）粤 73 民终 293 号。

出，原告存在调换物流邮件单与包裹包装箱内物品的可能性时，不能确定米芬公司销售的商品与被控侵权的商品的同一性。本案中，无论是一审还是二审法院，在证据认定中均采纳了被告律师的代理意见。

**◎ 判决书摘要**

本院认为，根据《民事诉讼法》第一百六十八条规定，第二审人民法院应当对上诉请求的有关事实和适用法律进行审查。根据漫翔公司的上诉主张及双方的庭审意见，本案二审争议的焦点为漫翔公司于一审期间提交的被诉侵权产品是否由米芬公司销售。一审中，漫翔公司提交了一大一小共两只纸箱包裹，纸箱表面贴有一张物流邮件单，包裹外包装纸箱仅用普通透明胶带进行密封，由于无第三方公证或见证，一审法院采信了米芬公司的抗辩意见，认为存在撕下物流邮件单粘在与本案无关的包裹外包装箱表面，或拆开密封胶带并调换包裹内的物品再重新包装的可能性。二审期间，漫翔公司未提交新的证据证实上述产品确由米芬公司销售，而仅凭其在一审期间出示的被诉侵权产品本身亦无法如实还原当时的情形，故依据本案现有证据来看，该包裹内的被诉侵权产品是否来源于米芬公司尚无法确定，本院据此对一审法院关于被控侵权商品与米芬公司网店销售的 Q 版造型公仔并非同一商品的认定予以维持。

另外，由于被控侵权商品与米芬公司网店销售的 Q 版造型公仔不是同一商品，故对漫翔公司从米芬公司网店购买的被控侵权商品是否来源于漫翔公司亦无法认定。一审法院在否定被诉侵权产品与米芬公司网店销售的 Q 版造型公仔是同一商品的情况下，又认定米芬公司网店销售的 Q 版造型公仔来源于漫翔公司缺乏依据，本院予以纠正。至于米芬公司是否实施了擅自使用漫翔公司知名商品特有包装、装潢及企业名称的不正当竞争行为问题，一审法院已进行了详细论述，事实和法律依据充分，本院对此不予赘述。

## ～ 游戏码 55 ～
## 主张游戏商标构成知名商品的一方对其游戏的
## 市场知名度负有举证责任

### 📝 示例案件

《剑灵》vs《一剑灭天（剑の灵）》侵害商标权纠纷案，（2016）粤 73 民终 468 号①

| 第 6914014 号注册商标"剑灵" | 《一剑灭天（剑の灵）》 |
|---|---|
| 剑灵 |  |

### 💬 裁判要旨

游戏公司如主张其游戏构成知名商品，而被控侵权行为构成对知名商品特有名称的侵犯，则游戏公司应对其游戏商标的市场知名度负举证责任。

---

① 广州知识产权法院民事判决书（2016）粤 73 民终 468 号。

## 🗨 案例解码

**1. 法院对知名商品的判断标准**

本案中，法院对于认定一款游戏是否属于知名商品的判断因素进行了列举，主要包括商品的销售时间、销售区域、销售额和销售对象，进行任何宣传的持续时间、程度和地域范围，作为知名商品受保护的情况等，即法院认定一款游戏是否构成知名商品时，会进行综合判断。

**2. 对知名商品判断的举证责任分配**

在商标侵权案件中，主张被控侵权行为对自身知名商品构成侵犯的一方，对其商标的市场知名度负举证责任。本案中，原告主张被诉侵权游戏上使用"剑の灵"字样构成对其知名商品、特有服务的侵犯，应就《剑灵》游戏属于知名商品进行举证证明。如原告无法就《剑灵》游戏的销售时间、销售区域、销售额和销售对象，进行宣传持续的时间、程度和地域等能够证明《剑灵》属于知名商品的因素进行举证，则应承担举证不能的后果，即法院不支持《剑灵》游戏属于知名商品，被告的行为不构成对知名商品的侵权。

## 🖼 判决书摘要

……

二、被诉侵权游戏上使用"剑の灵"字样是否构成对第 6914014 号"剑灵"注册商标专用权的侵犯

根据（2015）京方圆内经证字第 04703、第 04710 号《公证书》记载内容及有米公司、淮安有米公司的自认，原审法院认定在 2015 年 2 月 10 日、2015 年 2 月 27 日分别通过手机、台式计算机登录偶玩网，均可搜索到被诉侵权游戏《一剑灭天（剑の灵）》，该游戏可进行下载并安装使用。

从上述《公证书》及其附件内容显示，被诉侵权游戏在其游戏名称、游戏介绍、游戏宣传画面、游戏安装对话框上均有使用"剑の灵"字样，特别是在游戏宣传画面上将"剑の灵"字体放大进行突出使用，已具有识别商品来源的功能，属于商标性使用行为。有米公司、淮安有米公司

及射雕公司的抗辩理由不能成立，原审法院不予支持。

有米公司、淮安有米公司及射雕公司抗辩称两款游戏的具体内容及视觉体验等方面均存在不同之处，不构成实质性相似，不会导致游戏用户的混淆。由于本案并非侵害著作权纠纷，因此不能按照侵害著作权的认定标准对相关游戏的内容进行相同或实质性相似的比对，而应从被诉侵权游戏上使用的"剑の灵"字样是否足以造成相关公众混淆的方面去进行认定。

第6914014号"剑灵"注册商标核定服务项目为第41类，包括（在计算机网络上）提供在线游戏在内，由于腾讯公司、腾讯计算机公司已获权使用第6914014号"剑灵"注册商标，且腾讯公司、腾讯计算机公司在网络游戏服务行业具有较高的影响，相关公众会将带有"剑灵"字样的网络角色游戏与腾讯公司、腾讯计算机公司的服务产生联系。根据偶玩网对于《一剑灭天（剑の灵）》游戏的内容介绍，该游戏系网络角色游戏，虽然该游戏属于手游，但亦可同时通过台式计算机及手机进行下载安装，且其所面向的消费对象并无严格区分，该类玩家存在混同的情况，即手游玩家同时亦可以是端游玩家，并无明确的划分界限。根据《最高人民法院关于审理商标民事纠纷案件适用法律若干问题的解释》第十一条第三款规定："商品与服务类似，是指商品和服务之间存在特定联系，容易使相关公众混淆。"原审法院认为，《一剑灭天（剑の灵）》游戏商品与第6914014号"剑灵"注册商标核定服务项目之间存在特定联系，两者构成类似。

将"剑の灵"与第6914014号"剑灵"注册商标进行比对，前者系汉字与日文组合，其中日文"の"与中文"的"含义相似，是助词。两者的汉字部分完全相同，整体进行观察，两者的读音、排列、含义等构成近似。因此，被诉侵权游戏上使用"剑の灵"属于在类似商品上使用与第6914014号"剑灵"注册商标近似的商标。由于腾讯公司、腾讯计算机公司在提供在线游戏行业的知名度较高，其运营的《剑灵》游戏亦为网络角色游戏，对于普通游戏玩家等相关公众的一般注意力来说，容易产生混淆，误认为其存在特定联系。至于有米公司、淮安有米公司抗辩称玩家发现下载的并非腾讯公司、腾讯计算机公司运营的《剑灵》游戏即会离开，不会产生混淆的意见，由于有米公司、淮安有米公司并未提交证据证明，原审法院不予采信。综上，原审法院认定，被诉侵权游戏上使用"剑の灵"字样的行为已经构成对第 6914014 号"剑灵"注册商标专用权的侵犯。

三、被诉侵权游戏上使用"剑の灵"字样是否构成对腾讯公司、腾讯计算机公司主张的知名商品特有名称、特有服务的侵犯

根据《最高人民法院关于审理不正当竞争民事案件应用法律若干问题的解释》第一条规定："在中国境内具有一定的市场知名度，为相关公众所知悉的商品，应当认定为反不正当竞争法第五条第(二)项规定的'知名商品'。人民法院认定知名商品，应当考虑该商品的销售时间、销售区域、销售额和销售对象，进行任何宣传的持续时间、程度和地域范围，作为知名商品受保护的情况等因素，进行综合判断。腾讯公司、腾讯计算机公司应当对其商品的市场知名度负举证责任。"在本案中，腾讯公司、腾讯计算机公司证明《剑灵》游戏商品知名度的证据主要是各类网站上的相关报道，包括对该游戏获得的奖项的报道。由于该类报道只是一种第三方陈述，且《剑灵》游戏属于道具收费游戏，下载并不需要付费，故上述网站报道中所述的该游戏的网络关注人数及在线人数以及所获奖项并不能直接证明该游戏的知名度。腾讯公司、腾讯计算机公司并未就《剑灵》游戏商品的销售时间、销售区域、销售额和销售对象，进行任何宣传的持续时间、程度和地域范围，作为知名商品受保护的情况等因素进一步提交直接证据，无法证明《剑灵》游戏具有较高的市场知名度，并为相关公众所知悉的事实，应由腾讯公司、腾讯计算机公司承担举证不能的法律后果。根据现有证据，原审法院对腾讯公司、腾讯计算机公司主张《剑灵》游戏为知名商品的意见不予支持。由于《剑灵》游戏不能认定为知名商品，故腾讯公司、腾讯计算机公司主张有米公司、淮安有米公司构成对其知名商品特有名称、特有服务侵犯的请求

亦不能成立，原审法院依法不予支持。

## ～ 游戏码 56 ～
## 单方委托得出的鉴定意见与法院委托机构的鉴定意见
## 不一致时，对单方委托的鉴定报告不予采信

**📝 示例案件**

《王者之剑》vs《巨龙之怒》侵犯计算机软件著作权纠纷案，（2013）
二中民初字第 9903 号①

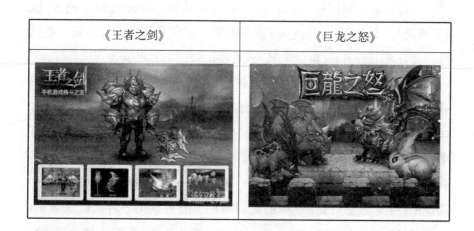

| 《王者之剑》 | 《巨龙之怒》 |
| --- | --- |

**💬 裁判要旨**

在对游戏软件是否构成实质性相同进行判定时，一方当事人自行委托有关部门作出的鉴定意见与法院委托机构作出的鉴定意见不一致时，法院对单方委托的鉴定报告不予采信。

**🗨 案例解码**

在计算机软件侵权案件中，法院在判断是否构成侵权时的标准是

---

① 　北京市第二中级人民法院民事判决书（2013）二中民初字第 9903 号。

"实质性相同+接触+排除合理解释"。由于对计算机软件的实质性相同或相似的判定属于专业性事实的判断，因此，一般在实践中多委托专门鉴定机构对于被控侵权软件与权利人的软件是否构成实质性相同进行鉴定。

根据鉴定的委托人不同，可以将鉴定分为单方当事人的委托鉴定和法院委托鉴定。而在单方委托与法院委托鉴定的效力判定上，本案给出了参考意见。本案中，蓝港在线公司主张《巨龙之怒》4月版构成侵权的依据是其单方委托鉴定机构出具的第114号鉴定报告，而该报告与法院委托的鉴定机构出具的第140号鉴定报告意见不一致。法院对蓝港在线单方委托的鉴定报告未予采信。

### 📖 判决书摘要

本院认为：根据被告九合天下公司在其推广宣传过程中的表述，《巨龙之怒》软件系由《斗龙传》更名而来，二者系前后延续的同一款软件。九合天下公司系《巨龙之怒》或称《斗龙传》软件的开发者。

原告蓝港在线公司是《王者之剑》软件的著作权人，其对该计算机软件作品享有的著作权应受我国法律保护。该软件首次发表时间（2012年6月8日）早于被告九合天下公司《巨龙之怒》或称《斗龙传》软件的开发完成时间（2013年2月1日）。蓝港在线公司《王者之剑》121018版是在起诉时（2013年6月）提交的，早于九合天下公司在法院勘验过程中提交的《巨龙之怒》130703版的形成时间，故根据民事诉讼证据规则，在无相反证据的情况下，九合天下公司及于某某关于蓝港在线公司提交的《王者之剑》121018版并非形成于2012年10月18日，其可能是在抄袭被告软件著作权基础上形成的等相关主张，不能成立。

工信部知识产权司法鉴定所作出的第140号鉴定报告、补充鉴定意见及答复，可以作为本案判断侵权事实是否存在的依据。根据对比鉴定结果，九合天下公司《斗龙传》游戏的客户端源代码的CS文件共有871个，蓝港在线公司《王者之剑》游戏的客户端源代码的CS文件共有834个，双方客户端源代码有463个文件具有对应关系，排除第三方客户端代码后，以原告为参考，客户端100%完全相同的文件共有66个，大于等于 90%小于 100%的有 46 个，大于等于 80%小于 90%的有 49 个，大于等于 70%小于 80%的有 25 个，大于等于 50%小于 70%的有 36 个，小于 50%的有 42 个，来自第三方软件的有 199 个。九合天下公司《斗龙传》游戏的服务器端源代码的. JAVA 文件共有 793 个，蓝港在线公司《王者之剑》游戏的服务器端源代码的. JAVA 文件共有 951 个，其中 244 个名称不同内容有相同或名称相同内容有修改。以原告为参考，源代码文件并无 100%完全相同的，大于等于 90%小于 100%的有 33 个，大于等于 80%小于 90%的有 38 个，大于等于 70%小于 80%的有 53 个，大于等于 50%小于 70%的有 58 个，小于 50%的有 62 个，并无来自第三方软件的文件。两公司计算机软件部分源程序存在对应关系，九合天下公司未能就其源程序缘何与蓝港在线公司的源程序存在大量相同之处给出合理解释。结合于某某等原蓝港在线公司软件技术人员接触过《王者之剑》软件代码，可以认定九合天下公司在编写《巨龙之怒》软件时将《王者之剑》软件内容作为自己的内容，并以自己的名义予以发表，已构成对蓝港在线公司计算机软件的抄袭，构成对其著作权的侵犯，应承担停止侵权、赔礼道歉、赔偿损失的民事责任。

蓝港在线公司还依据其单方委托鉴定机构作出的第 114 号鉴定报告，主张《巨龙之怒》4 月版侵权。鉴于该鉴定系其单方委托，被告九合天下公司对该鉴定报告发表的部分质证意见具有合理性，且该报告客观上与本院委托鉴定机构作出的第 140 号鉴定报告结论并不吻合，故本院对第 114 号鉴定报告不予采信。

## ∽ 游戏码 57 ∾

# 如不能提供直接证据证明前雇员实施侵权行为的，对前雇员与新公司构成共同侵权的主张不予支持

✍ 示例案件

《王者之剑》vs《巨龙之怒》侵犯计算机软件著作权纠纷案，（2013）

二中民初字第 9903 号①

💬 **裁判要旨**

在计算机软件著作权侵权案件中，主张前雇员与公司构成共同侵权，但未提供直接证据证明前雇员有复制、抄袭公司源代码行为的，不予支持。

🗨 **案例解码**

在软件著作权侵权诉讼中，举证责任的分配和履行直接关系到当事人是否能够赢得诉讼。作为民事诉讼，"谁主张、谁举证"的举证责任分配规则在软件著作权侵权之诉中仍然适用。

按照《计算机软件保护条例》第二十三条第五款的规定，未经软件著作权人的许可，修改、翻译其软件的，应当根据情况承担停止侵害、消除影响、赔礼道歉、赔偿损失等民事责任。在权利人起诉他人侵权并要求对方承担停止侵权责任的情况下，权利人只需要证明自己是相关作品的权利人以及被告未经许可实施了受著作权控制的行为即完成举证责任。因此，本案中蓝港公司主张九合天下公司承担侵权责任时，无需对九合天下公司的修改或抄袭游戏源代码的行为进行举证证明。但是，这一"推定"九合公司实施了侵权行为的责任认定方式不能适用于个人构成侵权行为的责任认定中。

本案中，蓝港公司主张于某某应当与九合天下公司共同承担侵权责任，则蓝港公司需要对于某某个人实施了修改或抄袭《王者之剑》游戏源代码的行为进行举证。如无法提供证据证明于某某个人的侵权行为时，则应承担举证不到位的后果，即法院不认可蓝港公司对于某某个人构成软件著作权侵权的主张。

📑 **判决书摘要**

工信部知识产权司法鉴定所作出的第 140 号鉴定报告、补充鉴定意见及答复，可以作为本案判断侵权事实是否存在的依据。根据对比鉴定

---

① 北京市第二中级人民法院民事判决书（2013）二中民初字第 9903 号。

结果，九合天下公司《斗龙传》游戏的客户端源代码的 CS 文件共有 871 个，蓝港在线公司《王者之剑》游戏的客户端源代码的 CS 文件共有 834 个，双方客户端源代码有 463 个文件具有对应关系，排除第三方客户端代码后，以原告为参考，客户端 100% 完全相同的文件共有 66 个，大于等于 90% 小于 100% 的有 46 个，大于等于 80% 小于 90% 的有 49 个，大于等于 70% 小于 80% 的有 25 个，大于等于 50% 小于 70% 的有 36 个，小于 50% 的有 42 个，来自第三方软件的有 199 个。九合天下公司《斗龙传》游戏的服务器端源代码的 . JAVA 文件共有 793 个，蓝港在线公司《王者之剑》游戏的服务器端源代码的 . JAVA 文件共有 951 个，其中 244 个名称不同内容有相同或名称相同内容有修改。以原告为参考，源代码文件并无 100% 完全相同的，大于等于 90% 小于 100% 的有 33 个，大于等于 80% 小于 90% 的有 38 个，大于等于 70% 小于 80% 的有 53 个，大于等于 50% 小于 70% 的有 58 个，小于 50% 的有 62 个，并无来自第三方软件的文件。两公司计算机软件部分源程序存在对应关系，九合天下公司未能就其源程序缘何与蓝港在线公司的源程序存在大量相同之处给出合理解释。结合于某某等原蓝港在线公司软件技术人员接触过《王者之剑》软件代码，可以认定九合天下公司在编写《巨龙之怒》软件时将《王者之剑》软件内容作为自己的内容，并以自己的名义予以发表，已构成对蓝港在线公司计算机软件的抄袭，构成对其著作权的侵犯，应承担停止侵权、赔礼道歉、赔偿损失的民事责任。

……

于某某作为参与该软件开发的技术人员，曾参与《王者之剑》的研发工作，具有抄袭代码的可能性。但根据原告蓝港在线公司提供的证据，包括于某某在内的多名蓝港在线公司前技术人员均已加入九合天下公司从事软件研发工作，现有证据并未直接证明于某某本人实施了抄袭行为，故原告蓝港在线公司关于于某某侵害其著作权的主张证据不足，本院不予支持。

## ～ 游戏码 58 ～
# 著作权人委托证据保全的时间应作为
# 诉讼时效的起算点

**📝 示例案件**

广东原创动力公司与广州名扬公司著作权侵权纠纷案，（2015）粤知法著民终字第 114 号①

**💬 裁判要旨**

著作权人委托代理人进行证据保全公证的时间应为其知道或应当知道涉嫌侵权人及具体侵权行为相关信息的时间，并应作为诉讼时效期间的起算点。

**🗨 案例解码**

诉讼时效的起算点是本案的核心争议焦点之一。一审法院认为，鉴于被控侵权行为持续存在至 2012 年 12 月 12 日，则两年诉讼时效期间应从 2012 年 12 月 13 日起计算，至 2014 年 12 月 13 日止为原告享有诉权的期间，而原告于 2014 年 6 月 13 日向法院提起诉讼，仍属于诉讼时效的有效期间内。

按照《最高人民法院关于审理著作权民事纠纷案件适用法律若干问题的解释》第二十八条的规定，权利人超过两年起诉的，如侵权行为在起诉时仍在持续，则在著作权保护期内，法院应当判决停止侵权行为。本案中，二审法院认定，应以原告知道侵权行为的存在，即委托公证机构进行侵权证据保全的时间为诉讼时效的起始时间。原创公司于 2012 年 5 月 28 日就已知晓被告有侵害其涉案美术作品著作权的行为，则原告诉权应至 2014 年 5 月 28 日止。原创公司在 2014 年 6 月 13 日起诉，

---

① 广州知识产权法院民事判决书(2015)粤知法著民终字第 114 号。

超过了其诉权的有效期间。并且，由于被控侵权行为于 2012 年 12 月 12 日已停止侵权行为，即被控侵权行为未处于持续状态。因此，二审法院撤销了一审判决并驳回原告的全部诉讼请求。

### 📷 判决书摘要

本案二审争议的焦点是原创动力公司的诉讼请求是否超过诉讼时效以及原判赔偿数额是否合理。

《民法通则》第一百三十七条规定："诉讼时效期间从知道或应当知道权利被侵害之时起算。"《最高人民法院关于审理著作权民事纠纷案件适用法律若干问题的解释》第二十八条规定："侵害著作权纠纷的诉讼时效自著作权人知道或者应当知道侵权行为之日起计算。"本案中，原创动力公司的委托代理人进行证据保全公证的时间为 2012 年 5 月 28 日，该时间应为原创动力公司知道或应当知道涉嫌侵权人及具体侵权行为相关信息的时间，依据上述法律及司法解释的规定，该时间应作为本案诉讼时效期间的起算点。故原创动力公司于 2014 年 6 月 13 日向原审法院邮寄本案诉讼材料已超过两年的诉讼时效期间。其次，原创动力公司确认被诉侵权行为已于 2012 年 12 月 12 日停止，其于 2014 年 6 月 13 日提起本案诉讼时，被诉侵权行为并未处于持续状态，根据《最高人民法院关于审理著作权民事纠纷案件适用法律若干问题的解释》第二十八条关于"权利人超过两年起诉的，如果侵权行为在起诉时仍在持续，在该著作权保护期内，人民法院应当判决被告停止侵权行为；侵权损害赔偿数额应当自权利人向人民法院起诉之日起向前推算两年计算"的规定，原创动力公司超过两年起诉要求名扬公司承担侵权赔偿责任，缺乏依据，本院不予支持。

关于本案是否存在诉讼时效中断的问题。《民法通则》第一百四十条规定："诉讼时效因提起诉讼、当事人一方提出要求或者同意履行义务而中断。从中断时起，诉讼时效期间重新计算。"本案是否存在诉讼时效中断的事由，应由原创动力公司提交相关证据予以证明。虽然原创动力公司主张其在(2012)穗天法知民初字第 13××号案中曾就本案在内的纠纷一并进行调解而发生诉讼时效中断，但名扬公司对此不予确认，原创动力公司亦未提交证据予以证实，故对原创动力公司的该项主张，本院对此难以支持。

## ～ 游戏码 59 ～
# 仅提供个别网络用户对被控侵权产品的评论，不宜认定被控侵权行为属于故意避开或破坏权利人为保护其作品权利而采取的技术措施

### 📝 示例案件

浙江淘宝与上海暴雨公司著作权侵权纠纷案，（2008）杭西知初字第 8 号①

### 💬 裁判要旨

原告主张涉案游戏的网络辅助卡是故意避开或破坏原告的互联网游戏作品的技术保护措施的"外挂"软件而被告未及时移除相关销售信息为由要求被告承担侵权民事责任。但由于网络辅助卡是一种软件，仅提供个别网络用户对于该网络辅助卡是外挂产品的评论，不足以认定案外人销售网络辅助卡的行为属于故意避开或破坏权利人为其作品采取用于保护其作品权利的技术措施。

### 💬 案例解码

由于网络服务提供商所提供的网络接入服务和信息存储服务客观上是侵权行为得以进行、侵权后果得以发生的前提，是"对他人直接侵权行为提供实质性帮助"。如果网络服务提供商对被控侵权行为并没有主观过错，即并不知晓他人侵权行为的存在，则其行为不构成对被控侵权行为提供实质性的帮助。

本案中，首先淘宝平台作为网络服务的提供商没有对网络活动进行

---

① 杭州市西湖区人民法院民事判决书（2008）杭西知初字第 8 号。

监控的义务。发展网络技术的基本目标和价值取向是为了便利信息的交流与传播，如果要求网络服务提供商对所有用户上传的任何信息都严格地进行合法性审查，以确保上传的信息不会含有侵权内容，会迫使网络服务提供商花费大量的人力、物力进行信息审查，这不仅会导致用户使用网络的服务费成本增加，还会严重妨碍信息的自由交流，大大降低信息的传播速度。

其次，淘宝平台作为网络服务提供商不知晓或没有合理的理由知晓侵权行为，并在知晓后采取措施制止侵权行为的，不承担侵权责任。由于淘宝无从知晓用户利用信息网络传播侵权信息的事实，对损害后果并不承担责任。

最后，根据《信息网络传播权保护条例》的规定，淘宝在接到著作权人的通知后即对被控侵权的"预言贝贝"相关信息进行了删除处理。按照《信息网络传播权保护条例》第二十三条第五款的规定，淘宝平台不需承担侵权责任。

**◎ 判决书摘要**

本院认为，原告提供的《计算机软件著作权登记证书》可以证明原告是《暴雨预言》网络游戏软件的著作权人，被告对此虽有异议，但无反驳证据证明异议的成立，对其异议本院不予采信。原告提供的《注册申请受理通知书》只能证明原告将预言主题图作为其商标申请注册的事实，但该图形的作者是谁，创作过程如何，作者是否为履行原告职务而创作等，原告没有证据证明，仅凭该受理通知书不宜认定原告为该主题图的著作权人。

原告以"预言贝贝"和"预言小神童"是故意避开或破坏原告的互联网游戏作品的技术保护措施的"外挂"软件而被告未及时移除相关销售信息为诉由要求被告承担侵权民事责任。现有证据显示，"预言贝贝"和"预言小神童"月卡、包月卡的销售商声称"预言贝贝"和"预言小神童"软件是预言辅助工具，个别网络用户也将网络辅助卡定性为"外挂"商品；但是由于"预言贝贝"和"预言小神童"是一种软件，有其内在的内容，到底是否属于破坏原告的互联网游戏作品的技术保护措施的产品，不是凭外表可以判定；单凭个别网络用户的观点，不宜认定"预言贝贝"和"预言小神童"属破坏原告的互联网游戏作品的技术保护措施的"外挂"软件。原告提供的现有证据不足以认定案外人销售"预言贝贝"和"预言小神童"月卡、包月卡的行为属于我国《著作权法》第四十七条第(六)项规定的故意避开或破坏权利人为其作品采取用于保护其作品权利的技术措施的侵权行为。

著作权人有权要求网络服务提供者提供侵权行为人在其网络的注册资料。原告要求被告提供"预言贝贝"和"预言小神童"月卡、包月卡的销售商信息的请求要得到法院支持的前提条件是涉案销售商的侵权责任能够确定。在销售商侵权责任尚无法判定的前提下，原告要求被告提供"预言贝贝"和"预言小神童"月卡、包月卡的销售商信息的请求应予驳回。

被告系网络信息服务提供者，被告对其行为是否具有主观过错是双方当事人的一个争点。依照《最高人民法院关于审理涉及计算机网络著作权纠纷案件适用法律若干问题的解释》第六条之规定，网络服务提供者明知专门用于故意避开或破坏他人著作权技术保护措施的方法、设备或者材料，而上载、传播、提供的，人民法院应当根据当事人的诉讼请求和具体案情，依照《著作权法》第四十七条第(六)项的规定，追究网络服务提供者的民事侵权责任。这里的明知是指网络技术服务提供者已经知道并发现上载的信息为侵权产品而不予删除的行为，此时网络服务提供者就具有主观过错。2008年7月21日，原告发函给被告，向被告声称"预言贝贝"月卡、包月卡系"外挂"软件之前，没有证据显示被告已经发现其经营的淘宝网上有销售"预言贝贝"月卡、包月卡的行为，且明知该销售行为属侵权行为。在没有相关著作权人提出异议的情况下，被告无法从众多的销售商品中知晓和判定网络用户发布的有关销售本案商品的信息存在侵权的可能。在被告收到原告有关"预言贝贝"月卡、包月卡的声明之后，被告在2008年7月31日对"预言贝贝"月卡、包月卡作了删除处理，被告已尽了合理的注意义务，并没有过错。

没有证据显示原告在 2008 年 8 月 11 日向本院起诉以前就"预言小神童"月卡、包月卡的著作权侵权问题向被告作出过交涉，且在原告起诉后，被告在 2008 年 8 月 25 日对上述销售信息作了删除处理；被告已履行了作为一个网络服务提供者的基本义务，依法不应承担侵权责任。

综上，原告以被告构成侵权为由要求被告停止侵权、赔礼道歉、赔偿损失的诉讼请求应予驳回。

## ～ 游戏码 60 ～
## 如不能举证证明被控侵权商品系正规、合法渠道取得，侵权复制品的销售商应承担侵权赔偿责任

### 📝 示例案件

腾讯与天津市畅奕源公司著作权权属、侵权纠纷案，（2016）粤 0304 民初 11275 号①

### 💬 裁判要旨

销售者仅以获得被控侵权产品的生产者的授权为由，但不能举证证明被控侵权商品系由正规、合法渠道取得，不属于已尽合理的注意义务，应当认定为具有过错，应承担赔偿损失的民事责任。

### 🗨 案例解码

著作财产权指的是作者和其他著作权人享有的以特定方式利用作品并获得经济利益的专有权利。在我国的著作权法中，著作财产权主要指的是复制、发行、出租等十三种方式。复制权指的是以印刷、复印等方式将作品制作一份或者多份的权利。在实践中，一般是侵权复制品的生产者构成对著作权人复制权的侵权。发行权控制的是向社会公众提供作

---

① 深圳市福田区人民法院民事判决书(2016)粤 0304 民初 11275 号。

品复制件的权利，即一般是侵权复制品的销售商的行为主要构成对权利人发行权的侵权。

网络游戏衍生品的销售商应尽到怎样的注意义务才能够避免被认定侵犯发行权？

根据《著作权法司法解释》第十九条的规定，出版者、制作者应当对其出版、制作有合法授权承担举证责任，发行者、出租者应当对其发行或者出租的复制品有合法来源承担举证责任。最高人民法院在其提审的案件中对合法来源的抗辩进行了解释，合法来源抗辩有两个要素，一方面是侵权产品销售者的主观善意；另一方面是客观上侵权产品有合法来源。

实践中，销售合同、正式发票、付款凭证、收款凭证、进货单据、物流单据等材料如果能够形成完整的证据链，则足以证明被控侵权商品具有合法来源。因此，作为网络游戏衍生品的销售者，在保证从正规渠道购得销售商品的同时，还应保留完整的购买商品的文件材料，以作为避免承担销售侵权复制品责任的依据。

### ◎ 判决书摘要

本院认为，本案的争议焦点为：第一，原告主张权利的《穿越火线》中的装备"AK-47 火麒麟"能否作为美术作品进行保护；第二，如构成美术作品，被告是否侵犯了原告对该美术作品享有的著作权，是否应承担侵权责任。

……

关于第二个争议焦点，被告是否侵犯了原告对该美术作品享有的著作权，是否应承担侵权责任。

《穿越火线》游戏已经上线发表，该游戏中的装备"AK-47 火麒麟"亦随之发表，他人有条件接触到该美术作品。根据本院查明的事实，原告主张权利的作品最具独创性的部分系麒麟头的形象，就该部分被控侵权商品与原告主张权利的作品构成实质性相似。虽然涉案美术作品是平面图形，被控侵权商品属于立体物，但是被控侵权商品并未改变涉案美术作品的主要特征，仅改变了涉案美术作品的载体及空间表现形式，实现了对涉案美术作品从平面到立体的复制。

被控侵权商品系由被告在某商城上所经营的店铺所销售，在被告未提供相反证据的情况下，本院认定被告销售了被控侵权商品。被告未经权利人许可开设网店销售被控侵权商品，侵犯了原告对美术作品"AK-47 火麒麟"享有的发行权，应承担停止侵权的民事责任。虽然被控侵权商品是由生产厂家向销售者提供的，且被告向本院提交了授权书，尽了一定的注意义务，但被告未举证证明被控侵权商品系由正规、合法渠道取得，具有过错，应承担赔偿损失的民事责任。

因原告腾讯科技公司的授权已于 2016 年 7 月 24 日到期，故本院不再判令被告停止侵犯其著作权。由于当事人未举证证明两原告因被告侵权遭受损失以及被告因侵权获取利益之金额，本院综合考虑涉案作品类型、知名度、被告侵权性质、情节、后果、过错程度，以及原告为制止侵权所支出的合理费用，酌情确定被告向两原告赔偿经济损失及合理费用共计 5000 元。原告诉请的经济损失及合理开支过高部分，本院不予支持。

下 篇

# 网络游戏行业公司治理运营争议篇

# 第一章　劳动人事类案例裁判要旨及解析

## ～ 游戏码 01 ～
## 游戏主播虽因协议受公司约束，但不属于
## 劳动法意义的管理

**📝 示例案件**

楼某与上海熊猫互娱确认劳动关系纠纷案，（2017）沪 0113 民初
21997 号①

**💬 裁判要旨**

网络平台基于管理的需要对游戏主播的权利义务进行限制性规定符
合行业惯例，不构成劳动法意义上的管理，不能据此认定双方构成劳动
关系。

**💬 案例解码**

游戏主播与直播平台之间法律关系的界定是直播领域内的热点、难
点法律问题，也是处理主播与平台各类纠纷的基础问题，在理论研究
中，通常情况下存在委托关系、承揽关系、劳务关系、劳动关系、经纪
代理关系以及复合法律关系等六种观点。

---

① 上海市宝山区人民法院民事判决书(2017)沪 0113 民初 21997 号。

　　在游戏直播行业中，游戏主播大致可以分成两种类型，一类是普通的注册主播，另一类是头部主播。对平台而言，为了吸纳更多的主播加盟，对于普通的注册主播，一般情况下采取的是开放注册制度，任何用户只要满足平台的要求，提交相应的证明文件，签订线上协议，就可以申请成为平台的注册主播，因此，平台的普通主播数量是极其庞大的，这些主播没有基本薪酬，只要直播内容合法合规，平台对他们的直播形式、时长等也没有直接的要求和管控，他们的收入多是来自用户的打赏，这种情况下，普通的注册主播显然是不满足劳动法律关系的一般要件，他们之间不构成劳动法律关系。

　　对于头部主播而言，他们像明星一样具有巨大的市场号召力，他们是各个平台竞争的核心资源，平台为了拉拢他们加盟都会支付巨额的加盟费，签订相应的游戏解说员合作协议。这种情况下，主播和平台的法律关系就变得非常复杂，不仅具有劳动关系的某些特征，还具有委托、承揽、经纪代理等复合的法律关系的一些特征，因此，在这种情况下，我们应该具体问题具体分析，不可一概而论。

### 判决书摘要

　　本案中，《熊猫直播主播独家合作协议》系双方当事人的真实意思表示，原告作为一名完全民事行为能力人的网络游戏主播，对该行业应当具备相当的认知，该合作协议对双方当事人均具有约束力。原告虽认为该合作协议系被告为规避其应当签订劳动合同并为原告缴纳社会保险费而签订，但考虑到网络游戏主播行业竞争的特殊性，网络平台处于管理的需要对主播权利义务进行限制性规定符合行业惯例，不能就此认定被告对原告实施劳动法律意义上的管理，原告虽有直播时长的约束，但其可以自行安排直播的时间和地点，其劳动力并不受被告的控制，双方之间并不符合建立劳动关系的本质要件，应属于平等民事主体间的合同关系，故对原告要求确认与被告之间劳动关系的诉讼请求，本院不予支持。

## 游戏码 02

## 员工离职时拒不交还在职期间开发的游戏软件源代码不属于侵犯著作权

### 📝 示例案件

罗某某与游戏米果网络科技(上海)有限公司侵犯著作权纠纷案,(2007)沪二中民五(知)初字第 71 号①

### 💬 裁判要旨

原告主张被告不履行工作交接义务、拒不交还涉案游戏软件的源代码和相关文档、恶意删除其工作电脑中的该软件源代码和相关文档、利用"木马"程序攻击原告的服务器、删除服务器中的数据的行为,系因工作交接产生的纠纷,双方应按照所签订的劳动合同的相关约定予以处理,均不构成法律规定的侵犯软件著作权的行为。

### 🗨 案例解码

著作权纠纷是指因著作权权属以及侵犯著作权具体权利而产生的纠纷。在源代码和相关文档的权属明确且员工尚未私自使用时,员工离职时拒不交还在职期间开发的游戏软件源代码和相关文档的行为不属于《著作权法》保护的范围,双方应当根据所签订的劳动合同中的约定以及相关法律法规的规定处理。

### 📧 判决书摘要

本院认为,原告主张 6 名被告实施的软件著作权侵权行为包括:罗某某等 5 名被告不履行工作交接义务,拒不交还《真封神》游戏软件的源代码和相关文档,并恶意删除其工作电脑中该软件源代码和相关文

① 上海市第二中级人民法院民事判决书(2007)沪二中民五(知)初字第 71 号。

档；6名被告利用"木马"程序攻击原告的服务器，删除服务器中的数据。关于原告与罗某某等5名被告因工作交接产生的纠纷，本院认为双方应按照所签订的劳动合同的相关约定予以处理，原告主张罗某某等5名被告不履行交接义务，拒不交还《真封神》游戏软件的源代码和相关文档，删除其工作电脑中的《真封神》软件源代码和相关文档以及6名被告利用"木马"程序攻击原告的服务器并删除服务器中的数据，均不构成法律规定的侵犯软件著作权行为，原告诉称上述行为属于《计算机软件保护条例》第二十三条第（六）项所指的"其他侵犯软件著作权行为"，缺乏事实和法律依据。

## ～ 游戏码 03 ～
# 游戏公司与员工另签合作协议开发游戏软件不影响劳动关系的认定

### 📝 示例案件
上海某网络科技有限公司与徐某劳动合同纠纷案，（2012）普民一（民）初字第 3779 号①

### 💬 裁判要旨
员工虽以项目负责人的身份就游戏开发与公司签订有《合作协议》，但该协议具有独立的法律效力，其本身不影响双方所签订的《劳动合同》的法律效力，公司据此主张双方仅有劳务合作关系，而不存在劳动关系，没有事实和法律依据，人民法院不予采纳。

### 💬 案例解码
公司与具有技术开发实力的个人或者团队合作进行游戏的开发工作，是网络游戏领域较为常见的现象，有些游戏公司还会在公司内部设

---

① 上海市普陀区人民法院民事判决书（2012）普民一（民）初字第 3779 号。

立项目组，进行独立的游戏研发和项目孵化，并与项目组成员订立相应的合作协议，当项目的运作出现问题或者项目组成员与公司产生纠纷时，合作协议与劳动合同的效力和适用就是首要解决的问题。

结合本案，对于此类法律风险，我们建议公司将合作、投资、劳动关系作好区分，并根据公司实际的需要予以明确：

(1)对于客观上需要按照公司员工管理的团队和员工，应当签订劳动合同，同时如果需要对其特别激励或奖励的，可以采用项目奖金、项目绩效、股权激励、利润分红等方式，尽量避免再与其订立其他合同，形成其他法律关系。

(2)对于客观上不需要按照公司员工管理的团队和人员，既可以采用合作开发、委托开发等形式，也可以采用合资设立公司的方式，当然不管采取哪种方式，都要保障开发项目的权利归属清晰，同时也要有明确严格的商业秘密保护制度。

### ◎ 判决书摘要

本院认为，公民、法人的合法权益受法律保护。本案中，根据已查明的事实，被告虽曾以某项目组负责人的身份与原告签订有一份《合作协议》，但根据该《合作协议》所载，其作为劳动合同的补充协议具有独立的法律效力，即意味着原、被告签订《合作协议》并不影响双方所签订《劳动合同》的法律效力。因此，原告称双方仅有劳务合作关系，而不存在劳动关系，缺乏事实及法律依据，本院对此不予采纳。根据劳动法的相关规定，劳动者与用人单位就解除劳动关系发生争议的，用人单位应当对其所作解除行为的合法性承担举证责任。本案原告称其解除与被告的关系系因被告拒绝将网络服务器的密码告知单位，且未经单位确认擅自招用、解聘员工给单位造成损失等所致，但对此因未能提供证据加以证明，故本院不予采信。因此，被告要求原告支付违法解除劳动合同的赔偿金，于法不悖，本院应予支持。至于具体数额，仲裁部门裁决原告需支付被告违法解除劳动合同赔偿金 12993 元，并无不妥，且被告亦未对此提出异议，故本院予以确认。

# 第二章 竞业限制、商业秘密类案例裁判要旨及解析

## 〜 游戏码04 〜
### 属于劳务派遣的游戏开发人员与实际用工单位签订的竞业限制协议也有效

**示例案件**

吴某诉盛某信息技术有限公司竞业限制纠纷案，（2015）沪一中民三（民）终字第142号①

**裁判要旨**

在劳动合同法并未禁止实际用工单位与被派遣劳动者就竞业限制进行约定的情况下，针对劳务派遣这种雇佣与使用相分离的特殊用工情形，用工单位与被派遣劳动者签订的竞业限制协议符合竞业限制制度的设置初衷（劳务派遣情形下，商业秘密和知识产权相关秘密的所有者和知悉者通常为实际的用工单位和被派遣劳动者），应当认定其约定合法有效。

---

① 上海市第一中级人民法院民事判决书（2015）沪一中民三（民）终字第142号。

### 🔲 案例解码

本案是一起竞业限制纠纷案件，其核心焦点是《劳动合同法》第二十三条规定了劳动者和用人单位之间可以对竞业限制作出约定，这是否意味着竞业限制的约定只能限定在劳动者与用人单位之间。本案的被告属于劳务派遣人员，与原告之间并没有直接的劳动关系，如果认定只有劳动者与用人单位之间订立竞业限制协议方有效，那么本案原告的诉请将无法支持。这对于已经依约支付竞业限制补偿金且因为被告的行为受到损害的原告来说是显然不当的。

面对这种情况，法院通过充分的说理，从竞业限制的立法目的、劳务派遣制度的特点和法律并未禁止劳务派遣人员与实际用工单位订约的角度出发，阐释了此类竞业限制协议应被认定合法有效的观点，维护了当事人的合法权益。

本案虽然胜诉，但依然给游戏公司提示了一个重要的法律风险：在使用劳务派遣人员的问题上要审慎抉择，对于核心的技术研发、商务市场人员尽可能不采取劳务派遣的方式用工。

### 🔲 判决书摘要

法院认为，关于双方 2011 年 8 月 21 日所签订涉案竞业限制协议的效力。首先，《劳动合同法》第二十三条、第二十四条规定，创设我国的竞业限制制度的目的，在于保护用人单位的商业秘密和与知识产权相关的秘密，同时亦对该种保护设置一定条件的限制，以平衡劳动者的就业权和劳动权。在雇佣主体与使用主体合一的一般用工情形下，竞业限制协议的签订主体应为用人单位和与之建立劳动关系的劳动者，前述法律条文亦作有如此规定。但在劳务派遣这种雇佣与使用相分离的特殊用工情形下，商业秘密和与知识产权相关秘密的所有者和知悉者通常为实际的用工单位和被派遣劳动者。故该二者之间签订竞业限制协议，符合竞业限制制度的设置初衷。《劳动合同法》第五章第二节对劳务派遣作有专门规定，但未涉及派遣用工情形下的竞业限制问题，故不能得出法律禁止用工单位与派遣劳动者就竞业限制进行约定的结论。其次，吴某作为被派遣劳动者，在盛某公司游戏研发策划岗位工作，职级为高级研究员和副经理，与盛某公司从事的网络游戏开发运营业务密切相关，应当知悉盛某公司的商业秘密和与知识产权相关的秘密，双方亦在涉案竞业限制协议中对吴某的保密义务作了确认。故应认定吴某属于可以约定竞业限制的"两高一密"人员。综上，双方 2011 年 8 月 21 日涉案竞业限制协议合法有效，双方均应依约履行。

## ～ 游戏码 05 ～

# 以违反劳动合同和竞业限制协议为由的合同纠纷，并非为涉及有关商业秘密竞业限制的侵权之诉

### 📝 示例案件

张某、成都聚乐科技有限公司劳动争议管辖纠纷案，（2018）川 01 民辖终 885 号①

### 💬 裁判要旨

以违反劳动合同和竞业限制协议为由的合同纠纷，并非为涉及有关商业秘密竞业限制的侵权之诉。

### 🗨 案例解码

实践中，出于保护本单位商业秘密的考虑，用人单位在与劳动者签订劳动合同时，一般会与劳动者同时签订竞业禁止协议和保密协议。本案中的争议是由于上诉人与被上诉人双方履行劳动合同而产生的。双方在劳动合同中约定了竞业禁止和保密协议，但是被上诉人在职期间利用自己工作期间掌握的上诉人的技术、资料等，开设与上诉人经营业务相同的公司并已经产生了实际的损害后果。上诉人以违反劳动合同约定的竞业禁止和保密协议为由向法院提起诉讼的应当认定为劳动争议纠纷，

---

① 成都市中级人民法院民事判决书(2018)川 01 民辖终 885 号。

而非著作权权属、侵权纠纷。

**📠 判决书摘要**

本院经审查认为，上诉人依据其与被上诉人签订的劳动合同，认为被上诉人在担任上诉人高管职务，在劳动合同履行期限内利用工作期间掌握的上诉人的技术、资料，开设与上诉人经营业务相同的公司并已经产生了实际损害后果，向原审法院提起诉讼，诉请被上诉人赔偿其损失。根据上诉人的诉请事由，本案案由应为劳动争议项下的竞业限制纠纷。《最高人民法院关于审理劳动争议案件适用法律若干问题的解释》第八条规定："劳动争议案件由用人单位所在地或者劳动合同履行地的基层人民法院管辖。"因本案劳动合同履行地在成都市高新区，故上诉人向原审法院提起诉讼，原审法院对本案具有管辖权。原审以本案系著作权专属、侵权纠纷为由裁定将本案移送深圳市中级人民法院处理不当，本院予以纠正。上诉人的上诉理由成立，对其主张本院予以支持。

## ～ 游戏码 06 ～

# 员工离职后运营相似游戏软件并不能提供合法来源的，可认定侵犯商业秘密

**✏️ 示例案件**

杭州流金网络科技有限公司与厉某、杭州出征网络科技有限公司侵犯商业秘密纠纷案，(2012)杭西知初字第 1887 号①

**💬 裁判要旨**

游戏软件的源代码属于商业秘密。曾接触游戏源代码的员工离职后运营类似游戏又无法证明游戏软件源代码有合法来源的，可认定侵犯商业秘密。

---

① 杭州市西湖区人民法院民事判决书(2012)杭西知初字第 1887 号。

## 案例解码

1. 商业秘密的三要素和基本分类

《反不正当竞争法》第九条对"商业秘密"的定义是"不为公众所知悉、具有商业价值并经权利人采取相应保密措施的技术信息和经营信息"。因此，构成商业秘密有三个必备要素：一是信息不能够从公开渠道获取，具有秘密性；二是该信息具有商业价值，能够给使用者带来经济利益；三是权利人采取了合理的保密措施。在司法实务中，因为商业秘密体系十分繁杂，覆盖面非常广泛，法院对商业秘密的认定非常谨慎，但总体来说，商业秘密可以分为技术信息和经营信息两大类。技术信息包括程序源代码、技术诀窍、设计图纸、工艺流程等；经营信息则涵盖管理方法、产销策略、客户名单、货源情报等内容。

2.《侠义 Oline》源代码属于商业秘密

本案中，流金公司申请了《侠义 Oline》的软件著作权登记，并通过运营该游戏获利，也采取了相应的保密措施，满足了商业秘密的三要素，据此，法院认定《侠义 Oline》的源代码属于流金公司的商业秘密。

3. 商业秘密侵权案件举证责任

在侵犯商业秘密的案件中，就举证责任而言，权利人主要举证责任有两个：第一，证明其主张保护的秘密是商业秘密；第二，证明侵权人所使用的信息与自己的商业秘密具有一致性或者相同性，这两项举证责任通常都需要进行鉴定，包括密点的鉴定和一致性鉴定。作为被诉侵权人，其只要举证证明权利人主张保护的商业秘密不满足商业秘密三要素中的任何一个要素即可。相比较而言，权利人的举证责任是比较重大的，司法实践中，为了平衡双方的举证责任，在满足一定的条件下，法院是可以推定侵权人构成侵犯商业秘密，本案就是一个典型案例，在本案中，首先，《煮酒 Oline》与《侠义 Oline》两款软件的源代码构成实质性相似；其次，作为《煮酒 Oline》软件开发商的出征公司，其最大股东厉某，之前在流金公司工作，并负责过《侠义 Oline》游戏的运营，具有获取游戏软件源代码的可能性；最后，作为《煮酒 Oline》软件开发商的出征公司不能够为其游戏软件源代码的合法来源提供相关的证据。因此，法院认定两被告构成对原告商业秘密的侵犯。

**▣ 判决书摘要**

本院认为，本案争议焦点在于：

第一，原告流金公司在本案中主张的流金侠义游戏软件是否为商业秘密。我国《反不正当竞争法》规定的商业秘密是指不为公众所知悉、能为权利人带来经济利益、具有实用性并经权利人采取保密措施的技术信息和经营信息。涉案软件是原告流金公司独立开发完成，并通过网络运营获利，且原告流金公司采取了相应的保密措施，例如与职工签订保密协议等，符合秘密性、经济性、实用性、保密性的法定要件，故应当认定流金侠义游戏软件为商业秘密。

第二，两被告是否实施了侵犯原告流金公司商业秘密的行为。《反不正当竞争法》第十条规定，"经营者不得采用下列手段侵犯商业秘密：(一)以盗窃、利诱、胁迫或者其他不正当手段获取权利人的商业秘密；(二)披露、使用或者允许他人使用以前项手段获取的权利人的商业秘密；(三)违反约定或者权利人有关保守商业秘密的要求，披露、使用或者允许他人使用其所掌握的商业秘密。第三人明知或者应知前款所列违法行为，获取、使用或者披露他人的商业秘密，视为侵犯商业秘密"。本案被告厉某在2011年1月至9月曾任原告单位游戏策划职务，并签订有保密协议。虽然被告厉某并不直接掌握原告流金公司已开发完成的涉案软件，但其具有接触和获取该软件的机会和便利。事实上，在被告厉某于2011年9月申请离职后，便于同年11月成立了被告出征公司，其出资75%并担任法定代表人。被告出征公司于2012年9月上线运营了侵权游戏《煮酒Online》。在本案审理中，两被告认可两款游戏软件属实质性相似，但又未提供相应合法来源的证据。因此，基于上述事实，可以认定被告厉某以不正当手段获取原告流金公司享有的涉案商业秘密，并提供给被告出征公司使用，其行为已经侵犯了原告流金公司的商业秘密。被告出征公司应当知道被告厉某系不正当手段获取涉案商业秘密，而予以使用，依法视为侵犯了原告流金公司的商业秘密。两被告关于其未实施侵犯商业秘密行为的辩称，不能成立，本院不予采信。

第三，两被告应如何承担民事责任。根据前述认定，两被告属于共同实施了侵犯原告商业秘密的行为，故应当共同承担停止侵权、赔偿损失的民事责任。根据《反不正当竞争法》第二十条第一款规定："经营者违反本法规定，给被侵害的经营者造成损害的，应当承担损害赔偿责任，被侵害的经营者的损失难以计算的，赔偿额为侵权人在侵权期间因侵权所获得的利润；并应当承担被侵害的经营者因调查该经营者侵害其合法权益的不正当竞争行为所支付的合理费用。"对于赔偿额，因原告流金公司没有证据证明其因侵权所受到的损失或者两被告因侵权所获得的利益，故本院将综合考虑被告出征公司的注册资金为人民币 10 万元，两被告侵权行为的性质、二被告实施侵权行为的时间短、后果轻微等情节酌情予以确定。对于原告流金公司主张的合理费用，其中公证费为实际支出且属合理，予以支持。律师费过高且诉讼中原告流金公司已将原赔偿金额人民币 50 万元变更为 10 万元，故应予调整。对于原告流金公司要求两被告消除影响的请求，因原告流金公司未提交其商业信誉因此遭受不良影响的依据，故对该项请求，本院不予支持。

～ 游戏码 07 ～

## 用人单位未按照约定履行竞业限制经济补偿义务，<br>离职员工无需履行竞业限制义务

✍ **示例案件**

北京新美互通科技有限公司与蒋某劳动争议案，（2014）朝民初字第 43460 号①

---

①　北京市朝阳区人民法院民事判决书（2014）朝民初字第 43460 号。

**📣 裁判要旨**

竞业禁止协议中约定员工履行竞业限制义务的前提条件是用人单位按照约定向员工支付竞业限制经济补偿金，否则将不限制员工自由择业，员工无需履行竞业限制义务。

**💬 案例解码**

员工对原企业的经营和技术情况比较了解，其在跳槽后通常会选择与之前工作业务相同或相似的工作，一旦员工在离开原企业后从事这些工作，就很容易成为原企业的竞争对手，由于自身的便利和业务的需要，往往会不自觉地使用原企业的商业秘密。为了防止这种情况的出现，企业开始采取与员工订立竞业限制协议的办法，以保护企业的竞争利益和商业秘密。在本案中，新美公司在蒋某签订《劳动合同书》的同时签订了《信息保密及竞业禁止协议》，其中第 2.3.2 条约定，如新美于雇员离职时，未向雇员支付(包括公司不愿或认为无需向雇员支付)竞业禁止经济补偿金，则公司将不限制雇员结束或终止劳动关系后到同行业的其他企业或机构内就业或者自己经营与公司有同业竞争的业务。根据法院认定，新美公司并未根据约定向蒋某支付竞业限制经济补偿金，因此，蒋某无需遵守竞业限制的义务。

**📇 判决书摘要**

根据《信息保密及竞业禁止协议》第 2.1.2 条的约定，双方对蒋某在职期间的竞业限制义务进行了约定。蒋某任职新美公司期间，于 2012 年 11 月 6 日出资设立易某公司，并担任监事职务。从经营范围看，两公司存在相同和近似的业务，存在竞争关系。因此，蒋某违反了双方关于在职期间竞业限制义务的约定。根据《信息保密及竞业禁止协议》第 2.3 条的约定，该条系对双方劳动关系解除或终止后竞业限制义务的约定。从该条的约定来看，新美公司要求蒋某履行竞业限制义务，蒋某需履行竞业限制义务的前提条件是新美公司在蒋某离职时，已经按照约定向蒋某支付竞业限制经济补偿金，否则新美公司不限制蒋某自由择业，蒋某无需履行竞业限制义务。双方劳动关系于 2013 年 6 月 18 日解除，之后新美公司并未按照约定向蒋某支付竞业限制经济补偿金，则按照约定视为新美公司不要求蒋某履行竞业限制义务，蒋某无需承担劳动关系解除后的竞业限制义务。故，对于新美公司提出的蒋某在离职之后通过易某公司发布相关手机游戏违反劳动关系解除后竞业限制义务的主张，不予采纳。

# 第三章　姓名权、肖像权案例裁判要旨及解析

## ～ 游戏码 08 ～
### 享有一定知名度的公众人物的人格利益在法律保护上应当适当克减

**示例案件**

王某某诉深圳鱼丸互动科技有限公司人格权纠纷案，（2017）京 03 民终 4571 号①

**裁判要旨**

享有一定知名度的公众人物，其人格利益在法律保护上应当适当克减。在名誉权纠纷中，被侵权人应就其名誉遭受贬损承担举证责任；若一般大众对于被侵权人的客观社会评价并没有因侵权人的侮辱诽谤行为而降低，仅仅是被侵权人自认为社会评价降低，不应认定名誉权受侵害。

**案例解码**

人的名誉关乎人之主体性及人格尊严。《民法通则》第一百零一条

---

① 北京市第三中级人民法院民事判决书(2017)京 03 民终 4571 号。

规定，公民、法人享有名誉权，公民的人格尊严受法律保护，禁止用侮辱、诽谤等方式损害公民、法人的名誉。侵害名誉权，应符合以下要件：行为人故意或过失实施侮辱诽谤行为，侮辱诽谤的对象为特定人，侮辱诽谤的行为被第三人知悉，行为对象的客观社会评价因该行为人的侮辱诽谤行为而降低。若一般大众对于被侵权人的客观社会评价并没有因侵权人的侮辱诽谤行为而降低，仅仅是被侵权人自认为社会评价降低，应不成立名誉权受侵害。另外，受害人应当对侵权造成的损害事实、被告的侵权行为是否违法、行为与损害结果的因果关系、侵权人的过错承担举证责任。

为何法院认为公众人物的人格利益在法律保护上应当适当克减？一方面，公众人物有更多的机会在媒体曝光而对自身进行澄清；另一方面，公众人物选择在大众前曝光，通过大众的认识、讨论而获得知名度和利益，自然应当有承担较普通人更多评论的认识。此外，公众人物虽然未担任公职，但对于社会公共事务仍具有一定的影响力，动辄因侵害名誉权而限制对公众人物进行讨论，容易引发寒蝉效应。

故在本案中，法院认为本案鱼丸公司使用的文章中个别用词有欠斟酌，但王某某系进入公众视野、享有一定知名度的公众人物，其人格利益在法律保护上应当适当克减；其次，王某某文章中所涉用词多指向游戏人物和情节设置，并非针对现实的王某某；再次，王某某未就其名誉因此遭受贬损提供相应证据，故综上情况，不宜认定鱼丸公司存在侵犯王某某名誉权的行为。

总之，自然人或公司，不论出于关心公共事务还是商业目的，发表言论时除了追求"爆点"、"十万+"外，还应当注意是否有侵害他人名誉权、姓名权的情形；而公众人物在依法维权外，也应承担更多的社会责任。

### 📑 判决书摘要

一、鱼丸公司是否侵害了王某某的姓名权？

一审法院认为：公民享有姓名使用权，有权决定是否允许他人使用自己姓名及使用姓名的方式。综合文章和游戏内容，鱼丸公司所使用的姓名显然系与王某某姓名混同，与使用王某某姓名具有同一效果，故应认定鱼丸公司未经王某某同意，出于营利或者其他目的使用其姓名，不符合公共利益目的要求的，构成侵害姓名权。

二审法院认为：《民法通则》第一百二十条规定，公民的姓名权、肖像权、名誉权、荣誉权受到侵害的，有权要求停止侵害、恢复名誉、消除影响、赔礼道歉，并可以要求赔偿损失。根据本案查明的事实，鱼丸公司在其经营的网站上刊登的某文章系对鱼丸公司开发的《××的日子》游戏的推广，文中明确写明王某某姓名全称，其在游戏中虽未使用王某某姓名全称，但综合文章和游戏内容，鱼丸公司所使用的"××"应为"王某某"，鱼丸公司未经王某某同意，出于营利目的使用王某某姓名，侵害了王某某的姓名权。鱼丸公司主张并未使用王某某姓名，与事实相悖，本院不予采纳。

《侵权责任法》第二十二条规定，侵害他人人身权益，造成他人严重精神损害的，被侵权人可以请求精神损害赔偿。鱼丸公司使用王某某的姓名开发的游戏内容为"组建后宫"等，存在主观恶意，给王某某造成了一定的精神损害，一审法院根据鱼丸公司的过错程度，酌情确定的精神损害抚慰金，数额合理。

二、鱼丸公司是否侵害了王某某的名誉权？

对于王某某主张的名誉侵权，首先，本案鱼丸公司使用的文章中个别用词有欠斟酌，但王某某系进入公众视野，享有一定知名度的公众人物，其人格利益在法律保护上应当适当克减；其次，文章中所涉用词多指向游戏人物和情节设置，并非针对现实中的王某某；再次，王某某未就其名誉因此遭受贬损提供相应证据，故综上情况，不宜认定鱼丸公司存在侵犯王某某名誉权的行为。

## 游戏码 09
## 在游戏中未经授权使用他人签名的构成对
## 姓名权的侵犯

### 示例案件

上海第九城市信息技术有限公司等与迭戈、阿曼多、马拉多纳等肖像权纠纷案，（2013）高民终字第 3129 号①

### 裁判要旨

游戏界面中出现的签名作为姓名的载体之一，受到姓名权的保护。若未经权利人许可擅自使用其签名，构成对被代言人姓名权的侵犯。

### 案例解码

签名，即自己写上自己的名字，代表着同意、认可和愿意承担责任或义务。签名是属于自然人肖像权的一部分还是姓名权的一部分在实践中存有争议。

肖像指的是自然人具有可识别外部特征的展现，常以画像、照片为载体，其内容能够再现原形人的形象特征。法律赋予了肖像权的主体享有对自己形象再现的排他性支配权。姓名则旨在区别人己，以文字符号为依托，在社会中彰显个别性与同一性，维护个人人格，具有定纷止争的秩序规范功能。法律规范赋予姓名权的主体依法享有决定、变更和使用自己姓名并排除他人干涉或非法使用的权利。两者虽都属于人格权，但是两者具有不同的构成要件，并各有适用范围。姓名权与肖像权是两项不同的权利。因此，两者是可以同时主张的。

未经允许，在文字表述或广播广告中宣称某人代言，被代言人可主张姓名权受侵害。本案中，被告在未获得授权的情况下，在其运营游戏

---

① 北京市高级人民法院民事判决书（2013）高民终字第 3129 号。

的广告宣传中同时使用了原告的签名和肖像，则这一"签名"是否因肖像权已经受到保护而不再获得另外的保护，两审法院有不同的观点。一审法院的观点是，"签名"属于个人形象的一部分，具有形象标识意义，应作为肖像权予以保护。在二审中，北京高院认为，签名不仅具有形象标识意义，更是区别人己的重要文字符号，有其独立的存在价值。并且，姓名的外在表现形式并不影响姓名权的权利主张，即签名属于姓名权的保护范畴。因此，被告未经授权在其游戏中使用原告签名的行为构成对原告姓名权的侵权。

综上所述，被告在游戏界面中同时使用了原告的照片和签名的行为构成对其肖像权和姓名权的侵权。

### 📧 判决书摘要

人的姓名旨在区别人己，以文字符号为依托，在社会中彰显个别性与同一性，维护个人人格，具有定纷止争的秩序规范功能。法律规范赋予姓名权的主体依法享有决定、变更和使用自己姓名并排除他人干涉或非法使用的权利。对此，我国《民法通则》第九十九条第一款规定："公民享有姓名权，有权决定、使用和依照规定改变自己的姓名，禁止他人干涉、盗用、假冒。"《民法通则若干意见》第一百四十一条规定："盗用、假冒他人姓名、名称造成损害的，应当认定为侵犯姓名权、名称权的行为。"《侵权责任法》第二条第一款规定，"侵害民事权益，应当依照本法承担侵权责任"，并在第二款中列举民事权益包括姓名权、肖像权等。由此可见，姓名权属于我国法律保护的一项具体人格权，其与肖像权在概念、特征、构成要件和适用法律上均有所区别，两种权利各有自己的适用范围。

一审法院认为："马拉多纳作为全球知名人士，其签名已经可以视为其个人形象的一部分，与其肖像一样具有形象标识意义。因此，《热血球球》游戏运营界面上的马拉多纳外文签名字样，就具体案件来看，应可视为是与其肖像密不可分的一部分，在此不具有侵害姓名权行为的独立意义。"

　　一审法院在上述论述中，将签名与姓名完全等同，将姓名视为个人形象的一部分，认为与其肖像一样具有形象标识意义，作为肖像密不可分的一部分予以保护，没有法律依据，欠缺理论基础，上述认定将会导致肖像权与姓名权两种不同权利的混淆。

　　肖像权与姓名权虽均系人格权，但有着不同的构成要件、适用范围和请求权基础。姓名权是法定化的绝对权，姓名权保护的是权利主体依法享有决定、变更和使用自己姓名并排除他人干涉或非法使用的权利。虽然在运营广告宣传中马拉多纳的姓名和肖像被同时使用，但姓名并不能被简单地从具有形象标识意义理解，从而使姓名拘泥于载体的形式。签名仅作为使用姓名的外在表现形式，打印文字、音像等形式亦可作为使用姓名的外在表现形式，如未经允许在文字中表述或在广播中做广告称某人代言，被代言人均可主张姓名权。姓名的形式可以多样化，但姓名的实质在于对特定人的识别功能，即区分人己，在社会生活中彰显与他人相区别的个别性以及本人前后行为的同一性，并不受限于载体的形式。在《热血球球》游戏运营中不但使用马拉多纳的签名，也以文字广告等形式使用马拉多纳姓名进行运营广告宣传，使他人认为马拉多纳同意该游戏运营广告使用自己姓名，马拉多纳姓名被使用的事实客观存在。综上所述，马拉多纳就《热血球球》游戏中使用自己姓名的行为，有权主张姓名权，而第九城市信息技术公司、第九城市计算机技术公司如果未能尽到合理范围内的审慎注意义务，未经姓名权人马拉多纳许可擅自使用其姓名，则构成侵犯姓名权。

# 第四章　宣传推广类纠纷案例裁判要旨及解析

## ❧ 游戏码 10 ❧
### 网络游戏在宣传推广中使用知名小说的名称构成不正当竞争

📝 **示例案件**

上海游族信息技术有限公司侵害商标权纠纷案，（2016）沪 0107 民初 1892 号①

💬 **裁判要旨**

1. 小说的名称，是小说与其他同类商品所区别的主要标志，在无证据证明涉案小说名称已成为同类小说的通用名称的情况下，则该名称具有区别商品来源的显著特征，应认定属于知名商品涉案小说的特有名称。

2. 以突出显示涉案小说名称的陈述吸引关注涉案小说的相关公众，足以使相关公众产生涉案游戏系来源于涉案小说的权利人，该游戏经营者与权利人之间具有关联关系，或者游戏内容系改编自知名商品涉案小

---

① 上海市普陀区人民法院民事判决书(2016)沪 0107 民初 1892 号。

说内容的混淆和误认。这一行为属于刻意攀附涉案小说知名商品的商誉，利用了原属于权利人的竞争优势，构成不正当竞争。

## 🗨 案例解码

对于此类涉及知名商品特有名称的案件，除权利人需要充分举证证明其作品属于知名商品这一问题外，另一个核心问题是要确定是否足以使相关公众对商品的来源产生误认。在本案中，法院认为，小说和网络游戏的用途都是丰富公众的文化生活，载体都是通过互联网进行传播，消费对象也存在重合，故认定相关公众对商品来源存在误认的可能性。

本案的裁判结果对于网络游戏开发运营者有很好的指引作用，一方面提示网络游戏开发运营者对于在先的知名小说、动漫、电影、网络剧、电视剧等，即便在游戏中没有使用其人物、情节、内容，而仅使用相关作品名称用于宣传推广，也可能属于侵害他人知名商品特有名称的不正当竞争行为。

另一方面，对于网络游戏开发运营而言，本案也指引了一条通过主张网络游戏名称构成知名商品特有名称来制止相应侵权行为的路径，这一路径除可反过来应用于常见的游戏作品对于影视剧、动漫等维权外，也有可能用于对类似游戏衍生品开发(服装、首饰、文具、玩具等)进行规制，乃至也可以对诸如利用游戏名称进行宣传的餐厅、亲子娱乐等设施的行为主体进行规制。

## 🖥 判决书摘要

根据相关网络搜索结果、原告授权案外人开发《酒神》游戏、《酒神》小说出版发行的情况，考虑"某中文网"系具有较高知名度、影响力的原创文学门户网站，某网站的搜索引擎功能在互联网信息搜索领域具有较大的知名度、影响力，网络小说在内容传播、相关公众知悉程度、商誉评价与积累等方面具有一定的特殊性等因素，可以认定涉案小说《酒神》在相关公众中已具有一定的市场知名度，为相关公众所知悉，属于知名商品。"酒神"名称作为涉案小说的名称，是涉案小说与其他同类商品相区别的主要标志，本案中亦无证据证明"酒神"已成为同类小说的通用名称，故"酒神"具有区别商品来源的显著特征，属于知名商品涉案小说的特有名称。根据《反不正当竞争法》的规定，擅自使用知名商品特有的名称、包装、装潢，或者使用与知名商品近似的名称、包装、装潢，造成和他人的知名商品相混淆，使购买者误以为是该知名商品，属于不正当竞争行为。《最高人民法院关于审理不正当竞争民事案件应用法律若干问题的解释》规定，足以使相关公众对商品的来源产生误认，包括误认为与知名商品的经营者具有许可使用、关联企业关系等特定联系的，应当认定为《反不正当竞争法》第五条第(二)项规定的"造成和他人的知名商品相混淆，使购买者误认为是该知名商品"。上述法律规定表明，《反不正当竞争法》作为规范市场竞争的法律，显然更侧重于鼓励和保护公平竞争，制止经营者违反法律的规定损害其他经营者的合法权益、扰乱社会经济秩序、违反市场秩序和市场规则的竞争行为。因此，本案中在判断知名商品特有名称受保护的商品范围时，应当根据上述法律规定，以所涉及商品的关联程度作为判断标准和依据。

本案中，首先，玄霆公司与游族公司均经营计算机软硬件等商品，双方存在同业竞争关系。其次，小说和网络游戏虽然在功能方面有所不同，但两者的用途都是为了丰富相关公众的文化生活，其载体都是通过互联网进行传播。而且，一般而言，经小说改编的同名网络游戏所涉及的内容、题材是基本一致的，而基于对同一内容、题材的喜欢和欣赏，两者在消费对象上亦存在极大的重合。目前将知名小说改编为网络游戏，已经成为网络游戏经营者的一种主要经营模式。知名小说改编为网络游戏，显然可以充分利用知名小说庞大的读者群，在小说内容已被相关读者认可的基础上，聚集网络游戏运行之初的人气，增强网络游戏被相关公众的认可程度。因此，涉案小说和同名网络游戏之间在其消费对象方面显然存在极大的重合。鉴于一般情况下，改编自小说的网络游戏均需获得小说作者的授权，故相关公众一般会对涉案小说和同名网络游戏之间，产生具有共同来源、关联关系或者基本相同内容等特定联系的认知。最后，游族公司在某搜索网站上刻意设置关键词为"酒神"的推广链接，并在推广链接的标题中，以"酒神，页游版酒神《大侠传》新服开启"的陈述吸引关注涉案小说的相关公众，足以使相关公众产生涉案推广链接的游戏系来源于玄霆公司或由玄霆公司授权、涉案推广链接的游戏经营者与玄霆公司之间具有关联关系、涉案推广链接的游戏内容系改编自知名商品涉案小说《酒神》内容的混淆和误认。游族公司的上述行为属于刻意攀附涉案小说《酒神》知名商品的商誉，利用了原属于玄霆公司的竞争优势，是俗称为"搭便车"的不正当竞争行为。综上，游族公司的上述行为违反了《反不正当竞争法》第五条第(二)项的规定，构成不正当竞争。

## 游戏码 11
## 在推广链接中使用他人注册商标的，构成对商标权人注册商标专用权的侵犯

### 📝 示例案件

上海游族信息技术有限公司侵害商标权纠纷案，(2016)沪 0107 民初 1892 号①

### 💬 裁判要旨

在推广链接中使用他人注册商标的，属于商标使用行为，构成对权利人注册商标专用权的侵权。

### 🗨 案例解码

我国《商标法》规定，注册商标的专用权，以核准注册的商标和核定使用的商品为限。未经商标注册人的许可，在同一种商品上使用与其注册商标相同的商标，属于侵犯注册商标专用权的行为；在同一种商品上使用与其注册商标相似的商标，或者在类似商品上使用与其注册商标

---

① 上海市普陀区人民法院民事判决书(2016)沪 0107 民初 1892 号。

相同或相似的商标，容易导致混淆的，亦构成侵犯商标权。本案中的一个关键问题就是在推广链接中使用他人注册商标的行为是否属于商标使用行为。在商业活动中，使用商标标识标明商品的来源，使相关公众能够区分提供商品的不同市场主体的方式，均为商标的使用方式。本案中，首先，被告为宣传和推广游戏《大侠传》，将其在某搜索网站中推广链接的关键词设置为"酒神"，其主观上具有将"酒神"作为区别、指示商品来源的目的。其次，在推广链接中突出使用"酒神"。在游戏《大侠传》的宣传文案中，宣传链接的标题为"酒神，页游版酒神《大侠传》新服开启"，在 14 个字的标题中两次使用"酒神"属于突出使用，使相关游戏服务消费者将《大侠传》与"酒神"联系起来，属于商标使用。

### ◎ 判决书摘要

本院认为，本案中双方当事人的主要争议焦点为：第一，被告的行为是否构成商标侵权；第二，被告的行为是否构成不正当竞争；第三，若被告的行为构成商标侵权及不正当竞争，则其应承担的相关法律责任。关于第一个争议焦点。原告系"酒神"商标注册人，依法享有商标专用权。根据《商标法》的规定，未经商标注册人的许可，不得在同一种商品上使用与其注册商标相同的商标。本案中，被告在宣传推广其《大侠传》网络游戏的经营活动中，在某搜索网站上刻意设置关键词为"酒神"的推广链接，被告在主观上具有将其选定的上述关键词作为区别、指示其推广的商品来源的目的。被告推广链接的标题为"酒神，页游版酒神《大侠传》新服开启"，该标题仅有 14 个字，但两次使用了"酒神"，属于突出使用，起强调作用，标示了推广链接的游戏是源于"酒神"，属于商标使用。原告商标核定使用的商品及服务包括了计算机游戏软件、（在计算机网络上）提供在线游戏等，被告在网络游戏的宣传推广中使用"酒神"商标，故被告在与原告商标核定使用的同一种商品上使用了相同商标，被告的行为构成侵害原告商标专用权。

## 〜 游戏码 12 〜
## 未能举证证明侵权图片系被告编辑、上传，不能认定被告为侵权行为的实际实施人

### 📝 示例案件

张旺诉布鲁潘达侵害作品信息网络传播权纠纷案，（2015）沪知民终字第 442 号①

### 💬 裁判要旨

对于在侵权图片并未标明文章作者或上传者等身份信息且网页设置上亦无法看出侵权图片可由第三方自行编辑并上传的情况下，即未能举证证明侵权图片系被告编辑、上传，不能认定被告是侵权行为的实际实施人。

### 🗨 案例解码

作品的信息网络传播权保护的是将作品以数字化格式上传到网络服务器中供用户在线浏览或下载的交互式传播行为，受信息网络传播权控制，如未经著作权人许可而上传作品就会构成对信息网络传播权的直接侵权，上传者应承担侵权责任。因此，在主张信息网络传播权受侵犯的案件中，证明被告即为上传者是原告需要完成的举证责任。

本案中原告的举证责任之一就是证明布鲁潘达公司即为新浪网及腾讯网相关网页中被控侵权图片的上传者。但是，原告所列的证据无法证明布鲁潘达公司即为涉案侵权图片的上传者，即存在侵权图片为第三方编辑上传的可能性。因此，原告应承担举证不利的责任，法院不认可被告为侵权行为的实际实施人的主张。

---

① 上海知识产权法院民事判决书（2015）沪知民终字第 442 号。

**判决书摘要**

原审法院认为：涉案作品系对历史人物诸葛亮所作的画像，作者通过水墨风格的线条、色彩勾勒出独具意境的人物形象，具备审美意义，体现了作者的自主选择和创作，属于艺术领域具有独创性并能以有形形式复制的智力成果，构成我国著作权法意义上的美术作品。张旺系涉案美术作品的著作权人。

关于布鲁潘达公司是否构成侵权，首先，布鲁潘达公司认可其在新浪微博及涉案网站中使用涉案作品的行为系其直接上传，上述渠道中使用的图片与涉案作品除在部分景物细节、色调深浅程度以及是否加注有文字等方面略微存有差异外，其余基本一致，构成实质性相似，布鲁潘达公司的使用行为构成侵权；其次，关于张旺主张布鲁潘达公司在新浪网及腾讯网相关网页中使用被控侵权图片的行为，根据涉案公证书内容显示，新浪网及腾讯网相关网页内容并未标明文章作者或上传者等身份信息，无法看出涉案作品系布鲁潘达公司主动编辑上传，并且上述网站相关网页设置上亦无法看出该板块内容可由第三方自行编辑并上传，故在张旺未能举证证明上述图片系布鲁潘达公司编辑、上传的情况下，无法认定侵权行为的实际实施人为布鲁潘达公司，对张旺主张系布鲁潘达公司在新浪网及腾讯网相关网页中使用被控侵权图片并构成侵权，原审法院不予支持。综上，布鲁潘达公司擅自将涉案作品上传至其微博及网站中用于其代理运行游戏的宣传推广，使公众能够在个人选定的时间和地点观看，侵害了张旺对涉案作品享有的信息网络传播权。

# 第五章　私服外挂类案例裁判要旨及解析

## 〜 游戏码 13 〜
### 通过木马程序攻击游戏公司网络服务器的行为构成
### 非法控制计算机信息系统罪

### 📝 示例案件

张某某、焦某犯非法获取计算机信息系统数据、非法控制计算机信息系统罪，（2016）鄂 01 刑终 176 号①

### 💬 裁判要旨

通过将木马程序植入计算机系统漏洞中实现对计算机的非法控制，并借此实现对他人服务器进行攻击的行为，构成非法控制计算机信息系统罪。

### 🗨 案例解码

将木马程序植入有漏洞的计算机系统中，实现对计算机的控制，再通过其操纵控制的大量计算机对游戏公司的服务器进行攻击，是网络游戏公司在日常运营中面临的风险之一。在本案中，张某某通过在网上寻找下线，将木马程序植入有漏洞的计算机系统中，然后利用其控制的计

---

① 武汉市中级人民法院刑事判决书（2016）鄂 01 刑终 176 号。

算机系统实现对盛某游公司服务器攻击的行为构成非法控制计算机信息系统罪。

**◎ 判决书摘要**

经审理查明，2014 年 1 月至 2014 年 12 月，上诉人张某某雇佣上诉人焦某为其上线"核对"（另案处理）收集可以进行分布式拒绝服务攻击（也称 DDOS 攻击）的"肉鸡"（被非法植入了木马程序并被控制的计算机信息系统，也叫"被控端"）和可以被调用的网络流量。上诉人张某某、焦某通过测试"肉鸡"的可控网络流量大小来支付相应的费用给下线。同时，上诉人张某某和焦某将"肉鸡"的控制权交给"核对"并获取"核对"给予的资金，从中赚取差价。2014 年 11 月至同年 12 月，上诉人张某某、焦某获取了"核对"支付的用于收购流量的现金共计人民币 40.11万元。本院认为，上诉人张某某、焦某违反国家规定，对计算机信息系统实施非法控制，情节特别严重，其行为均已构成非法控制计算机信息系统罪。在共同犯罪中，上诉人张某某起主要作用，系主犯；上诉人焦某起次要作用，系从犯，应当减轻处罚。上诉人焦某归案后如实供述犯罪事实且自愿认罪，可以从轻处罚。原审认定事实清楚，证据确实、充分，定罪准确，审判程序合法。原审根据上诉人张某某、焦某的犯罪事实，以及二人在犯罪中的地位、作用和对社会的危害程度，对二人的量刑均无不当。上诉人张某某、焦某的上诉理由，本院均不予采纳。

## ～ 游戏码 14 ～
## 编写外挂程序并谋取利益的构成非法经营罪

**☑ 示例案件**

韩某网名"whitehack"等破坏计算机信息系统、非法经营案，

（2015）一中刑终字第 539 号①

### 裁判要旨

未经许可或授权，破坏他人享有著作权的互联网游戏作品的技术保护措施，非法制作销售挂接互联网游戏运行的程序，谋取利益，扰乱市场秩序的构成非法经营罪。

### 案例解码

外挂一般指通过修改游戏而为玩家谋取利益的作弊程序，即利用电脑技术针对一个或多个软件，通过改变软件的部分程序制作而成的作弊程序。主要应用原理是在游戏中用封包和抓包工具对游戏本身或游戏服务器提交假参数从而改变游戏人物能力。根据外挂对主程序所使用的技术手段，外挂可分为两种：一种外挂并不复制、修改游戏客户端，在主程序运营过程中，通过操作系统的逻辑规则，对内存中的参数、数据进行修改，从而拦截、修改主程序的运行；另一种依附于游戏客户端，自身复制主程序的代码、文件，或修改主程序后打包进行传播，玩家安装外挂或被修改的主程序后，主程序的参数、数据会被直接修改。在本案中，韩某等人编写和销售的两款游戏的外挂程序属前一种外挂程序，其主要是在游戏运行过程中通过伪造、修改网络游戏客户端数据并提交给网络游戏服务器使得服务器无法获取正常数据。本案涉案程序属于外观程序的基本特征被认定为非法互联网出版物，根据《最高人民法院关于审理非法出版物刑事案件具体应用法律若干问题的解释》第十五条规定："非法从事出版物的出版、印刷、复制、发行业务，严重扰乱市场秩序，情节特别严重，构成犯罪的，可以依照刑法第二百二十五条第（三）项的规定，以非法经营罪定罪处罚。"

### 判决书摘要

一审法院认为：

根据《新闻出版署、信息产业部、国家工商行政管理总局、国家版

---

① 北京市第一中级人民法院刑事判决书（2015）一中刑终字第 539 号。

权局、全国扫黄打非工作小组办公室〈关于开展对外挂专项治理的通知〉》中对网络游戏外挂程序的界定，外挂程序具有非法性、欺骗性、依附性和营利性四个方面的特点。就本案而言，韩某等三人针对《大唐无双》和《倩女幽魂》两款网络游戏编写和销售的涉案程序，并未得到著作权人网之易信息技术公司的授权或许可，其突破网络游戏技术保护措施的行为直接侵犯了著作权人的合法权益，具有非法性；涉案程序在运行过程中伪造、修改网络游戏客户端数据并提交给网络游戏服务器，使服务器无法获取正常数据，从而实现超限制开启窗口功能，对服务器具有欺骗性；同时涉案程序无法独立运行，只能与网络游戏挂接运行，从而实现在网络游戏中自动寻路、自动交接任务等功能，帮助玩家自动游戏、快速升级，对原网络游戏具有很强的依附性；韩某等三人通过对外销售涉案程序获取了大量的经济利益，可见该程序亦具有营利性。综上，涉案程序符合外挂程序的基本特征，韩某等三人的行为属于非法互联网出版活动。

从网络游戏产业发展和市场经济秩序的总体考虑，外挂等违法行为的出现，严重侵害了著作权人、出版机构以及游戏消费者的合法权益，扰乱了互联网游戏出版经营的正常秩序，破坏了网络游戏产业的良性发展，社会影响恶劣。被告人韩某等人经营互联网信息服务，未经国家许可，从事外挂软件的出版发行也未经国家审批，其在不具备出版单位资质的情况下出版发行的涉案网络游戏外挂程序，属于非法从事互联网出版活动。被告人韩某等人的行为既违反了我国关于互联网信息服务的管理规定，又违反了我国对于出版活动的管理规定，同时还侵害了著作权人的合法利益，严重扰乱市场秩序，经营数额已达到情节特别严重的标准，依照相关司法解释规定，应以非法经营罪定罪处罚。

二审法院认为：

对于上诉人韩某所提其所做程序不属于"外挂"，不构成非法经营罪的上诉理由，经二审审理查明并确认韩某所编写的计算机程序突破了网络游戏技术保护措施挂接游戏服务器，修改客户端数据并将虚假数据提交给游戏服务器,以实现自编脚本自动操作游戏角色及多开游戏窗口等功能,且韩某等人将上述计算机程序出售予以谋利。韩某所编写的计算机程序具备非法性、欺骗性、依附性和营利性的特征,符合《新闻出版署、信息产业部、国家工商行政管理总局、国家版权局、全国扫黄打非工作小组办公室关于开展对"私服"、"外挂"专项治理的通知》中对"外挂"的规定。同时,"外挂"违法行为属于非法互联网出版活动。故韩某等人非法从事互联网出版活动,情节特别严重,符合我国《刑法》关于非法经营罪的法律规定。故对韩某所提上述上诉理由,本院不予采纳。

## ❧ 游戏码 15 ❧
## 因封停涉外挂账号而提起侵权诉讼的应按照网络
## 侵权责任纠纷处理

### 📝 示例案件

宋某与成都金山数字娱乐科技有限公司网络服务合同纠纷案,(2014)渭中民二终字第 00060 号①

### 💬 裁判要旨

游戏运营商认为游戏用户使用外挂程序并根据双方约定封停账号的行为属于履行合同权利,但是游戏运营商封停账号的行为是否侵犯了游戏用户合法使用账号的权利,相对人与游戏用户之间应该属于是否侵权,即应属于网络侵权责任纠纷,而非网络服务合同纠纷。

### 🗨 案例解码

本案的争议焦点之一是游戏运营商与游戏用户因封停账号产生纠纷属于网络服务合同纠纷还是网络侵权责任纠纷。一审法院认为本案应当

---

① 渭南市中级人民法院民事判决书(2014)渭中民二终字第 00060 号。

按照合同纠纷处理，由于原告在游戏过程使用的按键精灵属于第三方辅助程序，为《金山软件网络游戏使用协议》中应该中止或终止用户账号的情形，根据双方签订的协议，被告有权封停本案原告的账号。但是二审法院认为，游戏用户所注册的游戏账号属于物权范畴，游戏运营商只能在服务器上保存游戏数据，但没有对其进行任意非法修改、删除、封停的权利。虽然上诉人（原审原告）违反双方的约定，按照违约责任应该封停其账号，但是封停账号的行为是否侵犯了上诉人的合法使用账号的权利，则属于侵权责任应该讨论的范畴。

从本案中可以看出，二审法院认为游戏账号属于游戏用户所有，属于物权的范畴，虽然用户与游戏运营商之间签订了协议，游戏运营商有权根据协议追究用户的违约责任，但是运营商封停用户账号的行为可能侵犯了用户对游戏账号物权的相关权益，因此，用户以游戏运营商封停账号之由提起诉讼应当按照网络侵权责任纠纷处理，而非合同纠纷。

**◙ 判决书摘要**

一审法院认为：

第一，原被告所签订的《金山软件网络游戏使用协议》第 3.5 条（b）、第 3.6 条（d）中，在列举妨碍游戏公平性的辅助工具或程序时，均使用了"包括但不限于非法外挂程序"的表述，该表述表达了一个概念，即不论什么辅助工具或程序，只要影响了游戏的公平性，其使用者的账号都在封停之列。第二，再看原告认可使用的按键精灵，从按键精灵的概念来看，其本身不存在合法或非法之说，但在需要公平环境的网络游戏中使用，必然要辅之以一定的脚本，这时候的脚本本身就属于第三方辅助程序，按键精灵只要在网络游戏中使用，它就会代替人的双手，完成按键鼠标动作，实现自动补血、自动打怪等。也就是说，在这个时候，玩家不需要付出或者很少付出脑力、体力甚至财力，就可以实现角色升级，获得可以进行现实交易的虚拟成就。很显然，在网络游戏中使用按键精灵影响了游戏的公平性，侵犯了其他用户的合法权益，属于《金山软件网络游戏使用协议》第 3.5 条（b）、第 3.6 条（d）中应该中止或者终止用户账号的情形。第三，被告检测到原告名下账号使用了第三方程序篡改了被告游戏客户端程序的数字签名，向法庭提交了检测结果和技术解析，原告对此不予认可，本院认为，网络游戏是在一个通过互联网连接的跨时空的环境中进行的，玩家启动或关闭某个程序，可以在瞬间完成，对方或者第三方要想获取直接证据，是不可能实现的，只能通过技术手段查询使用者的使用运行记录并加之于技术分析，故被告提供检测结果和技术解析，已经完成了举证责任。第四，至于原告是否存在非法注册账号的行为，虽然被告证明自己使用了技术设备限制，每台电脑最多可以同时登录三个账号，但原告每次注册均能通过，故原告是否非法注册，本院不能确认。第五，《金山软件网络游戏使用协议》第3.6条(d)约定的"金山软件有权立即终止该用户的账号"，并没有限于违规账号。综上，应该认定原告在玩剑三游戏中使用了妨碍游戏公平的辅助工具或程序，对金山软件游戏运营造成重大影响，严重损害他人利益，根据双方所签订的《金山软件网络游戏使用协议》第3.5条(b)、第3.6条(d)，被告封停原告在剑三游戏中的所有账号并无不妥。因此原告起诉请求的要求被告恢复原告的网络注册账号及其账号上物品的完整性的诉讼请求，应予以驳回。对原告所主张的要求赔偿原告账号封停期间每个角色的虚拟货币收益的诉请，因该收益属于预期收益，且需要投资相应的现金和一定的人力、物力，非确实可得利益，故对该项诉请应不予支持。

二审法院认为：

被上诉人成都金山数字娱乐科技有限公司作为游戏的开发运营商，以网络为载体提供游戏平台，上诉人宋某作为玩家参与游戏并支付相应的费用，二者之间形成平等的民事法律关系，上诉人进行游戏时对其账号及账号内的虚拟人物、装备可行使占有、使用、分配、处分等多项权利，故上诉人所注册的游戏账号属于物权范畴，被上诉人作为游戏平台的管理者，只是享有在服务器上保存游戏数据，但没有对其进行任意非法修改、删除、封停的权利，故其封停该账号的行为应该属于需要查明的侵权与否的行为。且上诉人也是按照侵权之诉起诉的，故本案应该依据被上诉人的行为是否属于侵权行为进行审理。被上诉人答辩，上诉人的行为违反了双方的约定，应该按照违约责任封停账号，所以被上诉人针对本身的封停账号行为是履行合同权利。但该行为是否侵犯了上诉人的合法使用账号的权利，相对于上诉人应该属于是否侵权，所以原审法院依据合同纠纷处理本案，明显不妥，应予纠正，本案应该属于网络侵权责任纠纷。

# 第六章　员工非法出售装备点卡类案例裁判要旨及解析

## ～ 游戏码 16 ～
### 游戏公司员工利用职务便利私自销售游戏装备可构成职务侵占罪

**示例案件**

刘某犯职务侵占罪，（2015）杭西刑初字第 1059 号①

**裁判要旨**

游戏公司销售的游戏装备等虚拟财产属于公司的"财物"。员工利用职务便利，将由其负责销售的游戏装备等虚拟财产转入个人账户后私自销售的行为，构成职务侵占罪。

**案例解码**

虚拟财产指的是具有财产价值，通过电磁数据的方式存储于网络空间的财物。虚拟财产的特征是其形态的虚拟性和价值的真实性。虚拟财产可以分为三种：第一种是账号类的虚拟财产，例如网络游戏账号和微信账号等；第二种是物品类的虚拟财产，包括网络游戏装备、网络游戏

---

① 杭州市西湖区人民法院刑事判决书（2015）杭西刑初字第 1059 号。

角色等；第三种是货币类虚拟财产，包括游戏币、金币等。虽然虚拟财产与现实财产相比的存在形式明显不同，但就财产属性而言，两者具有统一性。

刑法中的财物是一个广义的概念，包括有体物、无体物和财产性利益，亦涵盖虚拟财产，对于具有财产价值的虚拟财产应当按照财物予以刑事保护。一般而言，职务侵占罪属于侵犯财产罪的范畴，因此，构成职务侵占的前提是构成对公司财产权的侵犯。而本案中，法院认定游戏账户中的装备等虚拟财产属于公司的"财物"，将公司销售的游戏装备等虚拟财产转入个人账户并私下销售的行为构成对公司"财物"的侵占，因此，刘某的行为构成职务侵占罪。

### ◙ 判决书摘要

经审理查明，2014年5月，被告人刘某受聘位于杭州市某网络科技有限公司，担任运营专员一职，从事该公司经营的网络游戏DOTA2虚拟游戏装备销售工作。2014年12月至2015年5月，被告人刘某在其负责销售游戏装备期间，利用职务便利，私自将公司的DOTA2虚拟游戏装备转入自己的个人账户，再通过网络出售给他人，共非法获利人民币236379.5元。2015年5月12日，在公司发现其私自出售游戏装备后刘某向公司退赃人民币42000元。2015年6月5日，被告人刘某家属向公司退赔全部损失。本院认为，被告人刘某作为杭州市某网络科技有限公司运营专员，利用职务上的便利，将本单位财物非法占为己有，数额较大，其行为已构成职务侵占罪，公诉机关的指控成立，被告人刘某自愿认罪，且赔偿并取得被害公司的谅解，可予以从轻处罚。根据被告人刘某的犯罪情节和悔罪表现，适用缓刑没有再犯罪的危险，对其所居住的社区也没有重大不良影响，故依法对其宣告缓刑。对辩护人请求适用缓刑的意见，本院予以采纳。

## 游戏码 17

# 利用职务之便在点卡销售运营中收受回扣
# 可构成非国家工作人员受贿罪

### 📝 示例案件

赵某、张某某非国家工作人员受贿案，（2015）浦刑初字第 2269 号①

### 💬 裁判要旨

利用职务之便在点卡销售运营中为他人提供帮助谋取好处费的可认定为收受回扣，构成非国家工作人员受贿罪。

### 🗨 案例解码

点卡（time card）的全称是"虚拟消费积分充值卡"，是按服务公司的规定以现金兑换虚拟点（积分）的形式，通过消耗虚拟点（积分）来享受该公司服务的一种钱款支付形式。点卡是网络游戏中常见的计费卡模式，玩家通过购买点卡获得相应的游戏时间。本案中，被告人赵某利用自己职务上的便利在点卡销售运营中为被告人张某某向上海商为电子商务有限公司销售游戏点卡提供帮助并收取好处费 46980 元。法院认为，此类利用职务之便在点卡销售运营中收受回扣的行为构成非工作人员受贿罪。

### 📑 判决书摘要

经审理查明，2013 年 3 月至 2014 年 4 月，被告人赵某利用担任上海商为电子商务有限公司业务员，负责公司游戏点卡市场开发、确定点卡供应商、进货价格等职务便利，为被告人张某某向上海商为电子商务

---

① 上海市浦东新区人民法院刑事判决书（2015）浦刑初字第 2269 号。

有限公司销售游戏点卡提供帮助，先后收取被告人张某某给予的好处费共计人民币 46980 元。

本院认为，被告人赵某身为公司工作人员，利用职务上的便利，非法收受他人财物，为他人谋取利益，数额较大，其行为已构成非国家工作人员受贿罪。被告人张某某为谋取不正当利益，给予被告人赵某财物，数额较大，其行为已构成对非国家工作人员行贿罪。公诉机关指控的罪名成立，本院予以支持。被告人张某某有自首情节，结合其犯罪情节，对其依法从轻处罚并适用缓刑，辩护人所提对其减轻处罚或免除处罚的意见，本院不予采纳。被告人赵某有坦白情节，依法从轻处罚。被告人赵某、张某某退赔了违法所得，酌情从轻处罚，辩护人所提对被告人赵某从轻处罚并适用缓刑的意见，本院予以采纳。

# 第七章　玩家封号类案例裁判要旨及解析

## 〜 游戏码 18 〜
## 网游运营者有权根据游戏服务条款和玩家守则
## 对利用 bug 的玩家进行处罚

**✍ 示例案件**

沈某与网易网络服务合同纠纷案，(2017)浙 01 民终 6401 号①

**💬 裁判要旨**

当网络游戏玩家违反网络游戏运营商与玩家签订的《服务条款》和《玩家守则》中禁止利用 bug② 的义务时，基于遵循网络服务合同的通行惯例以及维护安全、有序的网络游戏环境之目的，网络游戏运营商有权依据《服务条款》和《玩家守则》的相关约定对玩家进行相应处罚。

**💭 案例解码**

网络游戏公司是否可以根据《服务条款》和《玩家守则》的相关约定对玩家进行相应处罚？

1. 根据《服务协议》和《玩家守则》的条款，网易公司对玩家实施处

---

① 杭州市中级人民法院民事判决书(2017)浙 01 民终 6401 号。
② bug：用来指代计算机上存在的漏洞。

268

罚之行为应当理解为玩家依照合同承担其违约责任。该处罚权来源于网络游戏服务商与玩家达成愿意接受合同束缚的合意，该合意系双方真实、有效的意思表示，合同应成立并生效，双方应当遵守合同约定，行使各自权利，履行各自义务。

《服务条款》和《玩家守则》明确规定用户不得"利用程序的漏洞或错误（bug）破坏游戏的正常进行或传播该漏洞或错误"，也规定"玩家有义务向 GM 报告在游戏中出现的 bug，严禁直接或间接利用游戏 bug、程序漏洞等获利或扰乱游戏秩序，或者利用 bug、漏洞以达到个人目的。如果玩家有该等行为，一经查实，玩家可受到以下处罚措施：……收回游戏虚拟物品、封停账号等"。

沈某发现游戏 bug 后，多次使用 bug，使自己多件装备的精炼觉醒属性值均达到满级、完美的状态，并在游戏论坛中发表"这个 bug，先不要说出去"的言论，已经违反了禁止利用 bug 的合同规定，应当承担相应的违约责任。而网易公司根据合同约定，对沈某游戏账号做永久性封号的处罚措施，符合合同约定。

2. 网络游戏的运营商作为网络游戏环境的管理者和维护者，应当提供并保持网络游戏环境的正常运行。其属性及地位要求必然需要赋予其相应的权利，对不遵守网络秩序和不履行义务的网民有相应的处罚权利才能真正使网络服务者能够维持良好的网络秩序，并保障每一个守法守约玩家的合法权益。当玩家违反禁止利用 bug 的义务时，赋予网络游戏服务提供者相应的处罚权利，是维护安全、有序的网络游戏环境的应有之义。

本案中，网易公司对沈某故意、多次、反复使用该 bug 做永久性封号的处罚亦是维护网络游戏环境的必要手段。

综上，网络游戏公司应当承担起维护网络秩序的责任，玩家在娱乐之时，应当仔细阅读游戏登录前的《服务条款》、《玩家守则》及相关公告，遵守合同约定和网络社会的行为规范。

📖 **判决书摘要**

原审法院认为，本案的争议焦点在于网易公司对沈某作出永久封号的处罚是否合法有效。

（一）关于双方协议约定是否有效的问题

沈某认为，《服务协议》第七条和《玩家守则》第六条第（一）款的约定，违反了《合同法》第四十条的规定，"提供格式条款一方免除其责任、加重对方责任、排除对方主要权利的，该条款无效"，上述协议约定玩家有报告 bug 的义务，明显加重了沈某的义务，沈某无能力发现和定义 bug，是否是 bug 也存在异议，网易公司作为运营商可以监控到 bug 但是没有履行义务。

网易公司认为，首先，从条款的内容来看，《玩家守则》第六条第（一）款的重点不在于约定玩家有报告 bug 的义务，重点在于约定玩家应履行禁止利用 bug 的义务，根据权利义务相对等的原则，若沈某不履行禁止使用 bug 的义务，则网易公司享有对沈某作出相应处罚的权利。其次，网易公司处罚沈某及在本案抗辩中的重点也不在于沈某未履行报告 bug 的义务，而是因为沈某利用了 bug。事实上，沈某如果发现了 bug 或者疑似 bug，只要不在游戏中使用，其即便不向网易公司报告该 bug，网易公司对沈某发现 bug 但不予报告的情形也发现不了，更不用说要求沈某承担相应的违约责任或者处罚沈某。玩家不履行报告义务，并不会给其带来不利后果，只有利用 bug，扰乱正常的网络秩序，才需要承担相应的责任。故，相关协议中的"报告 bug 义务"实际上并没有加重玩家的负担。再次，《服务协议》和《玩家守则》中关于网易公司享有处罚沈某的权利的约定是否有效的问题。由于网络服务的特殊性，当今的网络服务合同几乎均采用格式条款的形式在网上签订，这已经成为网络服务行业的惯例。网络游戏的运营商，不仅系网络的服务者，也是网络游戏环境的管理者和维护者，提供并保持网络游戏环境的正常运行是每一个网络服务者的责任。这就必然需要赋予其相应的权利，对不遵守网络秩序和不履行义务的网民有相应的处罚权利才能真正使网络服务者维持良好的网络秩序。本案中，网易公司作为案涉《天谕》游戏的服务者，同时也是《天谕》游戏的管理者、维护者，只有赋予其相应的处罚权利，才能对玩家违反禁止利用 bug 等约定义务的行为及时作出相应的处理，以维护公平、公正的网络游戏环境，保障每一个守法守约玩家的合法权益。因此，当玩家违反禁止利用 bug 的义务时，赋予网络游戏服务提供者相应的处罚权利，是维护安全、有序的网络游戏环境的应有之义。且类似约定已经成为整个网络服务合同的通行惯例，因此案涉《服务协议》和《玩家协议》的相关约定并不违反法律的相关规定，应属合法有效。

（二）关于沈某是否利用了 bug 及是否明知 bug

Bug 的最终认定权利的确在于网易公司，但从沈某在案涉游戏中的级别来看，系资深玩家，对 bug 的认知程度应当高于普通人；而且，沈某在游戏论坛中发表"这个 bug，先不要说出去"的言论，可以看出沈某在玩游戏的过程中对于自己使用了 bug 是明知的，且对于在游戏中禁止使用 bug 也是明知的。沈某在明知是 bug 的情况下并未履行"禁止使用bug"的合同义务。退一步讲，即便如沈某在一审庭审中陈述"案涉 bug仅系沈某主观认定"，其在明知双方已经约定玩家禁止使用 bug，也应当报告网易公司或者至少避免使用该 bug。

（三）沈某利用 bug 的行为是否情节严重

从网易公司提供的后台监测数据来看，沈某于 2017 年 5 月 1 日至 2日，短短两天时间内，使用 bug 多达 22 次，使自己 12 件装备中的 10件装备的精炼觉醒属性值均达到满级、完美的状态，沈某在明知系统存在 bug 的情况下，依然故意、多次、反复使用该 bug，严重扰乱了该网络游戏的正常秩序，应视为情节严重。另外，沈某认为网易公司不应未经通知就直接对其作出永久封号的处罚措施，但其未提供相应证据证实网易公司在作出处罚措施前应履行通知义务，故对沈某的该意见原审法院亦不予支持。综上，案涉《天谕服务条款》、《玩家守则》等约定不具有合同法规定的无效情形，应属合法有效。根据原审法院认定的有效证据及当事人自认的情况来看，沈某在 2017 年 5 月 1 日至 5 月 2 日的确存在多次利用该游戏精炼觉醒中的 bug 情形，而双方的《天谕服务条款》、《玩家守则》又对这一行为明确禁止并约定了相应的处罚措施，网易公司对沈某作出永久封号的行为未违反双方的约定及法律规定。沈某认为网易公司违约，要求网易公司解封账号并进行赔偿的诉讼请求，理由不足，原审法院不予支持。关于网易公司认为沈某使用 bug 行为违约，其对案涉账号进行封禁、收回道具的行为合约合法的相关抗辩意见，原审法院予以采信。

二审法院认为本案中沈某进入网易公司《天谕》的网络游戏平台进行注册，接受了《服务条款》和《玩家守则》，上述条款即对其产生约束力。根据上述条款，沈某作为该网络游戏的玩家具有报告 bug 的义务和禁止利用 bug 的义务，若玩家不履行该义务的，作为该游戏的运营商——网易公司即享有对其进行相应处罚的权利。而从沈某在游戏论坛上发表的"这个 bug，先不要说出去"的言论分析，沈某在游戏中知道自己使用了 bug。从网易公司提供的后台数据看，沈某也确实使用了 bug 多达 22 次，并使自己的游戏装配精炼觉醒属性值均达到满级，该行为严重扰乱了网络游戏的正常秩序。网易公司按照上述条款的规定，对沈某的 ID 账号进行永久封号并无不当。关于沈某所称的"其在聊天记录中关于 bug 的相关聊天内容，仅仅是主观上的认为，并不能证明上诉人在客观上已明知游戏存在 bug"的上诉理由，从其实际利用该 bug 提升精炼觉醒属性值的行为看，其已经对该 bug 得到了客观证实，故该理由不能成立。关于沈某上诉中提出的被上诉人对其进行处罚应当事先通知的理由，因双方对此并没有作出明确约定，故被上诉人直接进行处罚并无不当。

## ～ 游戏码 19 ～
## 无证据证明玩家恶意利用 bug 时，游戏公司无权随意长期封停账号

### ✍ 示例案件

张某与北京某网络股份有限公司网络侵权责任纠纷案，（2017）京

02 民终 4209 号①

💬 **裁判要旨**

游戏玩家对其游戏账号中的虚拟财产享有所有权，游戏运营商无法举证证明玩家账号中的虚拟财产系通过游戏外挂程序等非法方式取得的，游戏运营商单方面对玩家游戏账号及其中的虚拟财产进行长期封停的，构成对游戏玩家财产权的侵犯，并应承担相应的赔偿责任。

🗨 **案例解码**

一、网络虚拟财产的所有权归属游戏玩家

关于网络游戏账号及其中虚拟财产的所有权归属问题，法院在本案中作出了解读。一审法院认为，网络虚拟财产的所有权属于网络游戏的运营服务商，而游戏玩家享有的是使用权。二审法院否定了一审中关于网络虚拟财产归属的认定。二审法院认为，基于游戏玩家与网络游戏的运营服务提供商之间的网络服务合同，游戏玩家享有游戏账号中虚拟财产的所有权。

二、游戏运营商采取强制措施等行为具有时限性

二审中，法院认定被告封停账号的行为构成对张某财产权侵犯的第一个理由是，被告未能在合理的时限内与原告就游戏账号存在的争议达成协商意见，而是直接利用自身的网络空间控制管理权进行强制封停账号，排除了游戏玩家按照自身意愿对其享有的网络虚拟财产行使权利的可能性，构成对玩家财产权益的侵害。

法院认定被告构成侵权的第二个理由在于，原被告之间的《用户服务协议》并未就停封账号等强制措施的时限、通知方式、申诉程序等作出约定，而被告并未在一个合理期间内与原告就封停账号的争议达成协商一致的解决方案，未尽到将原告的权利损害控制在一定范围内的义务，构成对游戏玩家财产权益的侵害。

对于网络游戏运营服务提供商的建议：

---

① 北京市第二中级人民法院民事判决书 (2017) 京 02 民终 4209 号。

在提供网络游戏运营服务的过程中，出现系统故障、bug、程序错误等问题对目前的计算机技术发展水平而言是难以避免的。因此，游戏运营公司在服务协议中约定，计算机系统出现相关问题时，其拥有还原数据的权利是客观实际的需要，能得到法院的支持。但是，服务协议中的约定应注意保障游戏玩家在进行游戏过程中的公平性以及玩家权利行使的自由性。

对此，笔者提炼出针对网络游戏服务运营商的部分建议：

(1)网络游戏经营者负有按照约定保障网络游戏正常运行并提供安全游戏环境的义务，还负有不因故意或过失导致游戏玩家的游戏角色以及虚拟财产被侵犯的义务。

(2)网络游戏运营服务提供商应当采取有效的措施防范、告知、补救和解决游戏中的系统漏洞。如出现系统漏洞等事件，网络游戏运营服务提供商应采取有效的形式，准确地将相关信息发送给游戏玩家。如与游戏玩家之间产生争议，应当给予玩家一定的申诉权，并通过必要的法律途径来解决双方之间的争议。

(3)作为网络游戏的运营服务提供商，因其掌握着服务器的运行，了解玩家的活动情况，还拥有查询控制服务器数据的权限，在诉讼过程中，对其证据提供的要求会更高，因此，其应该提高数据保存意识。

**◙ 判决书摘要**

依法成立的合同，对当事人具有法律约束力。从法律的角度来审视，长期封停账号既非由法律明确规定所赋予某网络公司的权利，亦非该公司为维护秩序所能采取的唯一管理措施，该行为本身更不属于该公司所应提供服务的一般合理范畴。就某网络公司行为的客观结果而言，张某因涉诉账号被封停而无法继续参与该账号登录的游戏竞技，在其被动停止操作的情况下，其与其他参与者的差距必将逐渐加大，其此前投入大量货币财产所赢得的虚拟财产、奖品、道具、装备等长期无法行使使用权。即在张某与某网络公司就前述是否利用系统漏洞升级一节的争议无法通过协商来解决的情况下，其对于该账号的正常权利长期无法行使。因某网络公司在此前并未曾通过诉讼等法律途径或进一步有效磋商等方式解决该问题，封停账号对该公司本身并未造成实际损失，相反，张某对自己账号的相关权利实际上却受到长期妨害与阻滞。某网络公司作为游戏的提供者、服务者，同时亦是双方服务合同的提供者，不仅应因其未向网络游戏消费者提供合理的服务甚至单方无限期中止合同义务的履行，亦应因其作出向消费者提供的服务合同中未明确约定的长期限制消费者行使权利的行为而构成侵权，依法应当承担相应的侵权责任。

本案中，某网络公司提供的证据主要来源于其自身运营的判断和计算，其真实性无法认定；即使公司上述证据的真实性得到认定，也无法必然得出张某存在违法行为而以采取本案所涉长期封停账号之行为为必须之判断结论。

## ～ 游戏码 20 ～

## 游戏公司可依据服务条款处罚以营利为目的利用多个游戏角色交易游戏道具的玩家

### 📝 示例案件

左某与网易网络侵权责任纠纷案，（2018）皖 05 民终 62 号①

### 💬 裁判要旨

若网络游戏《服务协议》没有我国《合同法》第四十条规定的无效情形，合同内格式条款不违反法律、行政法规强制性规定，且网络游戏服务商通过公证、发布公告、颜色标注等方式对协议内容进行了尽可能的告知的情况下，游戏玩家点击同意后，该服务协议即成立生效，双方均应受合同约束。服务协议中规定玩家不得以营利为目的利用多个游戏角色交易游戏道具，并约定违约的，游戏公司可依据服务条款对实施以上

--------

① 马鞍山市中级人民法院民事判决书（2018）皖 05 民终 62 号。

行为的玩家进行处罚。

## 💬 案例解码

1. 网络游戏《服务条款》中之格式条款是否对合同双方具有约束力？

考虑到互联网产品服务对象的广泛性、地域性，互联网产品服务的便捷性等特点，不可能要求网络服务商与每一位用户进行面对面协商签订协议。在实务中，若格式合同没有我国《合同法》第四十条规定的无效情形，合同内格式条款不违反法律、行政法规强制性规定，且网络游戏服务商通过公证、发布公告、颜色标注等方式对协议内容进行了尽可能的告知，则一般视为游戏公司已经履行了告知义务，一旦游戏玩家点击同意，则上述条款等成为双方之间订立的网络服务合同，双方当事人均应受合同约束，履行合同义务。

2. 游戏公司可依据服务条款处罚以营利为目的利用多个游戏角色交易游戏道具的玩家。

网络游戏产品和服务使用户体验丰富多彩的游戏内容，但并非意味着用户可以利用游戏内容赚取金钱。故网络游戏《服务条款》等电子协议通常规定游戏道具、数据的所有权归网络游戏运营商，网络游戏玩家只得基于该娱乐互动的需要而在游戏运营商提供或认可的交易平台上交易游戏道具，玩家除上述情形外的游戏道具交易或其他任何牟利情形将被视为牟取不正当利益，网络游戏运营商对用户的违约行为可采取冻结、封停、终止、删除玩家游戏账号、角色、虚拟物品的惩罚措施。

本案中，上诉人将从某宝购买的账户所获取之游戏金币归入左某自己注册的游戏账户中，并在游戏内第三方交易平台"梦幻西游藏宝阁"中出售换取游戏币的行为违反了《梦幻西游2〈服务条款〉》中用户不得出于营利目的利用多个游戏角色交易游戏道具的规定，上诉人应当承担相应的违约责任。

总之，网络游戏的目的在于放松心情、获取愉悦，而非牟取不正当利益，玩家出于营利目的利用多个游戏角色交易游戏道具时，不仅扰乱了游戏规则和秩序，也可能因为违反与网络游戏运营商签订的服务合同而承担违约责任。

◎ **判决书摘要**

本院认为，当事人对自己提出的诉讼请求所依据的事实或者反驳对方诉讼请求所依据的事实有责任提供证据加以证明，没有证据或证据不足以证明当事人事实主张的，由负有举证责任的当事人承担不利后果。

（1）关于变更后的《梦幻西游2〈服务条款〉》是否对左某具有约束力的问题。左某虽上诉称，其没有得到任何明确的通知、公告，对《梦幻西游2〈服务条款〉》的内容无法知晓，其习惯性点击同意《梦幻西游2〈服务条款〉》的行为应属无效，但是其并未提供证据证明其在登录《梦幻西游2》游戏过程中可以绕过相关电子协议直接进入游戏，应承担举证不能的不利后果。相反，网易公司在一审中提交的（2013）粤广广州第210013号《公证书》能够证明《梦幻西游2〈服务条款〉》具有有效性，故对左某关于修改后的《梦幻西游2〈服务条款〉》等相关协议对其不具有约束力的上诉理由，不予支持。

（2）关于网易公司对左某游戏账户的处罚行为是否具有正当性的问题。变更后的《梦幻西游2〈服务条款〉》对左某具有约束力，合同双方应当遵守合同约定。《梦幻西游2〈服务条款〉》第七条第十项约定："为避免破坏游戏的公平性或平衡性，用户同意并理解只能通过《梦幻西游2》的产品和服务进行正常的娱乐互动，以及基于该娱乐互动的需要而于网易公司提供或认可的交易平台上交易游戏道具。除上述情形外的游戏道具交易或其他任何牟利情形将被视为牟取不正当利益，包括但不限于用户利用多个游戏角色以营利为目的的交易游戏道具、充当游戏道具交易中介收取中介费等。"该条约定明确禁止了"牟取不正当利益"的行为，且对"牟取不正当利益"的行为进行了具体的描述，即"任何牟利情形"，并在文后对牟利情形进行了列举，即"用户利用多个游戏角色以营利为目的交易游戏道具、充当游戏道具交易中介收取中介费等"。从本案已经查明的事实来看，左某的行为显然符合"利用多个游戏角色以营利为目的交易游戏道具"的情形，故网易公司对左某游戏账户的处罚行为具有正当性。左某虽上诉称，《梦幻西游 2〈服务条款〉》第七条第十项为格式条款，应对该条款作出对网易公司不利的解释，但是基于互联网产品服务用户的广泛性、便捷性、地域性等特点，不可能要求网络服务商与每一位用户进行面对面协商签订协议，网易公司已经通过公证、发布公告等方式对协议内容进行了尽可能的告知，已经履行了告知义务，故对左某的上述上诉意见不予采纳。综上，左某的上诉请求不能成立。一审判决认定事实清楚，适用法律正确，应予维持。

## 游戏码 21
## 注册协议明确禁止转让游戏账号，玩家买卖账号后向游戏公司主张返还账号的不予支持

### 📝 示例案件

盛某诉北京空中信使信息技术有限公司等返还原物纠纷案，(2016)京 0108 民初 11200 号①

### 💬 裁判要旨

请求返还原物的主体为物的权利人。由于诉争的游戏账号绑定了特定唯一的权利人，且游戏运营商申明了账号权利人的唯一性，同时明确不支持账号在市场上流通，可以认定玩家在注册时知晓该游戏禁止账号私下交易行为，故虽然玩家私下购买账号并支付了一定对价，但由于游戏运营商并非出卖方亦非买卖平台提供方，不应认定其负有向玩家返还账号的义务。

### 🗨 案例解码

玩家私下交易游戏账号是非常常见的现象，对于游戏公司而言，在没有争议发生且不涉及自身责任的情况下，通常游戏公司是不干预这种

---

① 北京市海淀区人民法院民事判决书(2016)京 0108 民初 11200 号。

玩家的线下交易行为的。

但是，当玩家买卖账号发生争议后(通常是买家后续账号被盗或者卖家没有按约定交付)，买家往往第一时间都会和运营商联系，要求运营商负责解决，此时运营商就不可避免地陷入纠纷。本案就是这样的一个案例。

正因为如此，为了有效地避免游戏运营商因为玩家之间的个人行为而被牵涉，游戏公司合理的风险防范措施就是在用户注册协议里申明账号禁止私下转让交易，认定注册时实名登记的玩家为游戏账号的唯一权利人，以便清晰地界定账号归属，避免为无关的纠纷承担过重的责任。

本案的司法判例也充分肯定了游戏运营商在注册协议中约定账号归属的做法，可以有效地对运营商的注册协议给出指引。

### 判决书摘要

本院认为，空中信使公司系游戏《坦克世界》的运营商，玩家在注册该游戏账号时需填写用户账号、身份证号、用户真实姓名等信息，其中用户账号及身份证号不可修改，系判断账号权属的依据。也就是说，本案诉争的游戏账号"×××"绑定了特定且唯一的权利人，空中信使公司系依据账号权利人提供的个人有效身份证件采取暂停账号登录和使用等相关措施。《空中网用户注册协议》第三条约定："账号使用权仅属于初始申请注册人，禁止赠与、分配、转让、继受或售卖。如果您并非账号初始注册人，我们有权在不事先通知您的情况下回收该账号，由此带来的包括并不限于用户游戏中断、个人资料和游戏道具丢失以及无法登录网络游戏等损失均由您自行承担。"即表示空中信使公司申明了账号权利人的唯一性，其并不支持账号在市场上流通。盛某作为空中信使公司的实名玩家，亦应在注册时注意并知晓该约定。虽然盛某自某网站购买账号并支付了一定对价，但空中信使公司并非出卖方，亦非买卖平台提供方，对此不应承担相应责任，亦不负有向盛某返还账号的义务。因此，盛某要求空中信使公司返还账号"×××"，杨某向空中信使公司提供材料协助其找回账号的诉讼请求，于法无据，本院不予支持。

# 第八章　玩家充值消费类案例裁判要旨及解析

## ～ 游戏码 22 ～

### 玩家利用系统漏洞进行非法充值的构成非法获取
### 计算机信息系统数据罪

**📝 示例案件**

彭某非法获取计算机信息系统数据案，（2017）京 0105 刑初 1410 号①

**💬 裁判要旨**

游戏玩家利用网络游戏系统的漏洞进行非法充值获利的，构成非法获取计算机信息系统数据罪。

**💬 案例解码**

《刑法》第二百八十五条规定，非法获取计算机信息系统数据，是指违反国家规定，侵入国家事务、国防建设、尖端科学技术领域以外的计算机信息系统或者采用其他技术手段，获取该计算机信息系统中存储、处理或者传输的数据，情节严重的行为。关于非法获取计算机系统

---

① 北京市朝阳区人民法院刑事判决书 (2017) 京 0105 刑初 1410 号。

数据，我们不能狭隘地去理解，而应该根据客观事实从以下几个方面去认识：第一，获取数据的行为在法律上是违法的，行为人是没有权利获得这些数据的。第二，"获取"指占有或拥有特定数据，"获取"的具体行为方式是秘密的，即数据的控制人和所有人不知数据被人获取。第三，就本案而言，游戏充值实际的表现形式就是数据，游戏玩家故意利用游戏充值系统的漏洞，实际上就是非法获取了原本属于游戏公司的数据，侵害了公司的财产权益。

实践中，游戏玩家通过计算机系统的漏洞对游戏账号进行充值的行为屡见不鲜。就现有的技术而言，想要避免产生计算机系统漏洞是不可能的。因此，游戏公司应该通过加强对计算机系统漏洞的排查，最大限度地避免因系统漏洞而给公司造成的不必要损失。本案中被告利用漏洞行为的发现具有很大的偶然性，即主要是被告的自首让案件事实得以呈现。在被告自首交代犯罪事实前，北京中青龙网络技术有限公司可能并未发现其游戏中的系统漏洞，或者没有发现被告的非法充值行为。

### 📷 判决书摘要

经审理查明，2016 年 6 月底，被告人彭某利用北京中青龙图网络技术有限公司某网络游戏漏洞进行非法充值，违法所得共计人民币22070 元。2016 年 10 月 24 日，公安机关在侦办一起诈骗案件过程中向被告人彭某调查了解情况时，被告人彭某交代上述行为，后被公安机关抓获归案。案发后，被告人彭某家属退缴人民币 10 万元在案。本院认为，被告人彭某违反国家规定，非法获取他人计算机信息系统中的数据，情节严重，其行为已触犯了《刑法》，构成非法获取计算机信息系统数据罪，依法应予以惩处。北京市朝阳区人民检察院指控被告人彭某犯非法获取计算机信息系统数据罪的事实清楚，证据确实、充分，罪名成立。

## ～ 游戏码 23 ～

## 玩家为游戏充值后主张误操作，以不当得利
## 为由要求游戏公司返还价款的不予支持

### 示例案件

景某与某网络科技有限公司其他不当得利纠纷案，（2013）徐民一
（民）初字第 5863 号①

### 裁判要旨

游戏玩家向游戏账号充值，游戏公司与账户持有人之间形成买卖合
同关系。玩家以电脑病毒致使充值错误为由，要求游戏公司返还不当得
利，法院不予支持。

### 案例解码

不当得利指的是没有合法依据，有损于他人而取得利益。构成不当
得利的要件有四个：一方取得财产利益；他方遭受损失；获利与受损之
间存在因果关系；获利没有法律上的依据。

给付型不当得利是因请求人的给付行为而产生，即请求人实施了有
意识的基于一定目的的增加他人财产的行为。本案中原告点卡充值操作
错误，主张不当得利返还属于给付型的不当得利。根据"谁主张，谁举
证"的原则，需要由请求人即原告对其主张权利的基础，即给付行为
"无法律上原因"承担事实上的举证责任。请求人的给付行为一般基于
特定的目的，即给付的法律原因（如履行合同、归还借款），而缺乏这
些法律原因的给付利益即可构成不当得利。因此，若请求人能够证明实
施给付时存在法律原因，并且给付之后该原因关系不成立、无效、被撤
销等事实，则完成对"无法律上原因"的证成。所以本案中，原告主张

① 上海市徐汇区人民法院民事判决书（2013）徐民一（民）初字第 5863 号。

不当得利返还时举证的重点即为"无法律上原因"，原告基于买卖合同的关系支付了相应的价款，如果原告能举证证明买卖合同的关系不成立、无效、被撤销等事实，才能够要求被请求人返还因其操作不当而获得的价款。

但是，本案的原告未提交相应的证据证明其与被告之间的买卖合同不成立、无效或被撤销的证据。法院不认可其充值行为系误操作的主张，并认定原被告之间的买卖合同有效。因此，被告基于买卖合同收取价款的行为不构成不当得利。实践中，游戏点卡充值错误的事情时有发生，但如果玩家不能举证证明充值错误的行为属于电脑病毒等原因所致，则推定玩家与游戏公司之间的买卖合同合法有效，游戏公司无需返还玩家错误充值的钱款。

### 📠 判决书摘要

本院认为，根据证据规则，当事人对自己提出的诉讼请求所依据的事实或反驳对方诉讼请求所依据的事实有责任提供证据加以证明。没有证据或者证据不足以证明当事人的事实主张的，由负有举证责任的当事人承担不利后果。不当得利的构成要件为：第一，一方受有利益；第二，他方因此受有损失；第三，一方受益没有合法根据。其中"没有合法根据"是不当得利的关键。根据本案查明事实，2012 年 12 月 11 日 21时 46 分 17 秒，某公司接受身份识别号为×××的游戏玩家购买价值21598 元游戏点数的电子订单，收取景某为此订单支付的 21598 元，向该游戏玩家的游戏账号充入价值相当的游戏点数，某公司与该游戏账户的持有人之间形成了合法有效的买卖合同关系，且已实际履行完毕，某公司收取系争钱款系基于该合法有效的买卖合同关系。现从景某自己提供的网上银行支付材料可见，景某在支付系争钱款时，收款人明确指向某公司，相关的订单号、付款时间和金额与某公司接受购买游戏点数的电子订单所反映的内容相对应。景某主张系争钱款是由于电脑病毒导致错付，应对此提供证据证明，但其对此未能提供相应证据，本院难以采信。

## 〜 游戏码 24 〜
# 网络服务合同解除后，游戏运营商注销用户游戏账号无需返还已消费的充值款项

### 📝 示例案件

熊某与北京某网络股份有限公司网络服务合同纠纷案，（2017）京 02 民终 11821 号①

### 💬 裁判要旨

网络服务合同具有很强的人身属性，用户主动要求解除其与游戏运营商合同的，游戏运营商同意解除，合同解除后，用户的游戏账户将被注销且不返还用户此前充值消费款项。

### 🗨 案例解码

本案涉及网络游戏中签订网络服务合同解除的问题。用户在享受游戏服务前需要与游戏运营商签订用户服务协议，此用户服务协议属于网络服务合同。由于游戏的特殊性，游戏玩家一般基于个人在游戏中的需求，投入时间、金钱看到角色等级提升、战力提升、装备提升等获得满足感，与游戏好友进行 pk，高端玩家享受低端玩家的羡慕崇拜、VIP 服务体验等从而获得精神上的愉悦。本案一审、二审法院认为被告的系统漏洞不足以构成根本违约从而解除合同，原被告双方可以协议解除合同，合同解除后需要将账号注销且不返还此前用户为获得游戏体验而充值消费的款项。因为网络服务合同具有很强的人身属性，玩家进行充值后已经享受到了游戏服务并消费了实际用于游戏的道具产品，因此不予返还充值消费过的款项。但是在实践中仍然存在一个问题，尽管玩家在充值消费后已经享受了一定的游戏服务，但是对于账号本身而言，其

---

① 北京市第二中级人民法院民事判决书（2017）京 02 民终 11821 号。

角色等级、战力以及装备等都具有一定的价值，可以通过交易获得不菲的经济收益。本案中，法院直接判决解除合同并注销账号而没有认识到账号的性质和价值。目前，游戏账号的权属还是一个比较有争议的问题，很多游戏运营商在用户协议中约定游戏账号属于游戏运营商，玩家只享有账号的使用权，不享有所有权。就本案而言，法院并未确定游戏账号的权属，也未说明账号注销前如何处理账号内的装备等有价值的产品，直接判决合同解除后注销账号有一定的瑕疵。

**〔〕 判决书摘要**

一审法院认为：

被告在涉案游戏运营过程中确实存在由于系统故障导致原告无法根据王者争霸赛游戏规则享受游戏服务的违约行为。后被告积极应对双方之间的纠纷，进行了游戏装备的补偿及现金的补偿，并将第37届王者争霸赛冠军更换为原告。虽然原告称双方之间的纠纷并未因此而解决，但仅因为被告在一届王者争霸赛环节存在违约行为并不足以达到根本违约的程度，且原告在双方产生上述争议后仍然继续充值并享受游戏服务将近一年之久才提起本案诉讼，更说明该纠纷并未造成合同目的无法实现的后果。原告关于纠纷发生后继续充值并进行游戏的解释缺乏合理性。因此，原告据此认为被告存在根本违约要求解除合同，理由不足。原告称被告在第53届王者争霸赛中仍存在系统漏洞，其未能提交相应的证据，本院不予采信。但需要指出的是，网络服务合同具有很强的人身属性，原告认为被告运营的游戏已无法满足游戏带来的精神享受，并以此要求解除合同，被告亦同意解除合同，本院照准。解除合同后，原告在涉案游戏中的账号将被注销。被告现同意退还该账号中未消费的充值金额，但鉴于原告明确表示不主张账户中的剩余金额，故本院对此不予处理。原告要求被告退还截至2016年8月8日消费款项3241894元的诉讼请求，鉴于原告已实际消费并接受了游戏服务，故其要求被告返还上述款项，依据不足，本院不予支持。原告要求被告在涉案游戏系统公告栏中说明第37届王者争霸赛冠军更换一事并向原告赔礼道歉，缺乏依据，本院不予支持。

二审法院认为：

在"120-134 级"第 37 届王者争霸赛过程中，由于某公司运营涉案游戏系统原因致使熊某少打 24 次，最后获得亚军，但某公司之后对熊某进行了游戏装备的补偿及现金的补偿，并将第 37 届王者争霸赛冠军更换为熊某，熊某虽不认可某公司的补偿，但实际使用了某公司补偿的部分装备并接受了某公司的现金补偿，某公司已经基本消除了熊某在游戏中未获此次王者争霸赛冠军造成的影响，熊某以此为由上诉要求某公司退还此前的全部充值款项，因熊某已接受了游戏服务并实际消费用于购买游戏产品，故其要求某公司返还上述款项，依据不足，本院不予支持。

网络游戏的游戏玩家一般基于个人在游戏中的需求，投入时间、金钱看到角色等级提升、战力提升、装备更炫从而获得满足感，与志同道合的朋友一起 PK 游戏，高端玩家享受到低端玩家的羡慕崇拜、VIP 服务体验，网络游戏给玩家更多带来的是精神上的娱悦。熊某虽在一次王者争霸赛中因系统服务瑕疵未获冠军，但不能因此否定某公司此前为其提供的所有服务，且熊某在双方产生上述争议后仍然继续充值并先后取得"120-134 级"第 38 届至第 52 届冠军、"150-164 级"第 1 届至第 3 届冠军，更说明此次纠纷并未造成合同目的无法实现的后果。因此，熊某以某公司存在根本违约为由要求解除合同，明显依据不足，本院不予采纳。网络服务合同具有很强的人身属性，熊某认为某公司运营的游戏已无法满足游戏带来的精神享受，并以此要求解除合同，某公司亦同意解除合同，本院对此不持异议。

# 第九章　游戏用户协议类案例
# 裁判要旨及解析

~ 游戏码 25 ~
## 利用格式条款排除用户权利的行为属于
## 合同违法行为

📝 **示例案件**

上海某网络科技发展有限公司与上海市工商行政管理局浦东新区分局行政处罚案，(2012)浦行初字第 44 号①

💬 **裁判要旨**

格式合同的提供方通过预先拟定的条款排除了作为消费者的游戏用户请求损害赔偿的权利且设定了可能发生损害赔偿的上限，不当规避了其应当承担的法律责任，该条款无效。

《许可协议》中明确约定游戏运营方保留协议的最终解释权与《合同法》关于格式条款解释规则的强制性规定相冲突，属于排除消费者解释格式条款的权利，该条款无效。

---

① 上海市浦东新区人民法院行政判决书(2012)浦行初字第 44 号。

## 🗨 案例解码

　　一般为了明确游戏运营商与最终用户之间就游戏软件安装以及使用相关的权利义务会选择与用户签订《许可协议》，玩家只有在签订该协议并表示同意后才能进入游戏界面进行游戏。《合同法》第三十九条、第四十条规定，提供格式条款的一方应当遵循公平原则确定当事人之间的权利义务、不得排除其责任、加重对方责任。本案中的《许可协议》中约定诸如"您不会以任何理由要求运营方继续提供该服务，也不会因终止或者中断该服务而要求运营方承担任何形式的赔偿或者补偿"，"对于任何服务中断，包括但不仅限于 ISP 中断、软件或硬件故障引起的数据丢失或服务中断，不承担任何责任。……无论是因合同、侵权、严格责任或其他原因发生的索赔，运营方和暴雪所应赔偿的数额以您在索赔发生之日起的前六个月内为使用《魔兽世界》游戏向运营方支付的总费用为限，对于超出的部分，运营方和暴雪不承担任何责任"，"在适用法律允许的最大范围内，运营方和暴雪保留本许可协议的最终解释权"等格式条款。根据《合同违法行为监督处理办法》第十一条的规定："经营者与消费者采用格式条款订立合同的，经营者不得在格式条款中排除消费者下列权利：……(三)请求损害赔偿的权利；(四)解释格式条款的权利；(五)就格式条款争议提起诉讼的权利。"该《许可协议》明显属于排除消费者权益的格式条款，构成了经营者在格式条款中排除消费者请求损害赔偿的权利、解释格式条款的权利、就格式条款提起诉讼的权利的行为。因此，执法机构可以根据《合同违法行为监督处理办法》第十二条的规定对游戏运营方进行行政处罚。

## 📷 判决书摘要

　　根据《合同法》第三十九条、第四十条规定，提供格式条款的一方应当遵循公平原则确定当事人之间的权利义务，不得排除其责任、加重对方责任、排除对方主要权利。《许可协议》既是游戏运营方与游戏用户间签订的服务合同，也是经营者预先拟定的格式合同，消费者接受服务前必须选择同意该格式合同。

在《许可协议》第八条第二句，第十条第二句、第四句中，原告作为网络游戏的运营方及格式合同的提供方，通过预先拟定的条款排除了作为消费者的游戏用户请求损害赔偿的权利，并且设定了可能发生的损害赔偿上限，不当规避了其应当承担的法律责任。原告所称网络游戏属于无形财产，不会对游戏用户造成实际损害，消费者因此不享有损害赔偿请求权的说法，缺乏法律依据，本院不予采纳。

在《许可协议》第十二条第 B 款中，原告预先将合同争议的解决途径限定为仲裁，并指定位于北京的中国国际经济贸易仲裁委员会作为仲裁机构，被告认定该条款排除消费者就格式条款争议提起诉讼的权利并无不当。原告称，之所以这样规定是基于网络游戏的特殊性，游戏运营方不可能与消费者逐一协商选择争议解决途径。本院认为，网络游戏虽然存在服务方式上的特殊性，但原告未能提供法律法规针对该行业的特别规定，原告的理由本院难以采信。对于原告称诉讼包括仲裁的说法，缺乏法律依据，本院亦不予采信。

《合同法》第四十一条规定，对格式条款有两种以上解释的，应当作出不利于提供格式条款一方的解释。《许可协议》第十三条第四款明确约定游戏运营方保留协议的最终解释权，与《合同法》关于格式条款特殊解释规则的强制性规定相冲突，被告认定该条款排除消费者解释格式条款的权利，认定事实正确。

# 第十章 联合运营及平台责任相关
# 案例裁判要旨及解析

## ～ 游戏码 26 ～
## 人民法院可通过勘验侵权游戏 apk 包数字
## 签名确定游戏运营者

### 📝 示例案件

乐元素与古川公司侵害著作权、商标权及不正当竞争纠纷案，(2016)
京 0108 民初第 17220 号①

### 💬 裁判要旨

人民法院经查明案涉游戏软件 apk 包数字签名指向被告的，可以认
定案涉被公证保全之侵权游戏的运营行为与被告具有关联关系，被告应
当就侵权行为承担相应的侵权责任。

### 🗨 案例解码

由于被告否认原告公证取证固定的游戏与其自身运营游戏的一致
性，因此引出了如何确认被控侵权游戏是被告开发的问题。

本案中，为解决这一棘手问题，法院进行了确认一致性的技术勘

---

① 北京市海淀区人民法院民事判决书(2016)京 0108 民初第 17220 号。

验，该勘验较为复杂，涉及反编译和 apk 数字签名的比对。对游戏而言，apk 是执行程序，数据包是链接数据，apk 包的数字签名是权利人在自己的程序上打上的标记用于指示游戏来源，一般具有唯一性。目前，apk 数字签名是 Android 系统要求必须具备的，一款程序要想上线 Android 系统，必须要在该应用程序中体现自身的签名，用来标识程序作者和程序的对应性。

具体到本案的勘验程序，在把公证保全的游戏程序下载到手机后，原告的技术人员对该 apk 包进行了反编译，破解出该 apk 包的数字签名，证明了公证保全的游戏与被告运营的游戏之间的一致性。

本案的勘验不仅确立了游戏 apk 包数字签名可以确定游戏归属的原则，也对实践中如何具体进行勘验操作有很好的指引作用。

### 📱 判决书摘要

法院认为：本院对涉案游戏 apk 包进行了勘验，显示的 apk 包中数字签名一致，均为古川公司，古川公司认为自己是运营方而非著作权人，但即使是游戏的运营方也应对游戏中是否存在侵权要素承担相应的责任，故乐元素公司主张本案涉诉五款侵权游戏的下载及经营等行为均与古川公司具有关联关系，其应对上述行为承担相关责任。古川公司认为自己并非本案适格被告的主张不能成立，本院不予支持，经本院调查取证及勘验，本院确认古川公司在当乐网、优游网、43473 网、苏宁应用商店、7k7k、木蚂蚁、泡椒网、游戏狗、虫虫游戏、安卓商城、yy138、爱奇艺等平台上上传并运营被诉的五款游戏。

### ～ 游戏码 27 ～
## 游戏平台以与侵权游戏开发者订有合作运营协议主张合法来源抗辩的不予支持

### ✏️ 示例案件

《剑灵》vs《一剑灭天（剑の灵）》侵害商标权纠纷案，（2016）粤 73 民

终 468 号①

### 裁判要旨

游戏平台运营者以运营侵权游戏系与侵权内容提供者订有协议，主张合法来源要求免除赔偿责任的，由于事实上其并非单纯的网络服务提供者，而是负有先行审查义务的游戏发布者和运营者，基于其未尽到审慎审查义务，应认定在主观上存在过错，故对其主张合法来源免除赔偿责任的抗辩不应予以支持。

### 案例解码

网络游戏平台服务商在与游戏公司以联合运营的方式进行游戏运营时，可以从以下几个方面加强自身的法律风险防范：

1. 对上线运营的游戏尽到合理的审慎注意义务

以联合运营的方式运营网络游戏时，网络游戏平台服务商对游戏的著作权和商标权的权属负有先行审查的义务，如未尽审慎审查义务，则应共同承担侵权责任。本案中，一审法院在认定被告与案外第三人共同承担侵权责任的理由在于，被告作为多年从事网络游戏平台运营的经营者，其应当知晓并认真落实对上线游戏权属的确认责任。如未尽到审慎的审查义务，则应承担相应的侵权责任。

2. 明确约定侵犯第三人权益时的处理措施

由于平台与游戏开发商之间的合作协议不具有对抗善意第三人的效力，被控侵权人以运营侵权游戏系与侵权内容提供者订有协议，抗辩其有合法来源，不应承担赔偿责任，但事实上平台不仅提供被诉侵权游戏的上线，亦存在宣传和通过被诉侵权游戏获利的行为，其主张免除赔偿责任的意见法院一般不予支持。因此，在订立合作协议时，对于侵犯第三人合法权益的事项应该进行更为明确的约定。如约定平台有权与第三方就游戏软件产生的侵权诉讼达成调解，在先行垫付相关款项后有权向游戏开发商追偿。

① 广州知识产权法院民事判决书(2016)粤 73 民终 468 号。

## 3. 尽量保持游戏平台的中立性

作为网络游戏的平台运营商，不仅要对游戏的权属进行审慎的审查，更应尽量避免在提供游戏的下载和安装服务时，同时介入销售游戏道具和宣传游戏等业务。

🅰 **判决书摘要**

一审法院认为：

……

四、有米公司、淮安有米公司是否应当对侵害第 6914014 号"剑灵"注册商标的行为承担侵权赔偿责任

发布被诉侵权游戏的某网登记的主办单位虽然为淮安有米公司，但根据射雕公司与有米公司于 2013 年 12 月 13 日签订的《〈一剑灭天〉联合运营协议》以及射雕公司与有米公司、淮安有米公司于 2014 年 6 月 1 日签订的《主体变更协议》，显示有米公司首先取得被诉侵权游戏的运营权，后才将其享有的合同权利义务概括转让给淮安有米公司。根据（2015）京方圆内经证字第 04703、第 04710 号《公证书》记载的内容，某网首页的"关于我们"中明确注明"某游戏中心（隶属于广州优蜜移动科技股份有限公司）"，其标注的办公地址亦为有米公司的住所地。在该网站上，并无淮安有米公司的相关信息。仅在腾讯公司、腾讯计算机公司通过支付宝支付充值款后的对方信息中才显示淮安有米公司的名称。此外，考虑到有米公司是淮安有米公司的全资股东，有米公司、淮安有米公司之间存在特定关系，且在原审法院向有米公司、淮安有米公司送达诉讼材料及进行证据保全时，发现淮安有米公司并未在其工商注册登记的住所地办公，而在向有米公司送达时，有米公司当场代收淮安有米公司的诉讼材料并在送达回证上分别加盖有米公司、淮安有米公司的公章。综上，虽然某网登记的主办单位为淮安有米公司，但实际上是以有米公司的名义对外经营，并以淮安有米公司的支付宝账户收取玩家充值款，且有米公司、淮安有米公司之间具有特定联系，管理上存在混同的情形。故原审法院认定，某网系由有米公司、淮安有米公司共同进行经

营，应共同对该网站所产生的纠纷承担连带责任。

虽然有米公司与射雕公司签订的《〈一剑灭天〉联合运营协议》中约定原审第三人对被诉侵权游戏享有完全的知识产权权利，但该约定属于有米公司与原审第三人之间的约定，不能以此约定对抗其他善意第三人。认定有米公司、淮安有米公司是否应对被诉侵权行为承担责任，应以有米公司、淮安有米公司作为某网的运营商，在其运营过程中是否已经尽到合理审慎注意义务。根据本案查明事实，被诉侵权游戏的宣传图片、文字内容、游戏软件包系由射雕公司提供，然后由有米公司、淮安有米公司嵌入 SDK 插件后上传到某网上。有米公司、淮安有米公司称其对原审第三人提供的资料只是对涉及技术方面的材料进行初步审核，因双方的协议已约定知识产权部分由原审第三人负责，所以有米公司、淮安有米公司对知识产权部分不会进行细致的审核。从以上事实可以看出，有米公司、淮安有米公司并非只是单纯的网络服务提供者，其对被诉侵权游戏的相关内容负有先行审查的权利与义务。且有米公司、淮安有米公司作为多年从事网络游戏平台运营的经营者，其审查义务应更加严格，但有米公司、淮安有米公司并未对原审第三人提供的被诉侵权游戏的相关内容进行审慎审查，主观上有过错，应对侵害第 6914014 号"剑灵"注册商标专用权的行为共同承担相应的法律责任。

由于原审法院于 2015 年 10 月 8 日向有米公司、淮安有米公司送达的《民事裁定书》已经明确裁定有米公司、淮安有米公司立即停止在其游戏软件《一剑灭天（剑の灵）》的游戏名称、游戏宣传、运行游戏的界面中使用"剑灵"二字，直至本案终审法律文书发生法律效力时止。有米公司、淮安有米公司提交的某网管理后台的操作日志页面截图显示《一剑灭天（剑の灵）》游戏已于 2015 年 9 月 17 日删除，各方当事人在庭审中当庭登录互联网，进入某网进行查看，亦共同确认该游戏平台已无涉案游戏《一剑灭天（剑の灵）》或公告内容。由于原审法院生效民事裁定书已明确要求有米公司、淮安有米公司立即停止被诉侵权行为，有米公司、淮安有米公司亦已将涉案游戏《一剑灭天（剑の灵）》或公告内容从某网上予以删除，属于在诉讼期间自行停止侵权行为，故腾讯公司、腾讯计算机公司要求判令有米公司、淮安有米公司停止侵权的诉讼请求，在本案中已无处理的必要。根据现有证据，不能证明有米公司、淮安有米公司仍存在被诉侵权行为，若在本案终审法律文书发生法律效力前发现有米公司、淮安有米公司存在被诉侵权行为，腾讯公司、腾讯计算机公司可申请法院对有米公司、淮安有米公司予以制裁；若在本案终审法律文书发生法律效力后发现有米公司、淮安有米公司又存在被诉侵权行为，腾讯公司、腾讯计算机公司可依法向其另行主张权利。

……

综上，经审查上诉人的上诉主张均依据不足，原审判决认定事实清楚，适用法律正确，本院依法予以维持。

## ∽ 游戏码 28 ∽

# 游戏平台与游戏开发者以分工合作的方式
# 提供的作品构成侵权的，应认定双方构成
# 共同侵权并承担连带责任

### 📝 示例案件

北京奇客创想公司与上海游奇公司等著作权权属、侵权纠纷案，(2015)一中民(知)终字第 876 号①

### 💬 裁判要旨

有证据证明游戏平台与游戏开发者在游戏平台上联合运营游戏，并按约定比例分享游戏运营收入的，应认定网络服务提供者与他人以分工合作等方式共同提供作品，构成共同侵权行为的，应承担连带责任。

### 🗨 案例解码

网络游戏平台与游戏开发者承担共同侵权责任的认定。游戏平台与

---

① 北京市第一中级人民法院民事判决书(2015)一中民(知)终字第 876 号。

开发商承担连带责任的基础是《侵权责任法》第八条的规定，二人以上共同实施侵权行为，造成他人损害的，应当承担连带责任。具体在网络领域，《最高人民法院关于审理侵害信息网络传播权民事纠纷案件适用法律若干问题的规定》第四条规定，有证据证明网络服务提供者与他人以分工合作等方式共同提供作品、表演、录音录像制品，构成共同侵权行为的，人民法院应当判令其承担连带责任。

在本案的一审中，就涉嫌侵权的广告宣传页中武侠人物形象究竟是由谁提供的，奇客与遨游公司产生了分歧。一审法院通过公证内容的来源认定奇客公司为被控侵权作品的提供方，而遨游公司仅将奇客公司提供的《群侠传》宣传内容放置在其网站上，并在得知宣传广告涉嫌侵权后对涉嫌侵权的内容进行了删除，因此，遨游公司不承担共同侵权的责任。在二审中，奇客公司向法院提交了其与遨游公司的《网络游戏（群侠传）联合运营协议》，根据此协议的约定，遨游公司负责《群侠传》的宣传、推广等支持与服务。

### 📷 判决书摘要

本院经审理查明：原审法院判决认定的证据真实有效，据此认定的事实无误，本院予以确认。

在本院审理期间，北京奇客公司向本院提交了其与遨游公司签订的网络游戏《群侠传》联合营运协议、其与遨游公司之间的《群侠传》分成结算单、发票、银行业务回单等证据，以证明遨游公司是涉案侵权物料的使用者和获益者。遨游公司对该部分证据的真实性予以认可，但指出《群侠传》联合营运协议为北京奇客公司与遨游公司发生争议之后补签的。该部分证据不属于新证据，不应予以采纳。北京奇客公司称：该部分证据应作为二审新证据予以采纳。该部分证据之所以没有在一审程序中提交是因为当时负责《群侠传》游戏的相关人员离职，没有及时交接相关手续，文件管理上存在疏忽，其在一审程序终结后新发现了该部分证据；该部分证据对北京奇客公司有利，北京奇客公司无理由在一审程序中隐瞒，是遨游公司在一审程序中恶意隐瞒了对遨游公司不利的该部分证据。本院经审查认为：北京奇客公司非因故意或者重大过失逾期提供证据；遨游公司亦掌握该部分证据，遨游公司在本案一、二审程序中均未向法院提交，该部分证据对北京奇客公司与遨游公司的侵权责任分担可能产生影响，如不采纳该证据可能导致裁判明显不公。综上，本院对北京奇客公司在二审期间提交的上述证据予以采纳。

依据上述北京奇客公司在二审程序中提交的证据，本院另查明：2013 年 11 月 1 日，北京奇客公司（合同甲方）与遨游公司（合同乙方）签订网络游戏《群侠传》联合运营协议，双方共同在"遨游游戏"平台上联合运营网络游戏《群侠传》。该联合运营协议 2.5 条规定：乙方负责为游戏标的物提供宣传、推广等支持与服务，双方共同在运营平台上建设专属于游戏标的物的游戏分区。该联合运营协议 3.2.2 条规定：乙方应当根据本协议对游戏标的物进行市场宣传与推广。该联合运营协议 3.2.10 条规定：乙方负责游戏标的物推广的运营平台专区设计、运营平台的其他服务以及与运营平台自身系统的整合，上述专区设计应当经甲方同意后方可呈现给网络用户。在整个过程中，甲方应配合乙方完成上述工作，并对乙方的上述工作及时予以确认，以便运营平台专区及时上线。该联合运营协议 3.2.11 条规定：乙方应在运营平台上对游戏标的物进行正面、积极的市场宣传推广和广告投放，市场宣传推广和广告投放方案应当及时提供给甲方，并且经甲方同意后方可呈现给网络用户。该联合运营协议 3.2.12 条规定：广告创意由双方共同确定，广告制作由一方完成，广告链接地址应当直接指向游戏标的物在运营平台合作专区中宣传页面地址。该联合运营协议 5.2 条规定：游戏标的物在运营平台的正式商业化运营期间，双方就运营收入作如下分配：乙方应得分配收益＝运营收入×70％，甲方应得分配收益＝运营收入×30％。

在北京奇客公司与遨游公司联合运营《群侠传》期间，北京奇客公司共得分配收益 7022.4 元，遨游公司共得分配收益 16385.6 元。

本院认为：关于北京奇客公司提出的应由遨游公司承担侵权赔偿责任的上诉主张，本案中，北京奇客公司与遨游公司在"遨游游戏"平台上，联合运营《群侠传》游戏，并按约定比例分享游戏运营收入。在遨游网站有《群侠传》游戏的宣传页面和入口，被诉侵权的武侠游戏人物形象即在宣传页面和入口使用，实际进入游戏后再无上述形象。根据前述联合运营协议的约定，遨游公司负责为游戏标的物提供宣传、推广等支持与服务，双方共同在运营平台上建设专属于游戏标的物的游戏分区，遨游公司负责的市场宣传推广及广告投放方案应经北京奇客公司同意后方可呈现给网络用户。《最高人民法院〈关于审理侵害信息网络传播权民事纠纷案件适用法律若干问题的规定〉》第四条规定，有证据证明网络服务提供者与他人以分工合作等方式共同提供作品，构成共同侵权行为的，人民法院应当判令其承担连带责任。遨游公司与北京奇客公司共同实施了使用被诉侵权的武侠游戏人物形象的行为，应承担连带责任。本院依据二审新查明的事实，依法改判北京奇客公司与遨游公司承担连带责任。北京奇客公司上诉请求认为应由遨游公司单独承担赔偿责任，缺乏事实与法律依据，本院不予支持。

## ～ 游戏码 29 ～
## 被控侵权的游戏平台如不能证明其非上传者，
## 应认定其为上传者，承担侵权责任

**✍ 示例案件**

宇龙公司、腾讯公司与北京萝卜特公司侵害计算机软件著作权纠纷案，(2017) 粤 03 民终 4373 号①

**💬 裁判要旨**

如权利人有初步证据证明网络服务提供者提供了被控侵权游戏软件，而网络服务提供者不能证明其仅提供网络服务的，法院应认定网络

---

① 深圳市中级人民法院民事判决书 (2017) 粤 03 民终 4373 号。

服务提供者提供了软件并构成侵权。

虽被控侵权软件显示的作者为第三方，但运营平台如不能就游戏的实际上传者提供相应的证据，可认定平台为被控侵权游戏的上传者，应承担侵权责任。

💬 **案例解码**

一、权利人的软件与被控侵权软件具有同一性的举证

被诉侵权软件《打蚊子(增强版)》是否源自快乐米公司经授权获得的游戏软件《打蚊子》是本案的焦点之一。如《打蚊子(增强版)》与《打蚊子》不具有同一性，则《打蚊子(增强版)》明显不具有侵犯快乐米公司《打蚊子》游戏原件网络信息传播权的可能性。

在权利人已经初步完成被控侵权的游戏软件涉嫌侵犯其信息网络传播权后，被诉侵权人如认为被控侵权游戏系其独立开发或经其他合法渠道获得，应向法院提交相关证据加以证明。如无法提供相关证据，又无法就软件的勘验比对结果完全相同作出合理的解释，应认定被诉侵权人的游戏软件源自权利人。

法院在本案中的裁判为权利人的举证责任分配提供了示例，本案中，龙宇公司和腾讯公司虽主张被控侵权游戏《打蚊子(增强版)》与《打蚊子》并非同一款游戏，但并未就被控侵权游戏为其自主开发，或经合法授权获得，或市场上存在相同或实质相似的其他作品进行举证。法院因此认定《打蚊子(增强版)》源自权利人经合法授权获得的游戏软件《打蚊子》，两款软件具有同一性。

二、被控侵权软件"上传者"的认定

如权利人有初步证据证明网络服务提供者提供了被控侵权游戏软件，而网络服务提供者不能证明其仅提供网络服务的，法院应认定网络服务提供者提供了软件并构成侵权。

本案中，龙宇公司和腾讯公司作为"酷派应用商店"的运营商，实质上属于网络服务提供者。根据《最高人民法院关于审理信息网络传播权民事纠纷案件适用法律若干问题的规定》第六条的规定，原告有初步

证据证明网络服务提供者提供了相关作品，但网络服务提供者能够证明其仅提供网络服务，且无过错的，不应认定构成侵权。即如果网络服务提供商，本案中的龙宇公司和腾讯公司无法证明其仅提供了网络服务，则推定龙宇公司和腾讯公司并非仅仅是网络服务提供商。

被控侵权软件《打蚊子(增强版)》的作者显示为一家第三方公司，而对于将被控侵权的游戏软件上传至应用商店的"上传者"身份，法院认为，龙宇公司和腾讯公司辩称其并非被控侵权软件的"上传者"，但未提供相应的证据。因此，推定龙宇公司和腾讯公司为《打蚊子(增强版)》的"上传者"，非仅仅是网络服务提供商，应认定构成对权利人对涉案软件享有的信息网络传播权的侵权，应承担责任。

### 🔲 判决书摘要

本案的二审争议焦点在于：第一，被上诉人萝卜特公司是否是本案适格的起诉主体，是否对涉案《打蚊子》游戏软件享有信息网络传播权；第二，如果确认被上诉人萝卜特公司对涉案《打蚊子》游戏软件享有信息网络传播权，两上诉人在本案中是否共同实施了侵犯被上诉人前述权利的侵权行为；第三，原审判决酌情确定两上诉人的赔偿数额，是否合法有据。

……

关于争议焦点二：《打蚊子》游戏软件的信息网络传播权经由著作权人无锡圣火令科技有限公司授权给快乐米(北京)信息技术有限公司使用，再由后者以非独家授权的方式转授权给被上诉人萝卜特公司。上诉人宇龙公司、上诉人腾讯公司认为酷派应用商店仅是提供信息存储空间服务，否认直接实施了《打蚊子(增强版)》游戏软件的信息网络传播行为，被上诉人对此不予认可。

本院认为，基于如下理由，两上诉人此上诉理由亦不能成立：

首先，判断两上诉人在本案中是否实施了侵犯被上诉人就涉案《打蚊子》软件享有信息网络传播权的侵权行为，应当确定两上诉人在"酷派应用商店"上提供下载服务的《打蚊子(增强版)》游戏软件是否来源于权利人的游戏软件。根据原审查明的事实，宇龙公司的"酷派应用商店"上关于涉案《打蚊子(增强版)》游戏的介绍、截图，与萝卜特公司提交的快乐米中国网站上的《打蚊子》游戏介绍及截图一致；原审将萝卜特公司在宇龙公司网站上经公证见证下载的《打蚊子(增强版)》软件安装至手机进行操作后显示的游戏操作界面，与萝卜特公司提交的从快乐米中国网站下载的《打蚊子》游戏作品安装包所运行的操作界面亦相同。本案二审调查对两款游戏软件再次进行勘验比对的结果显示两款游戏的游戏场景、游戏音效、游戏动态演示均完全相同。在萝卜特公司已经初步完成被控侵权的《打蚊子(增强版)》游戏软件涉嫌使用自快乐米(北京)信息技术有限公司在快乐米中国网站上提供的《打蚊子》游戏软件作品的举证责任后，宇龙公司、腾讯公司如果认为《打蚊子(增强版)》系其二人独立开发，或市场上存在与萝卜特公司请求保护的《打蚊子》游戏作品相同或实质近似的其他作品，或《打蚊子(增强版)》业经《打蚊子》游戏软件著作权人的合法授权，应当向法院提交相关证据加以证明。鉴于《打蚊子》游戏软件的首次公开发表日期为 2011 年 8 月 10 日，早于宇龙公司与腾讯公司签订《合作产品开发及运营协议》的时间。宇龙公司、腾讯公司客观上存在接触到该款游戏软件作品的可能。在宇龙公司、腾讯公司不能提供相应证据证明使用被控侵权的《打蚊子(增强版)》游戏软件具有合法权源，又无法对游戏软件的勘验比对结果完全相同这一现象作出合理解释的情况下，应当认定其二人在"酷派应用商店"上推出的该款游戏软件系源自快乐米(北京)信息技术有限公司授权给萝卜特公司使用的《打蚊子》游戏软件。

其次，《最高人民法院关于审理侵害信息网络传播权民事纠纷案件适用法律若干问题的规定》第六条规定：原告有初步证据证明网络服务提供者提供了相关作品、表演、录音录像制品，但网络服务提供者能够证明其仅提供网络服务，且无过错的，人民法院不应认定为构成侵权。对该条规定进行反面解释，亦即如果权利人有初步证据证明网络服务提供者提供了相关作品、表演、录音录像制品，网络服务提供者不能够举证证明其仅提供网络服务的，人民法院应当认定网络服务提供者提供了相关作品、表演、录音录像制品并构成侵权。本案中，一方面，萝卜特公司提交的(2014)京长安内经证字第 2029 号公证书公证的网页页面，仅显示"无锡灿海科技有限公司"是《打蚊子(增强版)》游戏软件的"作者"，而非"上传者"；另一方面，腾讯公司在原审庭审过程中自认对宇龙公司"酷派应用商店"作品的内容和上传者可以进行审核，但又表示因后台数据保存时间有限，已无法查找到上传者的信息。而且，腾讯公司向原审法院提交的《法律声明》只是未经公证的打印件，无法确认声明作出的时间，该打印件显示该声明发布的网址为"3gimg.××××.html"，亦与宇龙公司"酷派应用商店"对应的网址不符。

综上，鉴于宇龙公司、腾讯公司辩称涉案《打蚊子(增强版)》游戏软件并非由其二人上传，但没有提出相应证据证明实际上传者的身份。因此，根据对前述司法解释条文的反面解释，应当认定宇龙公司、腾讯公司实施了将源自快乐米(北京)信息技术有限公司授权给萝卜特公司使用的涉案游戏软件上传至互联网络服务器供公众在选定的时间和地点下载的信息网络传播行为，其二者的行为侵犯了萝卜特公司对涉案游戏软件享有的信息网络传播权，依法应当承担侵权责任。原审对于宇龙公司、腾讯公司行为性质的定性，具有事实和法律依据，本院予以认可。宇龙公司、上诉人腾讯公司认为酷派应用商店仅是提供信息存储空间服务的上诉主张，本院不予采纳。相应地，由于腾讯公司不能证明其在本案中只是提供信息存储空间服务，其主张援引《信息网络传播权保护条例》、《最高人民法院关于审理侵害信息网络传播权民事纠纷案件适用法律若干问题的规定》关于信息存储空间服务提供者的免责规定来免责，本院亦不予采纳。

# 附录：网络游戏相关法律法规汇编

**法律：**

中华人民共和国网络安全法

中华人民共和国著作权法

中华人民共和国专利法

中华人民共和国商标法

中华人民共和国反不正当竞争法

中华人民共和国反垄断法

中华人民共和国行政处罚法

**司法解释：**

最高人民法院、最高人民检察院关于办理赌博刑事案件具体应用法律若干问题的解释

最高人民法院、最高人民检察院关于办理侵犯公民个人信息刑事案件使用法律若干问题的解释

最高人民法院、最高人民检察院关于办理侵犯知识产权刑事案件具体应用法律若干问题的解释

**法规规章：**

电信和互联网用户个人信息保护规定

互联网文化管理暂行规定

禁止传销条例

中华人民共和国商标法实施条例

中华人民共和国著作权法实施条例

中华人民共和国专利法实施细则

**规范性文件(分部门)：**

文化部：

文化部关于规范网络游戏运营加强事中事后监管工作的通知

文化部关于加强网络游戏宣传推广活动监管的通知

文化部文化市场司关于《关于网络游戏内测或公测是否构成上网运营的请示》的复函

文化部关于贯彻实施《网络游戏管理暂行办法》的通知

文化部关于改进和加强网络游戏内容管理工作的通知

文化部关于加强网络游戏产品内容审查工作的通知

国家新闻出版广电总局：

国家新闻出版广电总局办公厅关于深入开展网络游戏防沉迷实名验证工作的通知

新闻出版总署关于加强对进口网络游戏审批管理的通知

新闻出版总署关于禁止利用网络游戏从事赌博活动的通知

各部门联合发布：

文化部、国家互联网信息办公室、工商总局等关于印发《未成年人网络游戏成瘾综合防治工程工作方案》的通知

文化部、商务部关于加强网络游戏虚拟货币管理工作的通知

文化部、信息产业部关于网络游戏发展和管理的若干意见

公安部、信息产业部、文化部、新闻出版总署关于规范网络游戏经营秩序查禁利用网络游戏赌博的通知